Claude Lagacé
organiste
La portée d'une vie

Jacques Boucher
avec la collaboration
d'Anne Rogier-Lagacé

Claude Lagacé
organiste
La portée d'une vie

Les Éditions GID

Édition
Serge Lambert et Caroline Roy

Recherche et rédaction
Jacques Boucher avec
la collaboration d'Anne Rogier-Lagacé

Révision linguistique
Les Éditions GID

Concept graphique et mise en pages
Mickaël Willème

Page couverture
Photo de Luc Chartier, 1993
Fonds Daniel Abel

Financé par le gouvernement du Canada | Canadä

SODEC
Québec

Nous remercions la SODEC pour
le soutien financier accordé à notre
maison d'édition par l'entremise de son
Programme d'aide aux entreprises du
livre et de l'édition spécialisée, ainsi
que le gouvernement du Québec pour
son Programme de crédit d'impôt pour
l'édition du livre — Gestion SODEC.

Dépôt légal — Bibliothèque et Archives nationales du Québec, 2022
Dépôt légal — Bibliothèque et Archives Canada, 2022

© LES ÉDITIONS GID, 2022

1005, av. Saint-Jean-Baptiste, local 117
Québec (Québec)
CANADA G2E 5L1
Téléphone : 418 877-3666
Courriel : editions@leseditionsgid.com
Site web : leseditionsgid.com

Cet ouvrage est distribué par
DISTRIBUTION FILIGRANE INC.

1005, av. Saint-Jean-Baptiste, local 117
Québec (Québec)
CANADA G2E 5L1
Téléphone : 418 877-3666
distributionfiligrane@leseditionsgid.com

Imprimé au Canada
ISBN 978-2-89634-512-0

À Anne Rogier,
compagne indéfectible de Claude Lagacé
tout au long d'un parcours heureux

Jacques Boucher

Remerciements

Nous tenons à exprimer notre vive reconnaissance à Claire Lagacé, sœur de Claude, à Jean Dumont et Gilles Lesage, et à Joseph Djossou pour leurs conseils judicieux et leur assistance très précieuse dans la révision de cet ouvrage, ainsi qu'à Daniel Abel pour son apport et son traitement de diverses photographies ou documents.

Nous remercions également M. l'abbé Jimmy Rodrigue, recteur de la cathédrale Notre-Dame de Québec, M. Richard Kidd, organiste à la cathédrale de Saint-Jean, Nouveau-Brunswick, ainsi que Mme Mary McDewitt, archiviste du diocèse; Father Kelly, Mmes Gertrude Lamoureux et Leonore Rheaume, à la paroisse du Précieux-Sang de Woonsocket, Rhode Island; Father Scherer, Mme Anne Burke, M. Bill Celuzniak et Mme JoHanne Palmer à Holyoke, Massachussets; M. Eric C. Stoykovich, archiviste et bibliothécaire, Trinity College, Hartford, Connecticut; M. Paul Monachino, organiste et maître de chapelle à la cathédrale de Toledo, Ohio, et Mme Marcia Sommers, Organ Historical Society; Mme Maude Leclerc, archiviste, et Mgr Armand Gagné, ancien archiviste de l'Archidiocèse de Québec; Mme Dominique Paquet, technicienne en documentation, Archives de l'Université Laval.

Enfin, nous ne saurions passer sous silence l'aide précieuse de la BAnQ numérique, grâce à laquelle nous avons pu trouver les articles de journaux qui ne faisaient pas déjà partie des archives particulièrement abondantes de Claude Lagacé.

Préface

Quelle louable initiative de la part de Jacques Boucher que celle d'avoir rassemblé ici, pour les contemporains mais aussi pour les générations à venir, le parcours exceptionnel de Claude Lagacé, professeur et maître incontesté du roi des instruments de musique! On ne pourrait imaginer guide plus autorisé que celui qui non seulement fut son élève et ami mais aussi une personnalité incontournable de notre vie musicale par ses innombrables captations de récitals d'orgue à la Société Radio-Canada, ainsi que dans ses fonctions d'organiste et de doyen de la Faculté de musique de l'Université de Montréal.

L'attention du lecteur, grand public et spécialiste, ne saurait être mieux captée dès le début à la lecture de larges extraits du journal de la mère de Claude, Alice Blondin. On y tombe sous le charme d'une grande famille, rurale, aisée, cultivée. Chant, violon, flûte, piano. Un oncle ministre et sénateur. Un autre notaire ou avocat. Un troisième violoniste reconnu à Montréal. Le jeune Claude recevant dès l'âge de sept ans ses premières leçons de piano chez les sœurs du couvent du village autochtone voisin d'Odanak. Et c'est parti pour la musique chez notre héros dont les multiples déplacements et fonctions professionnelles ne manqueront pas de fasciner les organistes, liturgiques en particulier. Ainsi que tous les férus d'histoire dont celle des gens d'ici partis s'installer dans la république voisine. Car Claude devint quasi américain avec ses vingt années comme organiste et maître de chapelle (Nouvelle-Angleterre, Ohio et même Texas dans le cadre du service militaire) et ses cinq enfants tous nés là-bas. Texte rempli d'informations et enjolivé de plus de cent photos. C'est ensuite le retour au pays où pendant une trentaine d'années, jusqu'à la retraite, il sera professeur à l'Université Laval et émule de la dynastie des Ernest, Gustave et Henri Gagnon aux grandes orgues de Notre-Dame de Québec.

Les activités de notre organiste ne se limitèrent pas à la vie professionnelle et familiale. Claude Lagacé s'intéressa à tout. Dans les nombreux passages de ses écrits, parfois aux médias et aux autorités, vous lirez son souci de la qualité du français, l'importance qu'il accorda à une solide connaissance de l'anglais et à une ouverture éclairée sur le monde. Avec mise en garde contre les régimes autoritaires. Vous découvrirez même, publiée dans un quotidien, l'affirmation de son credo politique. Ses collègues musiciens et organologues seront heureux d'y trouver plusieurs programmes de ses récitals, la composition de quelques instruments avec évolution de leur esthétique, ses publications et de nombreuses sources documentaires. Véritable invitation à réflexion sociétale et musicologique, dans l'œil d'un observateur raffiné et sous les doigts d'un organiste d'exception.

Pr. Hubert LAFORGE,\
doyen et recteur à la retraite\
Orgue « 1753 », Clavecin « 1733 » et Fonds H. et F. Laforge\
des Musées de la civilisation

Concert du centième anniversaire de Claude aux orgues Juget-Sinclair 2009/« 1753 » et Casavant 1930 de la Chapelle du Musée du Séminaire (entourant Claude Lagacé, de g. à dr. Christophe Mantoux, Yves-G. Préfontaine, John Grew, Martin Lagacé, Jacquelin Rochette, Florence Laforge, Anne Rogier, Hubert Laforge). Photo : Fonds Daniel Abel

Table des matières

Prélude

Claude Lagacé était un véritable gentilhomme. Le Larousse définit ainsi ce mot : Homme qui montre de la délicatesse, de la prévenance, de la noblesse de sentiments dans sa conduite. Cet artiste correspondait en tous points à cette définition du célèbre dictionnaire. En effet, sa gentillesse légendaire irradiait autour de lui.

Claude Lagacé était aussi un humaniste, si le monde et l'être humain sont les principaux objets d'intérêt de celui qu'on peut ainsi qualifier. Y a-t-il un seul aspect de notre condition humaine qui ait échappé à sa curiosité ? Même s'il était avant tout le musicien que nous allons ici découvrir ou mieux connaître, il a appris à sonder toutes les disciplines de l'école; en marge de ces disciplines, le voyage, qui est aussi la marque de l'homme classique, l'a rendu familier, pour parler comme Levinas, à l'humanité de l'autre homme.

L'existence honorable de Claude Lagacé fut, un siècle durant, guidée par la passion et éclairée par un amour inaltérable de la musique, une capacité d'admirer avec lucidité et sans envier. Ce sont des qualités rares.

Musicien et conteur, Claude a été longtemps témoin de la vie culturelle de notre continent. Culte et culture mettent en relief sa riche carrière : homme de profond savoir, habité par la modestie des grands.

Ce livre, qui dévoile tour à tour les nombreux pans de son existence, est parsemé d'illustrations puisées surtout dans ses archives. Cette iconographie abondante décrit bien des époques et des moments de la vie de notre centenaire. De nombreuses enluminures révèlent un parcours musical d'une grande richesse. La vie aussi sereine qu'active de cet artiste est celle d'un être choyé des dieux. Passionné et féru d'art, tel fut l'itinéraire de cet homme épris de beauté auquel tout a souri.

Claude plus maître que professeur

Son enthousiasme était inépuisable. C'était déjà ce qui me fascinait lorsque je fréquentais sa classe de chant grégorien à la Faculté de musique de l'Université Laval dans les années mil neuf cent soixante. Le propos transcendait l'époque féconde du répertoire millénaire. Il était plus maître que professeur. Il s'adressait à l'intelligence et nous imaginait aussi curieux que lui-même, comme si cela eut été vraisemblable. L'enseignement de Claude allait bien au-delà de ce corpus si ancien. Il savait inscrire ces lignes dans une sorte de continuum culturel, avec la générosité et la passion d'un véritable maître. On l'a déjà dit mais le dira-t-on jamais assez? La démarche de Claude Lagacé a toujours été empreinte d'une grande modestie : il ne mettait pas au compte de ses seuls mérites personnels cet exceptionnel chemin de vie auquel sa famille et ses maîtres auront grandement contribué.

* * *

Un jour, en 1966 sans doute, je passai devant le portail de la basilique-cathédrale de Québec. L'écho d'un *Prélude et fugue en sol majeur* de Johann Sebastian Bach m'invita à l'intérieur. C'était l'interprétation sereine d'un musicien en totale communion avec le Cantor de Saint-Thomas. Pendant un moment, j'oubliais le lieu et m'imaginais à Leipzig. N'est-ce pas cela interpréter?

Rétrospective d'un itinéraire fécond, ces pages se veulent un hommage à la mémoire d'un musicien passionné, fin observateur, au style élégant et surtout d'une touchante sincérité.

Voilà bien des motifs de s'y engager.

En voici le satisfecit…

CHAPITRE PREMIER

L'enfance d'un « chérubin »

Photo d'Alice Blondin, mère de Claude, en couverture de son journal

TELLE MÈRE QUI SE RACONTE...

Alice Blondin, mère de Claude, tenait son journal dont voici quelques extraits qui dépeignent l'atmosphère familiale dans laquelle le jeune artiste a fait ses premiers pas :

… La maison a été transformée et nous avons passé un mois de vacances magnifique. J'avais réussi à louer un bon piano et la musique dont nous sommes si privés ici a retenti du matin au soir. Grâce à une merveille de bonne que j'avais, tout marchait comme sur des roulettes. Tous les après-midis, par beau temps, nous courions à la grève et le bon bain de mer ravigotait tout le monde et ouvrait des appétits fort aiguisés, pour faire honneur aux toujours bons soupers préparés par les soins de ma bonne Alice. Papa et Maman venaient avec nous à la grève et nos deux petites aussi. Il a fallu laisser Math à la maison avec bébé, car elle nous faisait des crises de désespoir, quand elle nous voyait entrer dans l'eau. Papa s'installait dans une bonne chaise, sa jambe malade étendue et lisait. Il ne venait pas tous les jours, parce que ça le fatiguait.

Et tout cela a brutalement fini en un seul jour. Le char privé d'Édouard qui les avait amenés les a repris à la date fixée. Le piano est sorti la même journée. Nous sommes restés dans une très grande solitude, après tant de vie à la maison. Nous faisions une partie de bridge pour commencer la soirée et ça finissait toujours par la musique. Et un soir, ce fut la danse, et cet entrain ne s'est pas démenti une seule fois. Tout le monde dansait, excepté Papa. Maman s'en donnait en se tenant le cœur, et les spectateurs s'amusaient ferme aussi. Quand nous sortions un peu sur la galerie, nous constations que tout le devant de la maison, dans la rue, était garni de curieux…

Claude connaît une enfance heureuse, entouré de parents qui lui prodiguent une affection sans bornes. Il baigne dès le plus jeune âge dans un riche univers culturel. Cette enfance se déroule en divers lieux du Québec où le père de Claude est appelé à gérer les institutions bancaires qu'on lui confie. En 1912, Alice Blondin, de Saint-François-du-Lac, épouse Ernest Lagacé, de Québec. Les parents de Claude s'installent à Pierreville, village voisin de Saint-François, au bord de la rivière, pour ensuite déménager d'une ville à l'autre au Québec. En 1915, ils partent pour Matane dans l'est de la province puis, l'année suivante, pour Sorel où Claude naîtra le 30 avril 1917. En 1919, la famille s'établit à Odanak, village abénaquis voisin de Saint-François et, en 1923, revient à Pierreville dans une maison de briques rouges surplombant la Saint-François. Puis, en octobre 1927, la famille de sept enfants part

Alice Blondin (1881-1959) et Ernest Lagacé (1881-1978)

pour Trois-Pistoles. L'année suivante, c'est à Thetford Mines qu'on retrouve les Lagacé. En novembre 1932, nouveau départ, cette fois vers Danville. La perte des amis est pour chacun compensée par l'attrait de l'inconnu; à chaque déménagement, la famille séjourne à l'hôtel en attendant que le nouveau logis soit prêt à l'accueillir, séjour que chacun vit comme une grande récréation. Le parcours scolaire de Claude le conduit d'abord de Pierreville à Trois-Pistoles; en 1929, il amorce deux années d'internat au collège de Sainte-Anne-de-la-Pocatière. Avec son frère Maurice, il s'y trouve un peu dépaysé, devant même y passer Noël; ce séjour difficile est toutefois agrémenté par la visite régulière d'un parent, l'historien et homme politique Sir Thomas Chapais, qui, habitant à Saint-Denis-de-Kamouraska, vient leur apporter des friandises. Enfin, en 1933, voici la famille établie à Québec pour le bonheur de tous : d'abord dans Limoilou, puis rue Manrèse et rue Fraser. Les études classiques se déroulent au Petit Séminaire de Québec, de même que l'apprentissage plus poussé de la musique.

Une oreille prodigieuse et il veut chanter…

Le 5 février 1918

« Claude aura 10 mois bientôt. C'est un enfant superbe. Pas fort malheureusement. Il chante. Dès huit mois, quand les autres chantaient, il envoyait de petits cris toujours dans le ton et je disais à Ernest : "On dirait qu'il veut chanter." C'était bien ça. Ça n'a pas été long avant qu'il unisse les sons et chante en "ta, tu, la" le refrain "C'étaient deux amants". C'est un enfant facile à élever. C'est le bébé qu'il me fallait pour nos circonstances actuelles. Autrement, je n'aurais jamais pu passer mon hiver seule, comme je l'ai fait. »

…

Le 2 février 1919

« Claude, mon beau bébé, a 21 mois et ne marche pas encore. Il se traîne depuis tant de mois que je me demande s'il se décidera à marcher avant l'arrivée de l'autre. Il a toujours été délicat et il nous faut faire bien attention à son alimentation. Malgré son retard physique, il est bien développé. Il parle beaucoup et dit tout ce qu'il veut.

À table, quand ses frères et sœurs font des rots ou autre chose de pas poli, il foudroie le coupable d'un regard noir et lui dit : "Dis padon". Il chante et il est doué d'une voix forte. Son père le prend et l'assied sur le bras de la chaise berceuse après souper et lui chante les chants canadiens. Claude chante avec lui. Au commencement, il finissait seulement la phrase : "Un Canadien ellant", bannis de ses "fouâyers" … etc… et c'est très amusant. Il mesure 33$^{1/2}$ pouces et paraît grand. Il est grichou comme un petit chat, et c'est drôle de l'entendre dire "méçant", "tannant" quand on le contrarie. J'ai réussi à le corriger d'égratigner, ce qu'il nous servait dans la figure. Maintenant, il lève la main et dit : "te batte" et nous fait des yeux mauvais qui effrayeraient les plus braves, si cette mignonne créature mesurait trois pieds de plus. Il est beau comme un chérubin et a une oreille prodigieuse. »

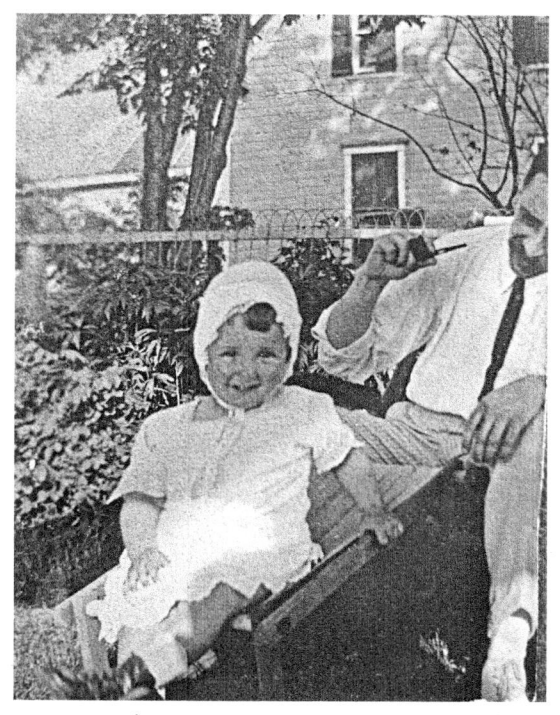

Claude et son père

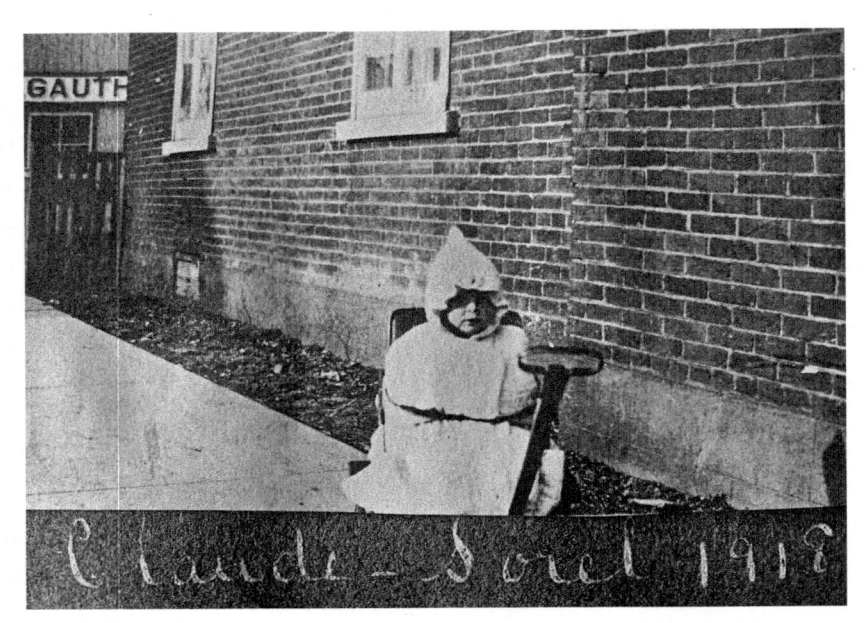

Claude, 1918

Le 30 octobre 1919

« Il me reste petit Claude et bébé. Le premier est si fin et si gentil, si bon que c'est un plaisir de le garder. Je le vois courir enfin dans une grande cour[1]. Cela manquait tellement à Sorel… C'est fort amusant de l'entendre chanter les chansons canadiennes qu'il défile en pot-pourri. Il ne manque pas un mot ni une note et il chante fort et très juste. Il aura 2 ½ ans dans quelques semaines… »

…

Le 8 décembre 1923

« Nous avons l'intention de faire commencer le piano aux garçons, bientôt. Moi qui ai tant souffert d'avoir été négligée sur ce point, je ne voudrais pas que leurs beaux talents restent incultes. Ils semblent très doués. Claude a une oreille extraordinaire et apprend tout sans qu'on le lui montre… »

…

---

1   À Odanak.

Claude à 13 ans

… Tel fils qui évoque ses souvenirs d'enfance

Près de trois générations plus tard, dans une lettre à sa cousine pianiste Élodie, fille de Joseph Blondin, Claude se remémore son enfance dans le berceau familial :

Le 21 août 1986

Ma chère Élodie,

Je m'excuse d'avoir été aussi lent à t'écrire après avoir reçu ta très belle lettre qui m'a profondément ému. Ces souvenirs que tu évoques de la vie brillante de Saint-François-du-Lac chez oncle Édouard et chez tante Amélie (maison où mes parents ont passé les premières années de leur mariage) me touchent beaucoup et me rappellent que je les ai perçus d'un tout autre niveau, car j'avais au cours de ces années entre six et neuf ans. Je me rappelle Laliberté[2] faisant de la sonate avec oncle Albert[3] en bas de la côte de la maison Marsan[4] que nous habitions et où tu es venue quelque temps donner des leçons de piano à Maurice et à moi (1926). Par les belles journées d'été l'on pouvait très bien entendre oncle Albert travailler son violon dont les belles sonorités étaient portées jusqu'en haut par la brise. À Odanak, je me rappelle les visites de belles limousines, une Pierce Arrow, et Charlie Clerk, prêtre et curé aux États-Unis, dans une somptueuse Packard… et Langelier, bagoulard comme dix, qu'oncle Édouard aimait bien, et qui, lui aussi, arrivait en grand équipage… tout cela, ce sont nos « neiges d'antan » toutes vermeilles, toutes frémissantes et odorantes des êtres et des choses qui ne sont plus !

L'écriture est une façon d'arrêter le temps…

C'est pour cela, chère Élodie, que tes enfants ont eu une bien belle idée quand ils t'ont fait faire cette cassette… Je t'en prie, continue de raconter tes belles histoires, par la plume et par l'enregistrement.

---

2 Alfred Laliberté, pianiste.

3 Albert Chamberland, violoniste.

4 À Pierreville, village voisin de Saint-François-du-Lac.

L'écriture est une façon, comme l'enregistrement d'ailleurs, d'arrêter le temps, d'en saisir des moments, en tous cas, que l'on peut fixer dans une forme qui demeure… les photos aussi. C'est pourquoi j'en ai beaucoup de ma vie passée avec les miens, et Anne en prend beaucoup dont certaines sont conservées précieusement.

J'ai lu avec émotion les deux lettres d'oncle Édouard, au sujet de la mort de Jos, et celle à toi où il parle du front où les canons grondent pas très loin. Ce qui me frappe dans ces lettres, c'est, outre la beauté de l'expression littéraire qui était chez lui tout à fait innée, la tendresse des sentiments et sa sollicitude pour les êtres qu'il aimait. Je t'avoue avoir connu un oncle Édouard à l'écorce plus rude et qui ne ménageait pas toujours les gens, quelquefois même, ses proches. C'est pour moi une belle découverte qui me fait aimer davantage cet oncle en qui se réunissaient tous les prestiges. Ce bel Hercule à la voix si résonante pouvait tenir en haleine un auditoire pendant des heures avec ses lectures dont il parlait si éloquemment (Chesterton en particulier), ses souvenirs politiques dont il relevait avec tant de plaisir et savourait visiblement les cocasseries… et les réminiscences de collège ! Il était vraiment intarissable et toujours fascinant : orateur, poète, artiste surtout. Je ne crois pas, pour ma part, que sa carrière politique, pour brillante qu'elle ait été, ait constitué une véritable expression de sa personne. Je vais relire cette courte biographie de lui que j'ai quelque part dans ma bibliothèque.

J'espère, ma chère Élodie, que tu te portes bien, et cela me ramène au présent dont j'aime à vivre les plus petites parcelles. Pour moi, ce présent est extraordinaire… ».

Une quinzaine d'années plus tard, Claude décrit ainsi sa vie première à Saint-François, où il retourne fêter son anniversaire en 2010, la maison Blondin étant devenue auberge :

« Pèlerinage aux lieux de mon enfance

Un de ces beaux matins, Anne me dit : "Que dirais-tu d'une petite virée autour de la rivière Saint-François pour ton anniversaire ? C'est là qu'ont vécu beaucoup des tiens. Vous en retenez quantité de beaux souvenirs, toi et les membres de ta famille." Une fois l'effet de surprise totale passé, je lui demande des explications. Elle me répond : "Je te propose un séjour

Cette noble châtelaine,
Dame du Castel Blondin,
Vers la fin de l'aut'semaine,
Convoquait en son domaine,
Parents, amis et voisins;
Et pour faire les honneurs,
On avait le Sénateur!
Ce fut un bal costumé,
Travesti, masqué, grimé.
Il y eut grande affluence:
Clowns, matelots et bouffons.
Pour prix de son élégance,
Une gitane en mantille,
Avec notre admiration,
Eut les roses du buisson;
Tandis qu'un père de famille,
Faisant la petite fille,
Dansa comme un grand garçon,
Une dame en crinoline,
(Satin, soie ou mousseline,)
Anima le cotillon;
Mais vous, ô brune Elodie;
(Permettez que je le die,)
Perdiez votre pantalon!
Dans son manteau d'écarlate,
Comme le tonnerre éclate,
Avec fourche et capuchon
Nous apparut le démon!
Que faites-vous insensées?
Méphisto, fais les danser!
Courte, mince, forte ou frêle,
Jeune, vieille, laide ou belle,
Qu'importe à l'Esprit du mal?...
"Et satan conduit le bal!"
Pétales de Marguerite.
Tournez, tournez, tournez vite!
Car ce Seigneur Catalan,

Bedonnant, omnipotent,
Valse comme plume au vent.
Quelle est cette Italienne,
Qui danse la Varsovienne?
Et Sapho? Mais, c'en est trop,
Qui danse, elle, le fox-trot!
Dites-moi donc, quelle est cette
Délicieuse statuette?
Ca, c'est un morceau de choix,
La Bouquetière du Roi.
Regardez la vieille fille.
Qui tourne dans ce quadrille,
Comme elle fit à vingt ans.
La coquette en cheveux blancs!
Un magnifique ténor
Chanta, pour notre liesse,
Accompagné des accords
D'une pure sauvagesse;
Après qu'un vieil habitant,
Gros et gras, assez fringant,
Nous eût régalés des sons
D'un merveilleux violon.
Comm' si ell' le connaissait,
Amélie, sans camouflage,
D'une main tournait ses pages,
Et de l'autre accompagnait.
Hélas! comme tout prend fin.
Vers les heures du matin.
Il y eut un grand branl' bas...
Jeannett' ta voiture est là?...
On s'habilla, s'embrassa,
Et "l'eusses-tu cru" s'en alla.
Portant son ventr' sous son bras.

M.G.

Old-time,   Home-made.

Pine (less) Lodge, 11 juillet 1923.

Poème, *Bal chez les Blondin*, 1923

dans la maison de ton grand-père aujourd'hui devenue auberge. J'y ai
fait une réservation. Nous sommes attendus." Cette noble demeure de
Saint-François-du-Lac est maintenant occupée par deux copropriétaires
qui ont eu le bon goût de n'altérer en rien le caractère de cette habitation
presque seigneuriale… Elle imprègne encore les murs du grand salon
et de l'escalier spacieux qui mène à l'étage de ce magnifique manoir.

Ma mère, les oncles Jos et Édouard, les tantes Amélie et Françoise, la benjamine, y ont tous été élevés.

…

Non loin de là, l'hôtel Abenaki Spring, fameux rendez-vous pour nombre d'Américains qui venaient y faire des cures d'eau thermale, a depuis longtemps fermé ses portes. Mais les sources d'eau existent toujours, aujourd'hui exploitées par les Abénakis. Cette eau, qui se vend dans la région, est très salée !...

Je me suis retrouvé chez moi dans la maison Blondin comme au temps où, préparant mes examens de philosophie terminale, j'y avais passé une semaine chez l'oncle Édouard Blondin, homme politique fédéral et la tante Rose (Buisson). Cette dernière m'avait donné pour mission d'occuper tout le temps d'oncle Édouard qui souffrait du cœur, et de lui ôter toute tentation de se livrer aux travaux durs de la terre. C'était facile car oncle Édouard évoquait avec éloquence ses souvenirs politiques, parfois même ses années de collège à Nicolet, et il était intarissable.

La maison de Saint-François-du-Lac est […] sise au milieu d'un grand parc (hélas amputé depuis lors). La clôture de fer forgé qui borde la propriété s'ouvrait largement en son milieu pour laisser entrer les voitures à traction animale de ce temps-là. Maman nous racontait qu'enfant elle avait vu des chevaux de selle sortir de leur grande étable pour être vendus. Mon grand-père, très à l'aise, s'était associé à un ami dont les transactions souvent risquées ont causé la perte d'un bel héritage pour les deux familles. Maman a néanmoins été élevée dans un milieu aisé qui rendait possibles les études classiques et universitaires des oncles Édouard et Jos, devenus notaire et avocat.

…

Je me rappelle que, lorsque j'étais enfant et que nous habitions à Pierreville, nous traversions la rivière sur le bac qui faisait la navette entre Pierreville et Saint-François. Ce bac était arrimé à un câble métallique très résistant qui reliait les deux rives et qui gardait le bac en ligne droite malgré le fort courant de la rivière. Une chaloupe à moteur collée au bac tenait lieu de remorqueur.

L'oncle Édouard s'occupait gentiment de nous fabriquer des cannes à pêche avec lesquelles on attrapait le menu fretin du ruisseau qui bornait la propriété de mon oncle en bas d'une pente assez raide.

La maison Blondin, Saint-François-du-Lac

Redécouverte des lieux aimés

Revenons à cette proposition d'Anne pour mon anniversaire, prometteuse de nombreuses petites félicités, à laquelle j'ai donné un assentiment enthousiaste : Redécouverte des lieux aimés où j'ai jeté mes premiers regards sur le monde qui m'entourait : Odanak, appelé dans ces années le "village sauvage" sans faire tiquer qui que ce soit, était séparé de Pierreville par la voie ferrée qui franchissait le pont vers Saint-François-du-Lac. Tout au bord de la rivière Saint-François et très isolée du village de Pierreville, se dressait une très jolie maison blanche aux volets noirs dont mon père et ma mère avaient été propriétaires au début de leur mariage. Elle fut occupée ultérieurement comme maison d'été par l'oncle Albert Chamberland, violoniste montréalais de grande réputation, et tante Amélie son épouse, sœur de ma mère.

… Ce gros village surplombe la rivière Saint-François, et Pierreville et Odanak lui font face de l'autre côté de cet important cours d'eau. Une dame qui occupe la maison voisine de la nôtre, la maison Masta[5], me

---

5   Monsieur Masta était pasteur du village abénakis qui comptait à cette époque un nombre à peu près égal de catholiques et d'anglicans.

La maison de Pierreville au bord de la rivière Saint-François
Première maison des parents de Claude, puis celle d'Albert Chamberland
et Amélie Blondin

rappelle d'heureux moments du temps passé. Elle se souvenait bien des Lagacé, famille dont le père était gérant de banque, poste de prestige aux yeux des villageois, et la mère, une Blondin, la famille la plus connue de Saint-François. L'église d'Odanak, simple mais toujours belle à voir, sert toujours au culte, tandis que le couvent des Sœurs grises a été transformé en Musée des Abénakis. Odanak, qui était autrefois un village abénakis peuplé de véritables Indiens, est aujourd'hui de plus en plus envahi par les Québécois...

Maman racontait qu'au temps où mes parents occupaient cette maison, le dégel de la rivière avait causé de vrais ravages. L'eau de la Saint-François, montée jusqu'au plafond, menaçait dangereusement la sécurité d'une jeune famille : mes parents et leurs deux premières filles. La rivière était sortie de son lit, et d'énormes glaçons pointaient vers la maison, s'en approchant sans cesse; mais celle-ci a vaillamment tenu le coup, sans dommage sérieux ni à sa structure ni aux meubles, quoique l'eau ait atteint le plafond. Maman racontait cette malencontreuse aventure avec détachement comme si elle était arrivée à quelqu'un du voisinage; la panique, disait-elle, n'a jamais fait partie de mes réactions.

Claude et son frère Henri à bicyclette

Détail assez amusant, l'assiette du chat, après avoir flotté sur l'eau, a gentiment repris sa position au pied de la table de cuisine une fois l'eau retirée de la maison.

Maman est née et a été élevée à Saint-François-du-Lac dans la propriété de mon grand-père, notaire et registrateur du comté de Yamaska, ainsi que tous les autres membres de sa famille : Anna, l'aînée, Joseph (appelé Jos), Édouard, Amélie, Alice, qui allait devenir ma mère, et Françoise, la benjamine. Mes deux oncles, après leurs études classiques au Séminaire de Nicolet, entrèrent à l'Université Laval de Montréal, tous les deux en droit, Jos pour y devenir avocat et Édouard notaire. Ensemble ils ouvrirent un cabinet, très florissant, à Trois-Rivières. Jos, mort à 39 ans, était déjà reconnu comme une autorité dans la profession, souvent consulté par des confrères avocats. Édouard entreprit par la suite une carrière politique qui le vit à trois reprises député de Charlevoix. Pendant la Première Guerre mondiale, le Parti conservateur était au pouvoir sous la direction de Sir Robert Borden et vota en faveur de la conscription, conformément à la majorité anglophone de huit provinces sur neuf. L'oncle Édouard Blondin a suivi la ligne de son parti, ce qui lui valut quelque temps l'inimitié de tous les Québécois de langue française; pour ma part, je crois que l'oncle Édouard, mon parrain, avait une vision plus

Musique en famille

large de ce conflit mondial qui menaçait d'écraser le monde occidental sous la botte teutonne. Édouard Blondin y voyait une menace pour la civilisation et fut parmi les premiers Canadiens français (comme on disait à l'époque) à se porter volontaire dans l'armée canadienne.

Contre la conscription, mais soldat volontaire!

Il dut démissionner de son poste de ministre du cabinet Borden pour s'enrôler dans l'armée qui le promut officier avec le grade de lieutenant-colonel. P. E. Blondin, comme on l'appelait officiellement, fit une brillante carrière politique au cours de laquelle il fut ministre du Revenu, Secrétaire d'État du Canada, ministre des Mines, ministre des Postes; il fut enfin nommé sénateur, sous le régime conservateur de R. B. Bennett, puis président du Sénat canadien, poste qu'il occupa de 1930 à 1935. »

Cet itinéraire tracé par Claude quelques décennies plus tard est une véritable mosaïque de son enfance. Comme toute famille d'artistes, la famille Lagacé se démarquait de la mentalité de l'époque; dénuée de tout snobisme à l'instar de la famille Blondin, elle attachait peu d'impor-

Pierre-Édouard Blondin

tance aux conventions bourgeoises et laissait libre cours à la fantaisie. La musique y occupait une grande place chez les sept enfants : Jacqueline, Mathilde, Claude et Suzanne jouaient du piano. Claude accompagnait régulièrement sa mère qui avait une très jolie voix de soprano. Maurice jouait du violon, Henri et Claire de la flûte.

Claude en duo avec son fils Martin au violoncelle
Fête familiale pour ses 95 ans à la maison Blondin, Saint-François-du-Lac
(avril 2012)

Claude et ses deux sœurs, Suzanne et Claire, à la maison Blondin (avril 2012)

Albert Chamberland et son violon (1886-1975)

Un modèle : l'oncle Albert Chamberland, violoniste (1886-1975)

Les premières images musicales de Claude sont aussi celles de son oncle. Albert Chamberland, violoniste de premier plan, mena en effet une carrière notable, d'abord au sein de l'Orchestre philharmonique de Montréal, puis aussi comme soliste, duettiste et chambriste.

Né à Montréal, Albert Chamberland était à la fois violoniste, chef d'orchestre, réalisateur, professeur et compositeur. Il apprend le violon

Albert Chamberland (1886-1975), portrait par Adrien Hébert

Programmes de concerts, le 16 mars 1925 et le 16 avril 1929

avec Jean Duquette, puis avec Alfred De Sève au McGill Conservatory. Il fait ses débuts comme soliste en 1904. Peu après, il devient membre de l'OSM de Goulet, du Trio Beethoven (1907-1910) et du Quatuor à cordes Dubois (1910-1920). L'un des fondateurs de l'Orchestre philharmonique de Montréal (1920), il forme avec le violoniste Norman Herschorn, l'altiste Eugène Chartier et le violoncelliste Raoul Duquette, le quatuor à cordes qui porte son nom (1920-1925). En 1932, il se joint au Montreal Orchestra et, deux ans plus tard, il est nommé violon solo de l'Orchestre des CSM (Concerts Symphoniques de Montréal) dès sa fondation, orchestre dont il devient ensuite le chef adjoint (1939-1948). Il est aussi réalisateur d'émissions musicales à la Société Radio-Canada (1937-1952). Il enseigne dans de nombreuses institutions de Montréal, dont le Conservatoire national et le couvent Villa-Maria. Alexander Brott, Norman Herschorn et Lucien Martin comptent parmi ses élèves. Il compose un *Allegro militaire* pour harmonie, une *Sérénade* pour violon et piano, une *Étude de concert d'après Rode* (Édition belgo-canadienne v. 1925) et une *Fantaisie* sur l'air « Un Canadien errant »,

Concert

donné par

GERMAINE MALÉPART

PIANISTE

avec le concours de

ALBERT CHAMBERLAND
VIOLONISTE

JEAN BELLAND
VIOLONCELLISTE

EUGENE CHARTIER
ALTISTE

HOTEL RITZ CARLTON

Lundi, le 6 décembre 1926

à 8.30 p.m.

PRIX DU BILLET $1.10, TAXE INCLUSE

Programme d'un concert avec Germaine Malépart, le 6 décembre 1926

jouée par lui au Monument national (13 avril 1926). L'ensemble de ses enregistrements comme soliste et membre du Trio Chamberland figure dans *En remontant les années* (quatre 78 t., HMV). En 1984, Montréal donne son nom à une rue du quartier Rivière-des-Prairies[6].

Albert Chamberland se produit aussi en musique de chambre avec Germaine Malépart (1898-1963) qui, à son tour, marquera Claude dans son parcours musical. En effet, cette pédagogue réputée prodiguera son enseignement à Claude qui séjournera quelque temps à Montréal vers 1936. Interprète remarquable, elle remporte en 1917 le Prix d'Europe. À Paris, où elle joue notamment aux salles Gaveau et Pleyel, elle a pour maîtres Isidor Philipp et Maurice Amour. De retour au Québec, elle s'adonne à l'enseignement avec un succès notoire. Parmi ses élèves, saluons Lise Boucher, François Morel, Renée Morisset, Claude Savard, Ronald Turini et…Claude Lagacé.

---

6   Tiré de l'*Encyclopédie canadienne*, article de Guy Gallo, 2007.

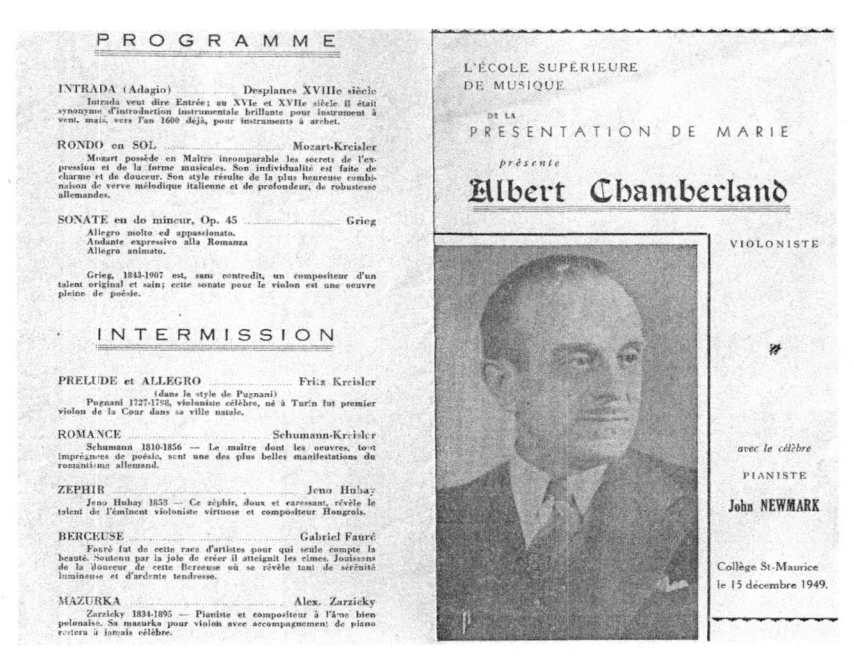

Programme d'un concert avec John Newmark, le 11 décembre 1949

Une salle du Conservatoire de Musique de Montréal porte le nom de Germaine Malépart depuis 1978.

> « Mlle Malépart possède des qualités de clarté, de précision rythmique; un beau toucher, un phrasé aux contours bien arrêtés; enfin, une émotion communicative empreinte de sincérité et de distinction. »

> *La Patrie*, 1922.

De manière bien différente de Germaine Malépart, l'oncle bienveillant exerce sur le jeune musicien une influence qui se fera sentir longtemps. L'intérêt d'Albert Chamberland pour les travaux de son neveu constituera un appui solide, tant pour le jeune élève que pour le professionnel en début de carrière. On a vu l'oncle assister aux récitals de Claude, tout comme le neveu profiter d'auditions du célèbre violoniste. Cette proximité favorise une relation féconde entre les deux, comme en témoignera la correspondance entre les deux musiciens, révélatrice d'une réelle affection pour le neveu autant qu'une admiration touchante de Claude pour le grand violoniste.

"Communier à la beauté artistique c'est communier à Dieu, l'essence de toute beauté."

Albert Chamberland

nous révèle le VIOLONISTE de concert, le professeur, l'artiste sincèrement dévoué à son ART; l'un des fondateurs de l'Orchestre Philharmonique de Montréal et du Quatuor Chamberland; le Premier Violon du Montreal Orchestra et le soliste de la Société Euterpe. Monsieur Chamberland est aussi bien connu comme réalisateur de programme à Radio-Canada.

Après un récital, donné en la salle du Ritz Carlton l'an dernier, Marcel Valois du journal "La Presse" écrivait: "Monsieur Albert Chamberland déploya une musicalité lumineuse, une autorité constante et une sonorité pleine. Il y avait des années que ce complet musicien n'avait joué en public. Il faut souhaiter que ses apparitions au concert se fassent plus fréquentes.

John Newmark

Voir au Programme le nom de John Newmark comme Pianiste Accompagnateur, n'est-ce-pas l'assurance d'une double fête tant la fusion de ces deux artistes de marque intensifiera notre capacité de jouissance.

CHAPITRE II

La jeunesse, sérieuse et rieuse

La relation d'admiration qui lie Claude à son oncle violoniste se transpose plus tard dans celle qu'il va nouer avec son maître Henri Gagnon qui lui enseignera d'abord le piano, puis l'orgue. Lors d'une conférence prononcée à l'ARMUQ le 14 mai 1993, Claude Lagacé fait de son maître un éloge appuyé[7]. Nous citons intégralement ce texte qui révèle un grand musicien doublé d'un profond humaniste :

LE MAÎTRE HENRI GAGNON (1887-1961)

C'était un musicien attaché à la liturgie qui jouait sur un instrument de son choix le répertoire qu'il aimait. Peu intéressé à des tournées de concerts pour grand virtuose, il jouait volontiers pour des inaugurations d'instrument, des fêtes spéciales, mais il gardait une prédilection pour sa fonction d'organiste d'église. L'enseignement du piano et de l'orgue correspondait aussi à ses goûts et à son tempérament. Professeur enthousiaste, encourageant et patient, il a formé, outre un grand nombre de bons musiciens amateurs, des professionnels qui se sont fait un nom, tels que Jean Beaudet, Marius Cayouette, Jean-Marie Bussières, Georges Lindsay, entre autres.

Henri Gagnon, né en 1887 de Gustave Gagnon et Séphora Hamel, a grandi dans un milieu bourgeois et artistique de nature à favoriser l'éclosion de son talent musical. Des musiciens de premier plan se sont pour ainsi dire penchés sur son berceau, et une forte tradition d'excellence musicale s'était déjà établie à la tribune de la basilique de Québec lorsqu'il y accéda lui-même comme titulaire des grandes orgues en 1915.

---

7   Claude Lagacé, *Musique et musiciens*, p. 43-52. Les Éditions GID, 2014.

Henri Gagnon, 1932
Photo : Archives personnelles de Claude Lagacé

Avant lui, y avaient régné tout d'abord Ernest Gagnon, l'harmonisateur des cantiques de Noël si connus et organiste accompli, de 1864 à 1876, et par la suite Gustave, frère d'Ernest et père d'Henri, de 1876 à 1915.

Gustave Gagnon, père d'Henri, était un personnage haut en couleur, d'une grande originalité d'esprit, dont les saillies savoureuses ont amusé pendant des générations toute la société québécoise. Ses études

Ernest Gagnon (1834-1915)
Photo : Wikipédia

Gustave Gagnon (1842-1930)
Photo : Wikipédia

musicales, amorcées avec son beau-frère Paul Letondal (1831-1894), musicien bisontin fixé à Montréal, se poursuivront à Paris où il débarque en 1870, au moment où Napoléon III déclare la guerre à la Prusse. Pendant la Commune de Paris, il y travaillera le piano avec Marmontel, l'harmonie avec Auguste Durand et l'orgue chez Alexis Chauvet. Il passera ensuite en Belgique et en Allemagne, où il entendra et rencontrera Liszt à Leipzig, et séjournera finalement en Italie.

D'aussi nobles ascendances ne pouvaient avoir qu'un effet magique sur le jeune Henri Gagnon, qui manifesta dès l'âge le plus tendre de remarquables dispositions musicales. Il a dit, à propos de sa vocation d'organiste, qu'un enfant sera porté vers l'instrument qu'il connaît de préférence à tout autre. On peut ajouter qu'il y sera encore bien davantage s'il y est conduit par des mains aussi expertes que celles d'Ernest et de Gustave Gagnon.

Et puis, il n'y avait pas que des musiciens dans cette famille. Henri était par sa mère le petit-neveu de Théophile Hamel et le neveu d'Eugène Hamel, tous deux peintres de renom. Chez les Gagnon régnaient la vie de l'esprit, l'intimité quotidienne avec les arts, et très probablement aussi une certaine aisance matérielle. Il ne semble jamais être question de bourses, de fondations, d'aide quelconque aux artistes quand on voit Ernest et Gustave Gagnon traverser l'océan pour parfaire en Europe leur formation musicale. Et pas davantage lorsqu'il s'agit d'Henri. C'est donc dire que ce milieu musical et intellectuel était aisé, puisque toutes ces études étaient assumées par les familles elles-mêmes. Faudrait-il ajouter que peut-être des mécènes anonymes, dans certains cas, sont venus à la rescousse des parents pour soutenir leurs efforts ? Je ne pourrais rien affirmer au sujet des Gagnon, et il semble bien que toutes ces études supérieures en musique dans la famille des Gagnon étaient payées avec des deniers sortis de leurs propres goussets. Tout semblait donc favoriser l'éclosion d'un talent comme celui d'Henri Gagnon.

Henri reçoit ses premières leçons de Gustave son père, puis il est confié à M. William Reed, alors organiste de l'église presbytérienne St. Andrew's à Québec. Il donne à 14 ans au *Temple of Music* de Buffalo, à l'occasion de l'exposition panaméricaine tenue en cette cité de l'État de New York, un récital qui fut un triomphe, au dire du *Buffalo Courier* : « Ce jeune homme est un véritable prodige. »

Nous le retrouvons à Montréal en 1903, inscrit au collège Sainte-Marie, où un programme d'études taillé sur mesure lui permet de faire ses humanités tout en étudiant le piano, l'orgue et l'harmonie auprès de Guillaume Couture et d'Arthur Letondal, son cousin germain. L'alliance des familles Gagnon et Letondal a permis à deux grands musiciens Gagnon, Ernest et Gustave, de s'imposer à Québec pendant que Paul Letondal, leur contemporain, devenait à Montréal « l'un des pionniers de la vie musicale professionnelle au Canada », selon le jugement de l'*Encyclopédie de la musique au Canada*. Arthur Letondal, fils de Paul, règne à la tribune de la cathédrale Saint-Jacques-le-Majeur de 1923 à 1949 (aujourd'hui la cathédrale Marie-Reine-du-Monde), dans une trajectoire parallèle à celle d'Henri Gagnon à Québec, mais plus courte. En fait, les Gagnon (Ernest, Gustave et Henri), que l'on pourrait presque qualifier de dynastie, ont occupé la tribune de la basilique de Québec pendant un siècle, à trois années près, soit de 1864 à 1961.

Henri Gagnon fait de 1907 à 1909 ses études européennes d'orgue chez les maîtres Eugène Gigout et Charles-Marie Widor, et il se perfectionne par la suite chez Joseph Bonnet pour qui il professera toute sa vie une profonde admiration. Quant au piano, Gagnon en fait l'étude auprès d'un grand pédagogue de l'époque, Isidor Philipp.

En 1915, il succède à Gustave Gagnon à la tribune de la basilique de Québec et s'installe dans une vie d'organiste d'église plus que de concert, de professeur de piano et d'orgue, et de compositeur. Il enseigne d'abord à l'École de musique de l'Université Laval (EMUL), au Petit Séminaire

Henri Gagnon à l'orgue de la basilique (vers 1910)
Photo : Archives personnelles de Claude Lagacé

La basilique de Québec avant l'incendie de 1922 (vers 1910)
Photos : Archives personnelles de Claude Lagacé

Wilfrid Pelletier et Henri Gagnon
Photo : Archives personnelles de Claude Lagacé

de Québec et à l'École normale Laval. En 1946, il sera nommé directeur adjoint du Conservatoire de Québec, gardant tout au long de son administration sa classe d'orgue à laquelle il tenait beaucoup.

J'ai eu la chance d'être son élève, de piano d'abord, d'orgue ensuite. Pensionnaire au Petit Séminaire de Québec, je recevais presque toutes ses leçons dans les studios du Séminaire, mais j'allais aussi chez lui au 8, rue Saint-Flavien où il habitait avec sa femme et ses deux enfants, Geneviève et Denis. La porte extérieure ouverte, un escalier de cinq marches nous conduisait au rez-de-chaussée. Le studio de musique était à l'étage. Il était assez grand pour loger un piano à queue, un piano droit et un harmonium-orgue. Des portraits de musiciens ornaient les murs; celui de Joseph Bonnet en particulier, coiffé d'un grand chapeau très byronien, occupait une place de choix. Léo-Pol Morin, jeune pianiste et ami de jeunesse, avait couvert la moitié de sa photo d'une dédicace très chaleureuse, d'un style d'où l'enflure n'était pas absente, si je me souviens bien : « À Henri Gagnon, à l'ami, à l'artiste, à l'homme du passé, etc. ».

Bonhomie et sens de l'ironie du maître Gagnon

Après quelques années d'étude du piano et de l'orgue, je sentis avec une certaine fierté que mon professeur m'honorait de son amitié. À la fin de la leçon, souvent prise en fin d'après-midi, nous bavardions en prenant un café en ville, mais quand arrivaient les beaux jours de mai, nous nous attardions sur les bancs qui bordaient autrefois la rue des Remparts, à deux pas de chez lui. Nous parlions souvent de littérature et il me dit quelques années plus tard : « J'ai de la reconnaissance pour vous, Claude. » C'était bien la dernière chose que j'attendais de lui... qu'il fût reconnaissant envers moi ! « Oui, me dit-il, vous m'avez incité à lire *Le notaire du Havre* de Georges Duhamel, ce qui m'a conduit à lire toute la *Chronique des Pasquier*, ainsi que les *Salavin* et j'en suis fort heureux. »

M. Gagnon aimait faire de l'ironie, une ironie enrobée d'une transparente bonhomie. Elle était si fine que rien ne lui échappait des petits ridicules des « gens importants » ou de ceux qui se croyaient tels. D'un éminent archevêque qui se consolait mal de sa petite taille, il disait : « Le cardinal porte des talons hauts et a fait hausser la tribune de son trône... mais tout le monde sait que c'est la tribune qui est plus haute, pas le cardinal. » Autres bons mots : il y avait au temps de ma jeunesse un grand pianiste français dont la « méthode » de piano avait été accueillie

Claude au piano

avec une grande ferveur dans plusieurs communautés religieuses... Pour produire une sonorité ronde, sans dureté, il fallait laisser tomber le bras sur l'accord. Monsieur Gagnon, qui se moquait de ces balivernes psychopédagogiques, disait le plus sérieusement du monde : « Ces religieuses enseignent la mystique de la chute... ».

Un brin aristocrate et âme pieuse

Henri Gagnon était petit de taille mais parfaitement proportionné. Son visage aux traits réguliers laissait transparaître une certaine timidité dans l'amabilité du sourire. Quelque chose d'aristocratique émanait de toute sa personne. Homme d'une grande distinction mais sans prétention, il était racé, mais simple à souhait, très cultivé mais jamais pédant. Outre la musique, il aimait et connaissait bien les lettres, l'histoire et l'architecture. Aux dires d'Antoine Reboulot, il connaissait Paris mieux que quiconque.

Dans les années cinquante, Henri Gagnon était sans contredit le meilleur organiste virtuose de la région de Québec, et sa réputation s'étendait bien au-delà. Il ne reste hélas aucun disque ou cassette qui

À Qui de Droit.

Je suis heureux de reconnaître en M.Claude LAGACE un de mes plus brillants élèves.

Claude Lagacé occupe temporairement une situation d'organiste à la cathédrale de Saint-Jean, (Nouveau-Brunswick). Il y était préparé de longue date par des études très poussées en piano, en solfège, en orgue, en dictée et en harmonie. Les récompenses et certificats qui lui furent décernés par notre Ecole de Musique et par l'Académie recommandent ici un élève exceptionnellement doué et studieux: un talent de tout premier ordre.

Mais l'ambition légitime de ce jeune homme est de poursuivre plus avant , et dans un milieu universitaire, des études musicales interrompues en 1940. L'expérience pratique, acquise depuis cette date,lui permettra d'orienter ses efforts avec encore plus de succès,et de tirer tout le parti souhaitable d'une bourse de perfectionnement.

(Henri Gagnon)

Organiste de la Basilique de Québec,

Professeur à l'Ecole de Musique de l'Université

L A V A L .

Québec ,;e 8 septembre 1942

Lettre de recommandation d'Henri Gagnon, le 8 septembre 1942

témoigne du talent d'exécutant d'Henri Gagnon. À ma prise de fonction comme organiste à la basilique de Québec en 1961, j'ai frappé, mais en vain, à plusieurs portes pour trouver quelques bandes magnétiques ou enregistrements privés de concert ou d'émission d'orgue de M. Gagnon, à la basilique ou ailleurs. Même Radio-Canada n'avait gardé aucun enregistrement des nombreuses émissions d'orgue qu'il avait faites.

IOI rue Sainte-Anne,Appt.4
Québec ,le I7 février I956

Mon cher Claude ; Hier, après mon cours d'orgue au conservatoire, j'ai
réuni quelques élèves dans mon bureau, et nous avons suivi –musique en mains–
ce beau fragment de votre récent concert. Malgré ce que vous me signalez des
défectuosités de l'enregistrement, je trouve très souple, très imposante l'interprétation du divin Premier Choral de Franck ;vous y apportez la couleur,
habilement ménagée d'un instrument magnifique.Les mouvements sont soutenus, et
la superposition des deux thèmes ne flanche pas.Le "climax "est glorieux.
Bravo ! Dans la symphonie Gothique-qu'il fallait nécessairement minuter pour
la durée possible du disque –je trouve magnifiques l'élan et la majesté que
vous donnez à l'Allegro final. Le choral et les deux premières variations peuvent se jouer moins"moderato"La réplique du sujet"donne"d'avantage avec autre
en canon
chose qu'un fond de 8' à la pédale.Widor recommande la tirasse du récit(d'un
effet équilibré à S.Sulpice)Je lui substitue la calrinette 8' du positif,avec
tirasse parceque plus maléable et plus tranchée pour la réplique en canon. Mais
tout ça est matière de goût et d'à propos..Il n'y a pas 2 orgues semblables.

Votre délicieux Pachelbel, si bien soutenu dans la fugue, si net dans les
2 pages finales, est une vraie réussite.Tout ça respire la joie triomphale
Cette
des anges venus du ciel..Musique musique évoque, par l'expression et la sobriété des moyens,certaines fresques si décoratives de l'Ecole istalienne.
En véritable artiste, mon cherClaude , vous faites de ce tryptique une oeuvre
émouvante. Je vous en félicite de tout coeur .Ce beau souvenir est pour moi
un cadeau somptueux: c'est un peu votre présence parmi nous. Mardi, je vous
ferai entendre à nos amis de l'Ecole de Musique. Nous avons rendez-vous.

        Notre ami Clarence Watters a raison de vous faire donner des audi-
tions.Cela vous réussit à merveille. L'orgue ,que l'on dénomme le roi des instrument est semblet'il "perché"trop haut dans les églises.Sa littérature ,pour
tant abondante ,richissime,n'intéresse qu'un élite . Je vois que bientôt ,vs.
occuperez une jolie maison,avec un grand piano. Mes compliments ! Il faut l'es
pace pour travailler à l'aise.L'heureux événement attendu pour le mois de
juin va nous priver de votre visite tant désirée. Ma femme se joint à moi pour
vous exprimer,ainsi qu'à votre charmante femme et les deux mioches,nos sentiment d'affectueuse amitié. J'écris comme je peux ,interrompu par le téléphone
ne –cette sale invention !
            Votre très reconnaissant vieil ami

Lettre d'Henri Gagnon à Claude, le 17 février 1956

[Lettre manuscrite]

Lettre d'Henri Gagnon à Claude, le 18 février 1956

Les contemporains qui ont entendu Henri Gagnon se font de plus en plus rares en 1993. Il reste quand même une contribution de l'Office national du film. Ce document audiovisuel nous montre Henri Gagnon en interview et nous le fait entendre et voir à son orgue à la basilique dans le grand *Prélude et fugue en sol majeur*, BWV 541, de J.-S. Bach, œuvre

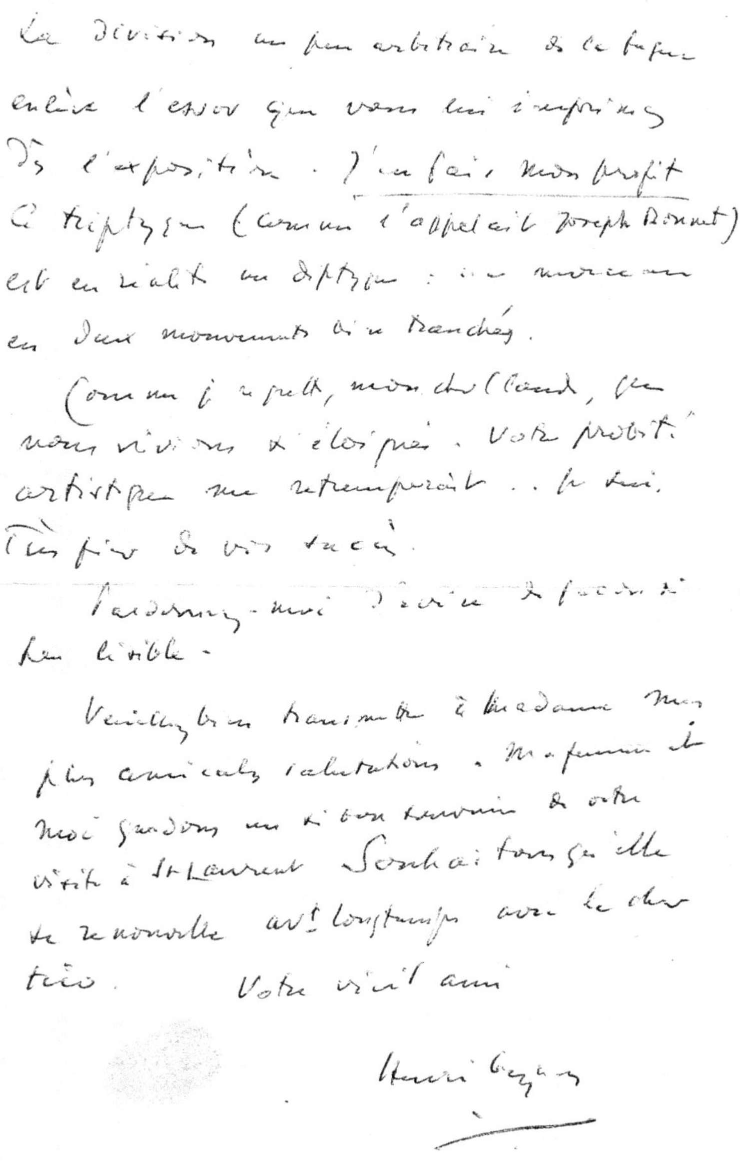

La division un peu arbitraire de la fugue
enlève l'essor que vous lui imprimez
dès l'exposition. J'en fais mon profit.
Ce triptyque (comme l'appelait Joseph Bonnet)
est en réalité un diptyque : un morceau
en deux mouvements bien tranchés.

Comme je regrette, mon cher Claude, que
nous vivions si éloignés. Votre probité
artistique me retremperait... Je suis
très fier de vos succès.

Pardonnez-moi d'écrire de façon si
peu lisible.

Veuillez bien transmettre à Madame mes
plus amicales salutations. Ma femme et
moi gardons un si bon souvenir de votre
visite à St-Laurent. Souhaitons qu'elle
se renouvelle avt longtemps avec le cher
trio.

Votre vieil ami

Henri Gagnon

Lettre d'Henri Gagnon à Claude, le 18 février 1956

qu'il affectionnait entre toutes, et le Final de la *Symphonie gothique* de Charles-Marie Widor.

Pour avoir souvent entendu le maître, je peux dire qu'il jouait les chorals ornés de Bach avec un souci de l'expression auquel n'échappaient aucune subtilité harmonique et nul des secrets enroulements de l'ornementation mélodique. Les grands préludes et fugues de Bach faisaient partie de ce répertoire courant dont s'ornaient l'ouverture et la sortie des offices dominicaux, et des longues messes pontificales solennelles. Gagnon savait revêtir la *Passacaille et fugue en do mineur* d'une sobre grandeur. Du premier mouvement de la *Symphonie n° 6* de Charles-Marie Widor, je dirais que je n'ai de ma vie entendu quelqu'un qui sût donner autant d'éclat et de panache à ce grand chef-d'œuvre de l'orgue symphonique du XXe siècle. De César Franck, Gagnon jouait les trois chorals, les plus belles pages d'orgue de ce grand maître, avec une préférence assez marquée pour le premier en mi majeur que son âme pieuse avait dénommé le Choral de l'Eucharistie.

Plusieurs organistes de Québec, et j'étais du nombre, ont collaboré à un disque *Hommage à Henri Gagnon*, lancé en 1974. En 1987, paraissait par les soins de Lucien Poirier une édition d'œuvres canadiennes commandée par Marius Cayouette qui avait été le premier moteur de ce *Tombeau d'Henri Gagnon*. Pour célébrer la parution de cette collection de pièces originellement écrites à l'intention d'Henri Gagnon, j'ai moi-même organisé en novembre 1987 un concert *Tombeau d'Henri Gagnon* qui commémorait en même temps le centenaire de sa naissance. À ce concert diffusé par Radio-Canada ont participé Lucien Poirier, Michelle Quintal, Antoine Reboulot et moi-même dans des œuvres d'Antoine Bouchard, François Brassard, Marius Cayouette, Claude Champagne, Henri Gagnon et Antoine Reboulot.

Comme compositeur, Henri Gagnon laisse aux organistes des morceaux courts d'une écriture savoureuse et raffinée. Je suis fier d'avoir enregistré trois de ces petites pièces à l'orgue de la basilique sur le disque paru en décembre 1993.

Je conclus avec cette phrase de l'organiste Marius Cayouette, grand admirateur et ami de son maître : « Voilà, trop sommairement rappelées, quelques étapes de la carrière de l'homme de bien, du délicat compositeur, du noble artiste qui, à la basilique-cathédrale de Québec, illustra pendant un demi-siècle la plus pure tradition de l'école d'orgue française. »

Malgré son éloignement dès 1941, Claude reste lié à son maître qui suivra à distance l'évolution de la formation et de la carrière de son ancien élève. Chaque été, quand Claude vient avec sa famille passer des vacances au Québec, il ne manque jamais d'aller rendre visite à M. Gagnon dans sa maison de Saint-Laurent, à l'île d'Orléans.

LE PETIT SÉMINAIRE DE QUÉBEC (1931-1938)

Le Petit Séminaire de Québec où Claude fait ses humanités grecques et latines est une institution séculaire. En effet, il fut fondé en 1668 par François de Laval qui allait devenir évêque de Québec. Les huit années qui forment le cursus scolaire sont de nature à offrir à Claude une vaste ouverture intellectuelle, grâce entre autres à la qualité du corps professoral. L'apprentissage des langues latine et grecque marque l'étudiant Lagacé, déjà profondément avide de savoir.

Cet établissement offre aussi des activités parascolaires du plus grand intérêt, ce qui n'est pas pour déplaire à Claude. Mais c'est l'apprentissage de la musique qui le séduit le plus; le piano d'abord et l'orgue ensuite avec son maître vénéré Henri Gagnon. La culture du maître Gagnon est telle que les jeunes étudiants adhèrent sans réserve aux principes formateurs du professeur.

Fort d'une tradition séculaire, le Vieux Séminaire, aujourd'hui devenu Collège François-de-Laval, offre un enseignement solide. Il a su au fil du temps s'adapter aux nouvelles réalités pédagogiques. Aujourd'hui, par exemple, pour l'enseignement de la musique, il est doté de plusieurs studios et laboratoires où sont enseignés les instruments et l'art vocal, ce qui lui permet ainsi d'assurer aux élèves une formation de premier plan.

Le prospectus du collège décrit ainsi ses valeurs : « Établi dans le Vieux-Québec, le Collège François-de-Laval [...] est l'une des plus vieilles écoles privées du Québec. Cet établissement secondaire mixte propose un enseignement de qualité supérieure, alliant histoire, technologie, dépassement de soi et valeurs humanistes. »

Ce prospectus ajoute : « S'il existe bon nombre d'écoles privées au Québec, rares sont celles qui comptent autant d'expérience en matière d'éducation que le Collège François-de-Laval. Il y a maintenant plus de trois cent cinquante ans que le Collège perfectionne ses méthodes d'enseignement. Nous estimons donc que notre approche éducative, centrée sur les besoins particuliers de l'élève, a fait ses preuves et peut distinguer notre institution comme l'une des meilleures écoles privées du Québec. »

Le cursus des études couvrait toutes les étapes du cours classique. L'intérêt de Claude pour la poésie remonte à cette époque et il cultivera cet art tout au long de sa vie, comme en atteste son anthologie personnelle.

La cour du Petit Séminaire, Québec. Photos : Fonds Daniel Abel

Voici un poème de Cécile Chabot (1907-1990), que Claude affectionnait particulièrement et qu'il se plaisait encore, à un âge très avancé, à réciter par cœur à qui voulait bien l'entendre :

« **Liminaire** », *Vitrail*

> Comme l'ogive aux nefs des belles cathédrales,
> Où tout le clair-obscur des ombres vespérales,
> S'illumine en passant à travers les vitraux,
> Du bleu des saphirs, du reflet des cristaux,
> Mon cœur a sa verrière où s'irise et flamboie
> La grisaille des jours. Et tout m'est une joie :
> L'appel de la nature et l'amour d'un regard,
> L'étreinte de la vie et le tourment de l'art.

L'enfance et l'adolescence de Claude se déroulent ainsi dans une atmosphère heureuse, paisible et joyeuse à la fois. Musique et littérature l'imprègnent profondément dès son plus jeune âge au point d'enluminer toute sa vie. Ces débuts dans la vie de Claude annoncent une carrière éblouissante, qui sera marquée par le raffinement, la connaissance des styles et surtout une profonde humilité, celle des grands.

Les études à l'Université Laval : musique et philosophie (1938-1941)

Claude poursuit ses études universitaires sur deux fronts : la musique et la philosophie. Il parfait sa formation musicale à l'École de musique de l'Université Laval, notamment auprès de son maître Henri Gagnon. Ladite École est alors sise dans le Vieux-Québec, rue Sainte-Famille, puis

L'École de musique, Université Laval, rue Sainte-Famille et rue de la Vieille-Université. Photos : Fonds Daniel Abel

dans les anciens locaux de la Faculté de médecine, rue de la Vieille-Université, où elle restera jusqu'en 1970. En parallèle, il est inscrit à la Faculté de philosophie où il bénéficie notamment de l'enseignement de Charles de Koninck, philosophe d'origine belge qui le marquera toute sa vie et auquel il fera souvent référence. Claude est également président des étudiants.

La cousine Frances Barnard (1859-1938)

Pendant l'année scolaire, Claude habite rue Laporte chez sa cousine anglophone Frances Barnard (veuve depuis 1934 du juge Jules Tessier) qui l'aidera à parfaire son apprentissage de l'anglais. Claude était très attaché à cette cousine qui exerça sur lui une forte influence, comme en atteste l'extrait de son journal (6 mars 1938) ci-dessous où il livre ses réflexions sur la mort de cette parente qui lui légua son piano. Née à New York dans une famille loyaliste, Frances Barnard était une réformatrice sociale[8] : elle institua par exemple en 1915 les cliniques des Gouttes de lait pour combattre la mortalité infantile et avait été, en 1891, l'une des fondatrices du Club musical de Québec qu'elle présida pendant quatre ans.

Dimanche, le 6 mars 1938

Jeudi dernier à minuit et demi expirait cousine Frances après dix jours de paralysie partielle. Inutile de consigner ici des détails imprimés de façon indélébile dans cette partie de ma mémoire qui est la plus tenace, celle où s'enregistraient les chagrins et les deuils. – Mais j'aimerais quand même dire ici, rien que pour moi, (il est des choses que l'on voit diminuer en les communiquant) la tristesse que c'est pour moi d'avoir perdu ma chère vieille cousine Frances. De l'avoir vue dans son tombeau, le visage remodelé par la mort, j'ai senti l'irréparable. À la connaissance purement immatérielle que j'avais du décès de cousine est venue s'ajouter une image (celle d'un visage horriblement altéré) qui me fait savoir d'une façon encore plus sensible combien vraiment elle est disparue. Je ne pourrai plus revoir une seule de ses plus vivantes attitudes sans cet arrière-fond d'une impressionnante immobilité.

Pour certaines gens, la mort de parents aimés ne paraît prendre effet que lorsque la vie de tous les jours reprend son cours et que certains détails nous prouvent à tout instant qu'il y a un cadre vide de son personnage. Pour moi, la vue d'une tête aimée, appuyée dans le satin blanc, chasse loin de moi l'image de la vie, son concept même. Le cadre, il est devant moi, et il est vide, et les bougies vacillantes promènent sur

---

8   *Dictionnaire biographique du Canada*, http ://www.biographi.ca/fr/bio/barnard_frances_mathilde_16F.html.

Claude étudiant (1938)

le visage fixe une ombre qui est celle d'un grand oiseau de proie qui s'envole avec une victime enserrée. Un regard sur un mort me donne une impression définitive et la sensation intuitive et instantanée de tous les vides que la vie normale accusera.

C'est une belle vie qui est arrivée à son terme, une vie chargée d'œuvres, une vie dont le principe était l'amour, l'amour de Dieu, des siens et de son prochain. Elle eût pu mourir avant sans qu'il soit permis à personne d'avoir des doutes sur son salut. Que peut-on reprocher à une « femme dont le bonheur est de faire le bien et qui le fait toujours ? » Mais la perte de son mari l'a beaucoup affectée. Elle a beaucoup pleuré. Au lieu de se renfermer dans un chagrin qui l'aurait facilement accaparée, elle sort d'elle-même, continue de se dévouer à nombre d'œuvres dont quelques-unes étaient de sa fondation, se donne à tous ceux qui ont besoin d'elle, elle prie Dieu, et puis meurt après dix jours de souffrances morales et physiques qui ont effacé à jamais les petites imperfections dont aucune créature, même la plus parfaite, n'est exempte. – Voilà une vie bien remplie, et c'est la vie d'une grande Canadienne française, qui a servi sa patrie au même titre que les missionnaires, les prêtres, et tous les sauveurs de nations qui travaillent pour Dieu et la patrie. Cousine n'a jamais écrit dans les journaux, n'a jamais prononcé de discours, elle a refusé d'être sénateur, elle a toujours vécu avec discrétion, loin du tapage et de la réclame. Mais je ne connais quand même pas de plus beau modèle à proposer à celui qui veut faire de sa vie <u>quelque chose</u>.

LES DÉBUTS DE CLAUDE PIANISTE EN CONCERT

À cette époque, Claude participe aux concerts d'élèves du Club musical et, dès 1939, il se produit régulièrement comme pianiste soliste ou chambriste, tant à la radio qu'en salle, ce qui lui vaut des critiques élogieuses. Il accompagne par exemple, au Palais Montcalm, la soprano coloratura Violette Delisle, ou sur les ondes de CBV, le ténor Lucien Ruelland. Il figure aussi au programme de *L'Heure provinciale*, diffusée au Québec par CKAC. En 1941, en tant qu'élève de l'École de musique de l'Université Laval, il reçoit la Médaille d'or de l'Académie de musique du Québec pour son diplôme du Lauréat de piano.

LE MANOIR RICHELIEU... ET CLAUDE LE « ICEMAN »

Étudiant, Claude travaille l'été comme « iceman » et serveur au Manoir Richelieu, dans la région de Charlevoix. Il quitte donc Québec chaque année à bord d'un bateau de la compagnie Canada Steamship Lines qui l'amène à Pointe-au-Pic. Cet emploi lui permet entre autres d'apprendre l'anglais.

THE Manoir Richelieu

MURRAY BAY, CANADA

One of America's Most Distinguished Hotels

• Far down the St. Lawrence—yet quickly reached by steamer, train or motor car. Enjoy brilliant resort living here . . . sports . . . gayety . . . in a delightful Continental setting. Championship golf course, salt water pool, fine riding stable, archery butts and many other smart facilities are at your command!

Daily rate $8 up, including bath and meals. Season to September.

Apply to John O. Evans, Manager, Manoir Richelieu, Murray Bay, Quebec, or Canada Steamship Lines offices in principal cities, or your Local Travel Agent.

**A DIVISION OF
CANADA STEAMSHIP LINES**

Le Manoir Richelieu, 1936

Claude le « iceman », Manoir Richelieu, 1937

Anne Hébert, adoubée par son « critique »

Établie à Québec dès 1933, la famille Lagacé fréquente la famille Hébert : Suzanne Lagacé se lie d'amitié avec Marie et Pierre Hébert, et Claire avec Pierre et Anne. Claude entretient aussi une relation amicale avec celle qui allait devenir la grande romancière. Ces deux artistes québécois allaient plus tard s'exiler chacun de leur côté et chacun à leur manière, ayant compris que leur talent ne pourrait s'épanouir dans cette société qu'ils considéraient comme presque sclérosée. Anne Hébert avait écrit un drame, *Ce fameux système*, inédit et qui demeure introuvable malgré les nombreuses recherches menées — y compris par la biographe d'Anne Hébert, Marie-Andrée Lamontagne —, et dont elle avait demandé à son ami Claude de faire la critique.

Pour ne pas déplaire à Anne...

Ce fameux système — Drame en deux actes de Mademoiselle Anne Hébert (1937)

Remarque : L'auteur de l'article qui suit prévient ses lecteurs que, ne s'étant jamais entraîné à écheniller les plates-bandes, il ne se reconnaît aucune aptitude particulière à la critique littéraire. Il préfère se promener dans les jardins, et se pencher sur les fleurs. On réclame donc une extrême indulgence pour un péché qu'il n'a commis qu'à la sollicitation d'une personne à laquelle il ne voulait point déplaire.

Ce fameux système : Pièce charmante, fraîche, vivante et pleine d'entrain. Le réalisme et la poésie s'y mêlent sans heurt. C'est le fruit d'une observation qui regarde le réel d'assez près pour en extraire la vie, et d'un don poétique bien féminin qui nous la montre sans la déformer dans ce qu'elle a de jeune, d'enthousiaste et d'attrayant.

La vivacité des dialogues, la physionomie mobile des personnages et l'adroite succession des scènes nous défendent de l'ennui qu'on éprouve à essuyer les pesantes tirades des « Bibi » et consorts, réputées bonnes pièces. Outre leur véracité, les personnages ont une séduction. On commence par s'intéresser à eux, puis on les aime. Jusqu'à la tante Amélie, qui en dépit de son opiniâtre volonté de chimie et du frigide attirail dont elle s'entoure, reste quand même un personnage sympathique, une malheureuse vieille fille dont le cœur bat si fort qu'elle doit le séquestrer en vase clos! Élisabeth a l'audace de la curiosité pressante des enfants qui ne le sont plus et qui ne peuvent plus l'être parce que leur âge est à bout. Elle voudrait devenir autre chose, franchir d'un saut la transition, enjamber tout simplement le « trou ». Michel, beaucoup moins naïf, mais aussi enfant qu'elle, va lui prêter son bras pour le faire, ce bond, et… au revoir les ancêtres!

Nous marchons vers la lumière au moyen d'une hypothèse des mieux venues sur le système X. Ah! ce malheureux système X! C'est par lui qu'on atteindra un but à la destruction duquel son éclosion était précisément ordonnée! On ne peut échouer plus lamentablement; c'est comme un problème de chimie… assurément!

Voilà une intrigue nouvelle, bien ficelée. Mais, et c'est la difficulté, du moment où nos deux grands enfants ont en secret et d'un commun accord offert l'encens à Cupidon, malgré la vigilance de tante Amélie et toutes les vertus éroticides du système X, la pièce qui a touché le dénouement est pratiquement terminée; le reste est de moindre importance. C'est pourquoi je réduirais assez considérablement le dialogue où s'affrontent la tante et le docteur, pour arriver plus vite à une conclusion que l'on pressent désormais et qui aurait mauvaise grâce à se faire attendre trop longtemps.

Non pas que ce dialogue me paraisse négligeable. Je le trouve beau, éloquent; il devient même poignant au fur et à mesure qu'il se développe pour nous conduire à la victoire d'une compréhension saine et large de la vie, sur la conception rétrécie et erronée des devoirs qu'elle impose. Mais il constitue une menace pour votre drame auquel il peut donner l'allure d'une pièce à thèse, quand il n'est en somme qu'une délicieuse histoire montée sur le filigrane du rêve et de la poésie. Il faut savoir sacrifier en art, comme le disait mon professeur de rhétorique, l'abbé Bégin. C'en est l'une des règles les plus nécessitantes, et peut-être aussi la plus dure.

Votre pièce contient des scènes particulièrement bien brossées : la fin du premier acte, y compris le monologue d'Élisabeth, est empreint de grâce et d'émotion voilée. Ce monologue, où elle tente sur ses poupées une expérience matrimoniale, dégage un parfum qui a la fraîcheur d'un sourire. Charmante, la préparation de l'expérience, amusants les deux passages où nos enfants terribles échangent des aménités.

Aimeriez-vous, pour finir, que je vous trouve des affinités à quelque auteur qui a depuis longtemps bravé les feux de la rampe? Vous êtes de loin apparentée à Alfred de Musset. Lisez *À quoi rêvent les jeunes filles* et dites-moi s'il n'y a pas dans cette pièce un certain passage au bas duquel vous aimeriez apposer votre signature. Ne pensez-vous pas que Reine de Lavalle aurait de la sympathie pour Élisabeth ? Ce sont des petites cousines qui ont cependant leur personnalité bien différente l'une de l'autre.

Conseil à son amie : Continuez d'écrire…

Et je conclus en risquant un conseil : Vous me le permettez puisque c'est sur votre désir que pour un soir je me suis fait critique. Continuez d'écrire. Si *Ce fameux système* vous paraît un peu défraîchi parce que vous y avez mis la main à plus d'une reprise, écrivez une autre pièce ou toute autre chose qui vous plaira; mais surtout, ne restez pas inactive en attendant la maturité. Celle-ci donnera certainement plus de sûreté et de maîtrise à votre plume, mais il est bien probable que les années (y pouvons-nous quelque chose ?) lui feront perdre un peu de cette juvénilité qui me paraît être son plus bel éclat.

Claude entretient avec Anne Hébert une correspondance occasionnelle révélatrice des liens d'amitié qui les unissaient et dont voici quelques extraits :

Sainte-Catherine, le 20 juillet 1938

Cher Claude,

Je suis très « embêtée » de vous envoyer des contes pour vous empêcher d'avoir la tentation de vous embêter…

Outre que je n'ai pas très confiance au pouvoir de mes contes pour vous désennuyer, je m'aperçois que je n'ai rien de nouveau à vous adresser. Ne me jugez pas trop vite; je ne suis pas si paresseuse que vous le croyez, puisque j'ai entrepris d'écrire une nouvelle. Seulement… c'est long ! (Et je ne crois pas pouvoir vous la montrer cet été.) Ça se divise en « chapitres » et ça pourrait presque, avec beaucoup d'indulgence, s'appeler roman…

Mes personnages m'intéressent et vivent intensément « pour moi »; après tout, c'est peut-être le principal ?

Et vous, Claude ? Que faites-vous en dehors de votre travail[9] ? Avez-vous remplacé la musique à bouche et l'accordéon par le piano de cette bonne dame dont vous m'aviez parlé ? Avez-vous le temps de lire ?

Je suis contente que vous ayez aimé « Le mystère Frontenac ». Je crois que c'est le livre de Mauriac qu'il faut lire en premier, comme en préparation aux autres et à tout Mauriac.

Ici, l'auteur a bien voulu nous faire vivre avec des personnages « moins anges noirs », qui nous entraîneront bientôt dans ce monde particulier où ils évolueront. Et, ce monde immense de pins et d'êtres humains, c'est le monde de Mauriac. Si je puis dire ainsi : Le mystère Frontenac est une adaptation, une profonde attirance, un « mystère Mauriac ». Et une fois pris, l'on est bien pris !

Prise, je le suis ! Je viens de finir « Thérèse Desqueyroux » et je lis maintenant « La Vie de Jésus », après avoir vu le film « Les Anges noirs ». Vous voyez que, pour une conquête, Mauriac en a fait une !

Il y a des choses merveilleuses dans la « Vie de Jésus » mais, tout de même, je ne me sens pas très à l'aise dans cette lecture. Jésus, c'est Jésus; et ce livre, c'est François Mauriac !... Malgré sa compréhension de l'Évangile, il y a toujours cette manière, cette magie aussi, et cette psychologie « mauriacienne » qui nous dépayse un peu…

Pour parler de l'Évangile, j'aimerais cet effacement, cette complète humilité qui me plaisait tant chez le Père Belluard.

François Mauriac est un grand romancier, et, dans « La Vie de Jésus », c'est un drame qu'il pose, amorce et délie avec une lucidité et une âpreté bien à lui.

J'ai écouté « Thème et variations » de Haydn, et je crois que cette musique fraîche a quelque affinité avec « ma » campagne. Cela s'entend si bien ici avec, dans la grande fenêtre, la lueur verte des épinettes traversées de soleil, et, dans la maison, cette couleur brune du bois patiné.

Il pleut un peu trop souvent, mais ainsi nous n'en apprécions que mieux le soleil, et chacune de ses apparitions ! Nous nous baignons presque tous les jours dans la rivière. Maintenant, nous avons un escalier qui mène à la grève, terminé, juste au-dessus de l'eau par un petit balcon. C'est une grande amélioration et cela fait un coin charmant pour lire, écrire et surtout contempler… Parfois la rivière, les arbres, les

---

9   Claude travaille l'été au Manoir Richelieu.

nuages et, reflétés dans l'eau encore, les nuages et les arbres, accaparent toute notre attention, toute notre faculté de vivre (?)… et le plus beau livre nous tombe des mains devant la Vie.

Après cette description du côté « contemplatif » de mes vacances, je m'aperçois qu'il est temps de revenir au sens pratique et de vous quitter pour aller écosser les petits pois avant le dîner…

Au revoir donc et à bientôt.

Bien amicalement.

Anne

~

Saint-Pierre, Ile d'Orléans
Ce vendredi 14 novembre 97

Chère Anne,

Je lis avec un profond tressaillement de l'âme votre admirable texte sur la poésie (*Poèmes*, p. 67). Aucun philosophe ne saurait mieux dire que vous, Anne Hébert. Je suis de plus en plus ravi au fur et à mesure que j'avance dans ma lecture, et chaque nouveau paragraphe, chaque phrase même me font dire « oui » de la tête.

Parlant d'art et de morale, vous dites si clairement que la question se situe strictement entre l'artiste et son œuvre, et jamais entre l'œuvre et le public. À la Faculté de philosophie de Laval, on invertissait l'ordre véritable, et bien sûr! on n'en finissait plus en « distinguo » et tergiversations du genre !

« La poésie n'est pas le repos du septième jour… Elle est soif et faim. » C'est mieux dire que n'importe qui l'irréductible force qui pousse l'artiste à écrire, à composer, à proclamer ce bout de vérité qu'il a saisie, et à qui il donne forme et vie. Anne Sylvestre, sur un autre registre, chante « Écrire pour ne pas mourir » et c'en est pas moins troublant. Vous dites aussi : « Tout art à un certain niveau devient poésie. » Le poète et l'artiste ne peuvent que se rejoindre, c'est bien évident, mais cette jonction essentielle (pour ne pas dire fusion) n'est pas comprise par tous.

Vous dites aussi qu'il faut <u>accueillir</u> une poésie nouvelle. J'ouvre chaque jour la porte à la vôtre. Je lis un peu de vos poèmes tous les jours et m'en pénètre.

Depuis le temps jadis où vous aviez soumis à mon œil critique (à 18 ans, j'avais toutes les audaces) un de vos premiers dialogues théâtraux, le talent et les années laborieuses vous ont conduite très loin, très loin dans les jardins merveilleux de la poésie, du roman et même du cinéma!

Croyez à mon amitié à et à ma profonde admiration.

Claude Lagacé

~

Montréal, le 10 avril 1998

Cher Claude,

Je ne reçois que maintenant votre lettre datée de novembre. J'en suis désolée. Il est vrai que j'ai passé une partie de l'hiver en France et que mon courrier s'est accumulé à Montréal.

Merci de tout cœur des très belles choses que vous me dites sur ma poésie. Cela me touche profondément de penser que mes poèmes, grâce à votre lecture si attentive, fine et fervente, deviennent ainsi tout à fait donnés et reçus jusqu'à la source. Merci encore cher Claude.

Avec toute mon amitié

Anne Hébert

Claude fréquente aussi, forcément, le cousin très proche d'Anne Hébert, le poète Hector de Saint-Denys Garneau qui lui dédicace *Regards et jeux dans l'espace* :

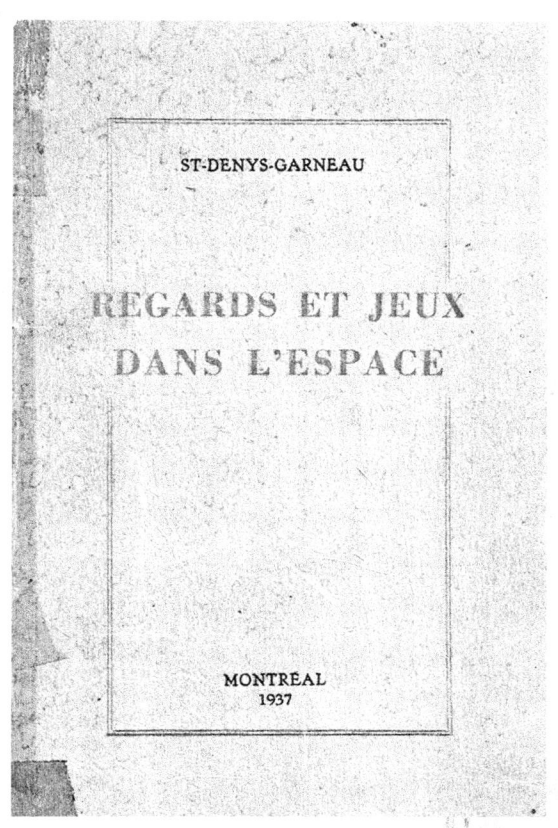

Saint-Denys Garneau,
Regards et jeux dans l'espace
(Éditions Fides, 1937)

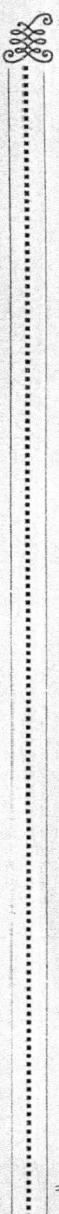

BASILIQUE - CATHEDRALE DE QUEBEC

Lundi, le 20 Janvier 1941 à 8h. 30 du soir.

"Le plus grand événement musical de l'année"!

RECITAL D'ORGUE

par

Joseph BONNET

Titulaire du grand orgue de St-Eustache à Paris.

•

ADMISSION: (Taxe comprise)

$1.25, Sièges réservés en vente exclusivement à la Procure Générale de Musique, rue d'Aiguillon.

$1.00 et $0.65, en vente à la Procure Générale de Musique, rue d'Aiguillon, chez St-Cyr & Frère, chez C. Robitaille, Enrg., et à la Librairie Garneau. Renseignements additionnels en appelant à 2-7398.

•

"Rendons hommage à la France"

Direction: J.-M. Roberge et Claude Lagacé

Imprimerie Laflamme, Ltée, 34, rue Garneau, Québec.

Récital de Joseph Bonnet à la basilique de Québec (1941)

Arrivée de Joseph Bonnet à la gare du Palais, Québec (le 20 janvier 1941), avant de donner son récital le soir même à la basilique. De g. à d., Claude Lagacé, Jean-Marc Roberge, Joseph Bonnet, Henri Gagnon, Dom Albert Jamet o.s.b., l'abbé Alphonse Tardif, professeur au Collège de Lévis

CLAUDE IMPRÉSARIO À QUÉBEC (1940-1942) — BRÈVE PARENTHÈSE

Avec son ami d'enfance Jean-Marc Roberge, Claude crée à Québec une agence « Roberge et Lagacé, organisation de concerts » établie au Château Saint-Louis, sur la Grande-Allée. Ils font venir quelques artistes, dont Joseph Bonnet, compositeur et organiste titulaire de Saint-Eustache à Paris, et le célèbre pianiste Robert Schmitz. Les deux amis y trouvent beaucoup de plaisir mais, de l'aveu même de Claude, leur sens des affaires est tel qu'ils mettent assez rapidement fin à cette activité, au profit du notariat pour l'un et du métier d'organiste pour l'autre.

Bonnet est au premier rang des plus grands organistes français

Dans une intéressante entrevue, M. Henri Gagnon, titulaire des grandes orgues de la basilique de de Québec, nous donne ses impressions sur Joseph Bonnet qui donnera un concert d'orgue à Québec.

LE RAYONNEMENT DE L'ECOLE FRANCAISE

(Par Maurice Allaire)

"Vraiment par Bonnet, on s'est rendu compte du rayonnement de l'école française d'orgue. Et il a donné à l'interprétation de la musique d'orgue le maximum d'expression. Incontestablement, Bonnet est au premier rang des plus grands organistes français à l'heure actuelle." Voilà l'opinion que nous donnait, au cours d'une entrevue, M. Henri Gagnon, organiste à la basilique, sur Joseph Bonnet, qu'il a connu à Paris, et qui doit donner un concert d'orgue le 20 janvier en notre église-cathédrale.

"Bonnet est remarquable par sa parfaite compréhension du génie des maitres de la musique d'orgue qui enrichirent cet art il y a deux ou trois siècles", ajoutait M. Gagnon. "On ne se peut se défendre d'un sentiment de grandeur et de noblesse après l'avoir entendu exécuter certaines pièces d'où il tire une beauté, une richesse et une grandeur émouvantes."

A l'occasion de son prochain concert, qui devrait soulever l'enthousiasme de tous les mélomanes et amateurs du beau —les véritables manifestations artistiques seront plutôt rares cette année en notre ville — nous avons cru intéresser nos lecteurs en publiant quelques notes biographiques sur Joseph Bonnet, notes que M. Gagnon s'est plu à nous communiquer et auxquelles il a aimablement ajouté quelques commentaires sur le grand artiste.

M. Gagnon nous faisait remarquer que l'influence de Bonnet, sur l'interprétation des oeuvres des maitres de l'orgue, s'est fait resentir également en Amérique et dans de nombreux pays européens. Bonnet a déjà donné trois concerts à Québec, en 1917 et en 1919, à la Basilique, et en 1921, à St-Jean-Baptiste. Les Québecois doivent se souvenir de ce musicien, à l'allure grave et sévère, aux manières nobles, à la figure sereine et calme, et dont l'ensemble de la personne laissait deviner à l'avance la beauté et la grandeur des sentiments qu'il allait provoquer par son jeu.

Joseph Bonnet est né à Bordeaux. Fils de Georges Bonnet, organiste à Ste-Eulalie de Bordeaux, tout jeune il assista son père. A Paris, il étudia au Conservatoire et fut le plus brillant élève d'Alexandre Guilmant, professeur de la classe d'orgue. En 1906, il remporta le premier prix d'orgue, dans un concours dont le jury était présidé par Gabriel Fauré.

Il est actuellement titulaire des célèbres orgues de St-Eustache, dont Merklin, fut le facteur. Il serait oiseux d'énumérer la longue série des concerts et auditions que donna Bonnet, mais signalons seulement qu'il fut l'un des principaux solistes des concerts de la salle d'Harcourt. Bonnet a beaucoup composé, on lui doit notamment "Six recueils", édités chez Leduc, les "Célèbres variations de Concert", et une édition savante des "Précurseurs de Bach". Il s'est surtout appliqué à "travailler" sur les oeuvres des anciens maitres.

En 1917, le gouvernement français l'envoya aux Etats-Unis, et c'est alors qu'il donna son premier concert en notre ville. La liste des élèves célèbres formés par Bonnet est longue; en ce qui concerne le Canada français, bornons-nous à ne citer que deux noms, M. Conrad Bernier, professeur à l'Université de Washington, et prix d'Europe 1923, et M. l'abbé Alphonse Tardif, professeur d'orgue au collège de Lévis. A titre de coïncidence, signalons que si M. Conrad Bernier fut l'élève de Bonnet à Paris, le père de notre jeune concitoyen, M. Arthur Bernier, organiste à St-Jean-Baptiste, fut l'élève d'Alexandre Guilmant, qui enseigna lui-même à Bonnet.

Ce dernier est en Amérique depuis quelque temps déjà. Sa venue soulève un grand intérêt artistique et nul doute qu'il y aura foule pour écouter l'un des maitres de la musique française. Avec le concert de Bonnet, Québec aura donc entendu en ces dernières années trois des plus célèbres organistes français : Joseph Bonnet, Marcel Dupré, et André Marchal.

MM. Jean-Marc Roberge et Claude Lagacé sont les impressarii de ce concert.

Entrevue avec Henri Gagnon sur le récital de J. Bonnet, *Le Soleil*, 1941

CHAPITRE III

Les premiers bonheurs de la plume d'un diariste

Claude Lagacé était particulièrement doué pour l'écriture. Déjà au Petit Séminaire de Québec, il affichait un style bien affirmé, comme en attestent ces extraits de son journal estudiantin (1936-1938) que nous citons plus bas et qui contient des pages sublimes. On y trouve des textes d'une rare élégance, d'une grande profondeur, racés et savoureux, voire prophétiques dans certains cas. On ne peut s'empêcher de faire le rapprochement avec la *Lettre à un jeune artiste* d'Herman Hesse, par cette inlassable quête de sens à donner à sa vie et ce souci d'obéir aux forces intérieures qui l'habitent.

« Si tu fais ton journal, ta plume, lourde d'abord, deviendra légère. »

Albert Goossens

INCONSTANCE ET PAGES EN MILLE MORCEAUX...

Le 18 avril 1936

Je n'en suis pas à ma première tentative. J'ai déjà essayé maintes fois de tenir un journal régulier de mes « dicts et faicts » de chaque jour. Mais je suis « un peu bien » impressionnable, et quand on est ainsi bâti, les idées qui viennent s'imprimer chez soi s'effacent bien vite, pour faire place à d'autres qui malheureusement disparaissent si rapidement.

Mais en dehors de l'inconstance qui est au fond de la nature de tous les hommes, au fond et jusqu'au bord de la mienne en particulier, à part, dis-je, de l'inconstance qui est la première cause de l'abandon de mon journal, cherchons d'autres motifs qui ont pu m'engager à le mettre au rancart. Une cause de tout premier plan, elle se détache en <u>caractères gras et gros</u> de toutes les autres : c'est que je n'y consignais que des inepties, tristesse pâle et alanguie, gagnée au contact d'un certain Chateaubriand, la plus morbide des victimes de l'« aberration romantique » dont il est le père. Autre raison : j'ai manqué de sincérité avec mon journal. Je ne l'aurais pas cru il y a dix mois, mais je m'en rends bien compte maintenant, « astheure », disait Montaigne. Ne consentir qu'à écrire de l'inédit et de l'extraordinaire quand on n'a que dix-huit ans et qu'on ne sait pas du tout penser, ni avoir des idées, c'est d'un beau nicodème[10]. Ceci explique pas mal la place trop grande donnée à des incidents soufflés à la grosseur d'événements d'une importance définitive.

Et puis, il y a bien aussi que j'ai trop cherché à donner carrière au côté sentimental (que ça me choque!) de mon tempérament; c'est vrai qu'il empiète un peu sur tout, le bougre. Pour peu que j'aie peint avec fidélité ce que j'ai vu et senti, mon cahier de journal, transformé en panneaux, offrirait à maintes places les couleurs de l'arc-en-ciel. Pouah! Quel jargon! « Qui aures habent, audiant! » Je viens de pasticher gauchement Montesquieu qui compare à un arc-en-ciel les femmes qui l'écoutaient parce qu'elles étaient vêtues en couleurs voyantes. Vraiment, mon explication m'éclaire; je me comprends mieux maintenant.

Toujours, pour continuer, je dirai que j'ai suspendu la rédaction de mon journal pour la dernière et suprême raison que le but qui me l'avait fait entreprendre paraissait s'éloigner davantage à chaque feuille que je tournais, au lieu de se rapprocher de moi; car il est normal qu'un but se rapproche de soi quand on le poursuit et qu'il ne s'enfuit pas.

Comme je m'étais proposé d'écrire mon journal afin de former mon style que je raffinais chaque jour davantage au point d'en arriver à une préciosité du plus mauvais goût, j'ai perdu tout plaisir à écrire, partant tout courage. Et c'est pourquoi, faisant une « œuvre agréable à tout l'univers », <u>surtout à moi</u>, j'ai déchiré en mille morceaux ces pages qui n'accusent que des défauts de ma personnalité.

Aujourd'hui, je recommence. Je veux persévérer cette fois. – Écrire tous les jours quelque chose, pour coordonner mes idées et dresser ma plume.

…

---

10 Nigaud.

Résolu à une immersion violente...

Le 20 avril 1936

C'est étonnant ce qu'un écolier pourrait apprendre s'il s'en donnait la peine. Franc-Nohain a dit : « Si au sortir du collège nous possédions tout ce que nous avons étudié, nous serions des érudits », ou quelque chose comme cela. Et rien que de penser à cela, je vois combien je m'y suis mal pris pour faire mes études. La lecture des Directives du père Goossens m'amène aussi à cette conclusion. Il aurait donc fallu que j'eusse été plus sage quand j'étais plus jeune. Ce côté faible de l'enfance est donc la rançon des joies sans pareilles qu'elle nous donne.

Moi, si je n'ai pas très bien travaillé depuis ma « Sorbonne », c'est que j'ai toujours été tiraillé de côté et d'autre par un goût intermittent plus ou moins prononcé, selon les périodes, pour différentes choses. Deux grands chefs ont tour à tour depuis six ans promené ma prédilection entre eux : la musique et l'étude. Un progrès subitement réalisé en piano, ou une belle pièce à étudier, une tendresse soudaine pour certaines sonorités m'ont souvent arraché à des études qui m'ont à certains jours passionné, assez pour m'en faire oublier momentanément la musique. Un livre étoffé, une poésie sincère, c'est beau aussi. Quand viendra le jour de la décision fatidique, où plongerai-je ? Car je suis bien résolu à une immersion violente dans ce qui sera ma vie.

Le 21 avril 1936

Il ne doit pas y avoir, me semble-t-il, 150 manières d'apprendre les langues anciennes pour les savoir. Les travaux sur textes que nous faisons en classe, sans préparation préalable de notre part, ne peuvent guère être effectifs. Nous sommes les assistants quand nous devrions être les acteurs, nous écoutons faire.

Au lieu de nous faire traduire en devoir des textes extraits d'ouvrages et d'acteurs différents chaque soir, il serait à n'en pas douter préférable de s'escrimer sur des passages qui feraient suite les uns aux autres. – Par exemple, si tous les soirs on choisissait la version latine ou grecque dans l'auteur que nous traduisons chaque jour en classe, de manière à nous intéresser d'une fois à l'autre par le lien qui se créerait inévitablement entre chaque exercice, l'ouvrage fait à la maison serait repris, corrigé, et fini par le professeur en classe; cette méthode produirait comme effet une pénétration plus profonde dans le fragment étudié et, de là, une quasi certitude de le garder dans la mémoire. Et d'ailleurs, on pourrait sans inconvénient nous ordonner de l'apprendre par cœur. Quelque quatre ou cinq cents lignes de Cicéron, de Tite-Live, de Marc-Aurèle, de César, de Tacite, emmagasinées dans la mémoire, quelle richesse pour le thème latin et la version. Et puis, voilà de l'entraînement classique, une formation latine (ou grecque, la même chose pour les deux langues), un travail vraiment propre à humaniser.

CLAUDE, TEL UN SPHINX, PRÉDIT LA FIN DU COURS CLASSIQUE[11]...

Nos professeurs sont ramollis, et nous, écoliers, nous vachons. Sur 45 élèves de ma classe, trente en sortiront Gros-Jean comme devant. – Nous ne savons pas notre latin, ni notre grec, nous n'avons pas de style, nous parlons micmac (nos professeurs avec); voilà le bilan de sept années d'études dans ces incubations à crétinisme qu'on nomme sans vergogne des collèges classiques. Quand, et surtout <u>qui</u> nous en sortira?

Le cours classique disparaîtra bientôt de nos collèges, c'est aisé à prévoir.

Le 22 avril 1936

Rien d'intéressant à raconter ce soir sinon que j'aspire de toutes mes forces… presque épuisées, à ma couchette.

« Et je penche, Ô mon Dieu, mon âme vers la tombe,
Comme un bœuf ayant soif, penche son front vers l'eau. »

C'est bien grand pour dire que je suis fatigué! Les mathématiques! Je m'y entête, et j'en aurai raison. – La fameuse fable que les types épris de lettres et d'arts sont peu doués pour les chiffres et qui a cours

---

11   Ce sera fait trente ans plus tard. En 1967, les premiers cégeps remplacent les collèges classiques, selon les recommandations de la Commission Parent. Paul Gérin-Lajoie, qui fut le premier ministre de l'Éducation du Québec, joua un rôle crucial dans cette réforme.

un peu partout, trouve facilement une explication… et pas celle que l'on imagine! Que les forts en lettres y réussissent assez rarement, soit. Mais que l'absence d'aptitudes en soit la cause, point. Faire de belles dissertations ou des discours <u>méritoires</u> sur l'histoire du Canada ou sur tout autre sujet, voilà qui relève essentiellement de l'imagination.

Et les meilleurs travaux littéraires sont ceux que l'on a tranquillement élaborés à son pupitre ou sur la rue en flânant; ils sont le fruit de réflexions peut-être profondes, mais plutôt flottantes. En tout cas, la part de raisonnement pur y est assez médiocre. J'entends bien qu'il faille de l'ordre; mais est-ce si ardu de partager en deux idées maîtresses le thème de la composition, et d'y accrocher ensuite toutes les réflexions subsidiaires que l'imagination nous suggérera? Est-ce si mathématique?

Qu'en est-il des mathématiques?

Tandis que pour réussir en algèbre, il ne s'agit plus de musarder, ni de laisser trotter la folle; il faut maintenant fermer la voie à toutes les facultés qui pourraient obnubiler la clarté du raisonnement tout seul, écarter avec soin toutes les suggestions susceptibles de gêner les rouages d'une faculté qui agit d'autant plus efficacement que la coopération des autres lui est refusée. Ainsi, avant d'aborder un problème de géométrie, faites table rase de tous les bouquins capables de distraire votre attention, purgez-vous « l'altération perverse du cerveau » (les préoccupations de tout ordre en l'occurrence) et puis commencez… et finissez.

Ainsi donc, les mathématiques exigent du cerveau un travail tout à l'opposé de celui que l'étude des langues et de la littérature demande. Mais serait-ce à dire que dans une tête bien faite il n'y ait pas place pour imagination et raisonnement? Non, certes non. Mais ce qui arrive trop généralement, c'est qu'on applique aux mathématiques les méthodes qui nous réussissent en littérature; on voudrait résoudre une équation en rêvassant! Quelle aberration! J'admets que le développement intensif de l'imagination puisse nuire à la propreté dans la spéculation. Que faut-il faire? Beaucoup de mathématiques.

Quand on compose, on s'étale sur du papier, on sort de son cerveau des conceptions. En mathématiques il ne s'agit plus de sortir mais bien d'entrer. — On voit tout de suite le contraste.

Ces réflexions jetées en vrac vaudraient peut-être la peine d'être mises en ordre. Elles contiennent des idées qui pourraient lutter victorieusement contre un préjugé trop répandu.

La bonté ne trouve pas toujours sa récompense en ce monde.

SUBLIME INTERPRÉTATION DE SCHUMANN PAR PELLETIER ET BEAUDET

À 18 ans, le musicien goûte déjà le plaisir du concert. En effet, un programme où le pianiste Jean-Marie Beaudet y est soliste l'interpelle. Le jeune interprète analyse avec subtilité ce qu'il a entendu au cours de cette prestation.

Le 23 avril 1936

J'arrive du concert de la Symphonie de Montréal avec Pelletier au bâton, et J.-M. Beaudet comme soliste dans le concerto de Schumann en la mineur. Audition superbe. Beaudet s'est révélé pianiste très fort; solidité, maîtrise et surtout musicalité parfaite. Jusqu'ici, nous le connaissions mal. Il représentait à mon esprit le type du petit bourgeois qu'une bonne oreille et une main souple et… du travail avaient conduit en Europe, et nous avait ramené un artiste consacré par la fausse auréole qu'un séjour d'études à l'extérieur donne à tout venant. — Mais non, c'était une erreur profonde. Beaudet est Beaudet par la finesse de son goût, la délicatesse de sa musicalité. Et cela est servi par une technique qui ne laisse pas d'être suffisante. Il y a bien par-ci, par-là quelques pauvretés de sons, quelques notes un peu brutalement sonnées, mais il n'en faut point parler eu égard aux pures jouissances artistiques que son interprétation si au point nous a données. Ô cette phrase! Elle chante en moi, me berce, me transporte, me bouleverse. Cette netteté dans la ligne et … cet envol! Que ne donnerais-je pas pour être capable de la vivre moi-même. ~~Divin Schumann, qu'as-tu senti quand ton génie si puissant et si doux a doté le monde d'un chef-d'œuvre capable d'apaiser un tigre, comme d'électriser l'âme la plus tendre?~~[12]. As-tu chanté, as-tu souffert…

---

12   Biffé dans le journal manuscrit.

as-tu pleuré ? Moi, je ris, je chante et… je pleure d'avoir senti ton âme brûlante enflammer la mienne. Je t'aime, Schumann.

....

Mais ce n'est pas tout. Ce soir, je suis allé me promener en ville, savez-vous avec qui ? Avec une guêtre, rien qu'une, messieurs, sa jumelle ayant été négligemment abandonnée à ma chambre. C'est marrant ! Je croyais qu'Henri Gagnon seul (un homme comme lui) était capable d'une distraction pareille. Voilà un acte symbolique ! Avoir assez de coquetterie pour s'orner les pieds, et pas assez de bon sens pour doter également chacun d'eux. D'abord, c'est une injustice, et puis c'est une sottise ! Allons, j'abandonne, je deviens « morbide ».

VOLTAIRE : UN HOMME DES LUMIÈRES ?

Le 24 avril 1936

J'ai déjà dit à Jean Damphousse qu'il n'y a pas de si grand mal moral qui puisse égaler un très grand mal physique. C'est lui qui doit en savoir quelque chose, le pôvre !...

Ce soir, j'ai le nez complètement bouché et la tête comme serrée dans un étau. Je ne crois pas qu'une douleur morale, si cruelle soit-elle, puisse me rendre aussi hébété que ce rhume m'a fait. J'espère que je ne suis pas sérieux…

Au risque qu'il n'en dégoutte que du catarrhe, je vais me tordre le cerveau pour écrire quelque chose, remplir une page, toujours.

Du consentement universel, Voltaire fut un esprit profondément corrompu, effrontément pervers, un voyou, un gredin de la dernière espèce. On le tient, et c'est naturel, pour le plus sale des pionniers de la Révolution française. Mensonge, destruction, un rictus hideux entre les deux, c'est Voltaire. J'en suis.

Mais est-il concevable qu'un homme trouve sa subsistance dans l'unique intérêt du mal pour le mal ? Qu'on soit assassin, voleur de grand chemin, comme Villon, jouisseur effréné comme Musset, pochard comme Verlaine, passe encore, car il y a toujours l'excuse que notre nature nous y pousse. « Soyons salaces, sacreblotte, si c'est notre penchant. »

Arouet n'est pas un homme comme les autres. On voit dans les refuges d'anormaux, de pauvres diables emmanchés de crânes en forme de losanges, de membres rabougris, de troncs sans racines ni branches. Ce sont des infirmes, des monstres. Voltaire en est un, au moral. La forme de son âme dut être abjecte. Une intelligence longue, souple comme un serpent, réceptive comme de la colle à mouche, claire comme un ruisseau qui coule sur des cailloux d'ivoire; si on pouvait faire des lignes avec ça, ce serait joli !

L'esprit de Voltaire doit procéder d'une hérédité épouvantable. Car toutes les difformités les plus repoussantes du corps humain sont entrées dans son âme damnée. Jusqu'où est-il responsable ? N'adorons pas Voltaire; mais avons-nous le droit de le maudire ?

…

Juin 1937

Dites-moi, étoiles qui brillez aux cieux; ai-je besoin du postulatum d'Euclide pour vous regarder, pour trouver que vous êtes jolies, pour aimer les mille sourires dont vous « peuplez les nuits sereines » ? Quand l'une de vos gracieuses phalanges fait dans la nuit bleutée une mince déchirure de feu, je ne cherche pas combien de kilomètres elle a parcouru, mais je me dis : « C'est une petite flamme éteinte que je ne verrai plus, c'est un deuil là-haut, presque une ride au front du firmament. »

…

Le 23 février 1938

Qu'à un instant d'inexprimable inconscience on prenne cet incohérent bredouillis pour un <u>factus</u> de poésie, c'est absolument <u>inouï</u>. Est-il un homme sur la terre qui, inspectant son passé, ne puisse exhumer de l'oubli des pages écrites ou vécues qui ne lui soient des motifs indiscutables de la plus profonde humilité…

Le 1er octobre 1938

Encore un recommencement. Je reprends aujourd'hui mon journal. Je voudrais aujourd'hui apporter plus d'assiduité à le tenir. Un journal, c'est un peu le témoignage de ce que l'on est, et, à la façon dont je le conçois, une sorte de comptabilité morale où l'on peut très bien trouver un débit et un crédit pour que l'on mette de la régularité à le rédiger. Même quand je le néglige, je vois en lui un reflet de ce que je suis. Les marges énormes entre les dates marquent l'inconstance de mes volitions et les longues périodes pendant lesquelles je suis tout tourné vers autre chose… Un journal signifie toujours quelque chose, qu'on le tienne, ou non.

« JE VOUDRAIS ME LEVER DEBOUT AU SOMMET DE LA TERRE… »

Le 21 octobre 1938

Encore un peu et je crierais : La musique, il n'y a que ça de vrai ! Ce n'est peut-être pas la peine d'étudier tant de philosophie pour aboutir à une conclusion pareille qui ne se pique d'aucun apriorisme ni de <u>nécessité</u>. Mais je ne fais que prononcer des mots que mon cœur me souffle à l'oreille, et il est si plein de tribulations que je me demande s'il chantera demain la même chanson qu'aujourd'hui, qu'il ne chantait pas

Claude
jeune homme

Extrait du journal personnel de Claude, le 21 octobre 1938

hier. Mais nous avons des sens, moi, j'ai des sens ouverts sur le monde, tout grand ouverts et je sens parfois le monde s'engouffrer en moi. Alors, je frémis, je me sens comme une harpe qui vibre trop sous la tempête, mais qui veut vibrer encore plus large et plus fort pour se faire entendre par-dessus ce vacarme des tremblements de terre, des maisons qui croulent, ce grincement des planètes qui parcourent depuis l'éternité des orbites rouillées. Oui, le monde est en moi. Je me sens en extase devant

nent des planètes qui parcourent depuis
l'éternité des orbites rouillées. Oui, le
monde est en moi. Je m'en suis en extase
devant le beau, tendu au misérable,
souriant aux moqueurs. Sous cette poussée de l'univers qui force pour entrer,
je voudrais me lever debout au sommet de la Terre, et là, chanteur du monde, ouvrir la bouche pour entonner la
complainte des peuples, des siècles, des
individus, des artistes, des savants, des
saints et des débauchés. Oui, tous
dans l'eau ensemble ces gens qui
paraissent si loin les uns des autres,
mais qui sont tous des hommes, des
êtres qui sentent, heureux ou malheureux.

Est-ce aujourd'hui, est-ce hier ? Mais
qu'est-ce que aujourd'hui + hier sinon des
mots, qui d'inutiles grappins sur la
pente lisse du temps. C'était au milieu
d'une musique. Je ne sais plus ... C'é-
tait au milieu de la musique ...
soir le piano était là qui tantôt gron...

---

le beau, tendu au misérable, souriant aux moqueurs. Sous cette poussée
de l'univers qui force pour entrer, je voudrais me lever debout au sommet
de la Terre, et là, chanteur du monde, ouvrir la bouche pour entonner
la complainte des peuples, des siècles, des individus, des artistes, des
savants, des saints et des débauchés. Oui, tous ensemble ces gens qui
paraissent si loin les uns des autres, mais qui sont tous des hommes, des
êtres qui sentent, heureux ou malheureux.

Dîner en famille; de g. à dr. : Georgette Dionne et Maurice;
Suzanne, Jacqueline, Claude

CHAPITRE IV

Début de carrière : Vingt ans hors du Québec (1941-1961)

LA CATHÉDRALE DE SAINT-JEAN, NOUVEAU-BRUNSWICK (1941-1944)

C'est au Nouveau-Brunswick, plus précisément à la cathédrale de Saint-Jean, que Claude Lagacé est pour la première fois organiste titulaire.

Peuplée par les Amérindiens depuis l'Antiquité, cette région accueille dès le Moyen Âge des pêcheurs basques, bretons et normands. En 1604, Samuel de Champlain découvre ce qui allait devenir Saint-Jean. Fondée en 1672 à l'embouchure du fleuve du même nom, au bord de la baie de Fundy, cette cité compte aujourd'hui 75 000 âmes.

La cathédrale de l'Immaculée-Conception est érigée rue Waterloo au cours des années 1860. Le lieu aujourd'hui classé monument historique en impose par son architecture néo-gothique.

> « Nos félicitations au jeune pianiste Claude Lagacé qui vient d'être nommé organiste titulaire de la cathédrale St-Jean N.B. Claude Lagacé est un musicien de talent que les radiophiles ont pu apprécier maintes fois; il était l'accompagnateur attitré de plusieurs de nos chanteurs et chanteuses. Claude Lagacé est ce que l'on appelle un "musicien dans l'âme". [...] Il fera honneur à ses maîtres et laissera de vifs regrets parmi les musiciens de la capitale. Nos meilleurs vœux l'accompagnent. »
>
> *Le Soleil*, le 19 avril 1941

La cathédrale de Saint-Jean, N.-B.. Photo : Archives du diocèse de Saint-Jean

M. Claude Lagacé est l'objet d'une importante nomination

Notre concitoyen, M. Claude Lagacé, un musicien bien connu, est nommé organiste titulaire à la cathédrale de Saint-Jean, N.-B. — La nomination a été faite par S. Ex. Mgr Patrick Bray.

M. Claude Lagacé, musicien bien connu de Québec, a été nommé hier au poste d'organiste titulaire à la cathédrale de St-Jean, N.-B. Cette nomination a été faite lors de la visite à Québec de Son Excellence Mgr Patrick Bray, évêque de St-Jean.

Cette nomination, échue à l'un de nos plus jeunes musiciens, est une juste récompense à son talent et à son esprit de travail. En plus de l'artiste lui-même, elle réjouira tous les musiciens de Québec, parmi lesquels il compte une foule d'amis.

M. Lagacé est avant tout pianiste. Le public québécois a eu à maintes occasions le loisir de l'apprécier à ce titre, soit en concert, soit à la radio. En plus d'être un technicien d'une probité impeccable, M. Lagacé possède l'avantage d'être « musicien » dans l'âme. Il donne à tout ce qu'il joue la marque de son riche tempérament artistique. Il n'exécute pas, il interprète.

Organiste, il l'est avec le même brio. On a eu plusieurs fois l'occasion de l'entendre, au cours de cérémonies privées, où il avait été organiste invité. Il possède tous les secrets de cet instrument et possède toutes les qualités qui font un organiste complet.

Après avoir brillamment terminé son cours classique au Séminaire de Québec (juin 1933), en décrochant en même temps les titres de bachelier ès Arts et bachelier de Philosophie, M. Lagacé s'adonna entièrement à l'étude de la musique. M. Henri Gagnon, organiste à Notre-Dame de Québec, fut son professeur d'orgue et Mlle Germaine Malépart, de Montréal, fut son professeur de piano. Il a obtenu successivement tous les degrés, en piano, terminant par celui de lauréat de l'Académie de Musique de Québec.

À l'occasion d'un voyage à Québec, Mgr Bray a rencontré notre jeune concitoyen et lui a offert le poste qui sera vacant d'ici quelques mois. M. Lagacé restera à Québec jusqu'au mois de juillet prochain, alors qu'il ira occuper son nouveau poste.

Nous formons des vœux pour que la carrière, qui s'annonce si bien pour ce jeune artiste, lui soit de plus en plus favorable, et nous lui formulons nos sincères félicitations.

Nouveaux pilotes

Ottawa, 19. — (P.C.) Le capitaine de groupe Frank « S. McGill épinglé sur les tuniques d'un autre groupe de pilotes les ailes tant enviées du Corps d'Aviation royal canadien. Ces pilotes viennent de passer leur graduation à l'École d'Entraînement no 2 du service navigant faisant partie du plan d'entraînement du Commonwealth britannique.

L'organiste Claude Lagacé

Québec, 21. — Un musicien distingué de Québec, M. Claude Lagacé, vient d'être nommé par S. Ex. Mgr P.-A. Bray, évêque de Saint-Jean, N.-B., organiste à la cathédrale de Saint-Jean.

Le nouvel organiste de Saint-Jean est né à Sorel. Il est le fils de M. et Mme Ernest Lagacé. Sa famille réside à Québec depuis huit ans. Il a fait ses études classiques au séminaire de Québec, où il a obtenu brillamment ses titres de bachelier ès arts et de bachelier en philosophie. Il étudia le piano avec Mlle Germaine Malépart, de Montréal, et l'orgue avec M. Henri Gagnon, de l'École de musique de l'Université Laval.

Annonce de la nomination de Claude Lagacé à Saint-Jean,
Le Soleil, le 19 avril 1941 ; *Le Devoir*, le 21 avril 1941

C'est un poste rêvé pour un jeune organiste en début de carrière. Bien que content de ce poste, Claude aurait préféré aller parfaire ses études en France. Mais la guerre l'en empêche. Cette décision est certes synonyme d'éloignement de sa famille et de son cercle d'amis, mais Claude est aguerri au déménagement depuis sa tendre enfance ! Il y voit aussi l'occasion de se consacrer intensivement à l'élargissement de son répertoire. Il s'intègre très bien à la vie musicale et culturelle de cette ville — tant du côté anglophone que francophone — et y restera longtemps attaché par de solides liens d'amitié.

En ce qui concerne l'orgue, la cathédrale avait commandé en 1874, chez le facteur anglais Peter Conacher, un instrument imposant (10 tonnes, 2 500 tuyaux, 3 claviers et un pédalier), orné d'un très beau

Intérieur et buffet d'orgue, cathédrale de Saint-Jean.
Photo : Archives du diocèse de Saint-Jean

Precious Blood Church, Woonsocket. Photo : Leonore Rheaume

buffet. Cet orgue, perdu en mer, fut remplacé par un autre de même esthétique qui fut installé deux ans plus tard et sur lequel Claude jouera durant son titulariat. Enfin, un instrument de la maison Casavant succédera à cet orgue en 1951.

Recital By Lagace Evokes Acclaim

Claude Lagace, organist and choirmaster of Precious Blood Church, was soloist for the 70th organ recital to be sponsored by the Rhode Island Chapter of the American Guild of Organists. The concert took place last night at the Pawtucket Congregational Church and elicited deep approbation from music critics.

His program:

Grand Jeu .... Du Mage
Dialogue .... Clerambeault
Variations on a
   16th Century Noel .... Daquin

Three Chorals .. .. Bach
  1. The Ancient Promise Has Been Fulfilled
  2. Sleepers, Awake
  3. Jesu, Joy of Man's Desiring
Prelude and Fugue in A Minor .. . Bach

Choral in A Minor .... Franck

Allegro from 5th Symphony . Widor
  Robert Dunbar, dean of the local chapter of the guild, greeted the audience.

Lagace was honored immediately after the concert at a reception in the church hall and later, at the home of Mr. and Mrs. Erling Helgesen, "Sleepy Hollow," Rehoboth. Twelve Woonsocketers were guests at the latter party, highlighted by a supper and performances by several musicians. Mrs. Bertha Kazanowski assisted the hostess.

Woonsocket Call,
le 14 janvier 1952

WOONSOCKET, RHODE ISLAND (1944-1945; 1950-1954)

Après un séjour de trois ans au Nouveau-Brunswick, Claude Lagacé part pour la Nouvelle-Angleterre, d'abord à Woonsocket (Rhode Island).

Le choix de l'implantation de la ville de Woonsocket s'explique surtout par la présence des fortes chutes de la rivière Blackstone, l'une des plus puissantes aux États-Unis, fort utile pour alimenter les filatures. Cette ville naissante en 1886 attire des milliers d'ouvriers, surtout québécois, et acquiert une telle réputation qu'on la surnomme la « ville reine de la vallée de la Blackstone ».

Le nombre de Québécois qui s'y rendent au tournant du siècle est impressionnant : plus de 30 000, soit 80 pour cent de la population de la ville. Ils forment ainsi une véritable communauté fortement attachée à sa langue et à sa religion. Dès les années 1920, Woonsocket, quatrième ville franco-américaine, compte cinq paroisses francophones.

Claude y est nommé organiste et maître de chapelle de la paroisse du Précieux-Sang, la plus importante de la ville. Il succède ainsi à la tribune de cette église à Alexander Peloquin — organiste également réputé comme compositeur et grégorianniste — qui vient d'être nommé à la cathédrale de Providence (Rhode Island). L'orgue, construit en 1946 par Aeolian-Skinner (opus 1099), est doté de 26 jeux répartis sur trois claviers et le pédalier.

Claude trouve vite sa place dans la vie culturelle et musicale de Woonsocket. Outre ses fonctions à l'église — où il dirige un chœur

The American Guild of Organists
Rhode Island Chapter
Seventieth Organ Recital
by

CLAUDE LEGACÉ

Organist and Choirmaster, Church of the Precious Blood
Woonsocket, R. I.

Pawtucket Congregational Church
Broadway and Walcott Street
Pawtucket, R. I.

SUNDAY EVENING, JANUARY 13, 1952 AT 8:00 P. M.

PROGRAM

Grand Jeu .... *Du Mage* (18th Century)

Dialogue .... *Clerambeault*

Variations on a 16th Century Noel .... *Daquin*

Three Chorals .... *J. S. Bach*
    1.   "The Ancient Promise Has Been Fulfilled"
    2.   "Sleepers, Awake!"
    3.   "Jesu, Joy of Man's Desiring"

Prelude and Fugue in A Minor .... *J. S. Bach*

Choral in A Minor .... *Cesar Franck*

Allegro from 5th Symphony .... *Charles M. Widor*

An offering will be taken during the intermission to assist
in defraying the expenses of the recital.

Subscribing Membership in the Guild is open to Friends of
Organ and Choral Music.

Helen J. Irons, Secretary, 55 Woodward Road, Providence.

Récital AGO, Pawtucket, Rhode Island, le 13 janvier 1952

On Review . . .

By Rev. Norman T. Leboeuf

Claude Lagace, organist and choirmaster of the Precious Blood Church, Woonsocket gave an organ recital last Sunday evening in that church. The organ itself is an excellent instrument. Though not large, it has bright and reedy stops and mixtures that make it sound like a miniature Saint-Sulpice instrument. Mr. Lagace covered almost all the schools and periods of organ repertoire by choosing representative selections from each. He did not reach as far back as Buxtehude but the Dialogue of Clerambeault was reminiscent of the old master. Clarence Watters' arrangement of the Daquin Noel Variations with its interesting pedal point showed off both the instrument and the artist at their best. Contrast and coloring were used with artistry and economy here and the fine, crisp style of Mr. Lagace's playing was always in evidence. The three Chorale-Preludes of Bach were also in excellent taste. Of those played, this listener enjoyed the "Sleepers Awake" best though "Jesus, Joy of Man's Desiring" with its intricate pattern of accompaniment to the beautiful reed stop used by the organist was also unforgettable.

Mr. Lagace then displayed his true bravura style of organ playing by giving us a memorable performance of the Franck Third Organ Chorale. We venture to say that there are not too many organists here in Rhode Island who would even attempt to play this gigantic and magnificent piece of music. And to play it as it was rendered last Sunday evening must remain for a very few to do. It was played with that refinement that is inherent in all of Franck's music; there was integrity of purpose

and moderation in what could been an otherwise showy per ance. The Allegro from W Fifth Organ Symphony, a ver dom performed section of this unless the whole Symphon played, was in the truly d guished manner of great playing. It is a formidable de force to begin with with l and feet flying in opposite tions. It is also a masterpiec the French school of organ pl and again, Mr. Lagace proved self to be an artist of no mea complishment.

The Choir of the church, a cl of some twenty-eight mixed v performed a few selections. E for a lack of some men's v an occupational disease with mixed choirs these days, there good balance, tone, and di "Disons le Chapelet" was de moving in the quiet setting D Taylor has arranged for it. choir's best work was in the ing number after Benedictio the Most Blessed Sacrament, "Chant de Triomphe," by No Walter Polucha, tenor, Mur Gelinas, soprano, and Armand cotte, baritone, were the voca loists of the evening. All acqu themselves very well of thei lections except for a mannered dition of the Pie Jesu of Faur Mr. Polucha. In a word, it wa evening of excellent music. Fa Moise Leprohon is to be con ulated for his encouragemen such projects. We certainly e hearing such choirs as this one forming so well and so devo As for organists such as Mr. gace, both the Pastor and the ish should be grateful for him is an artist dedicated to his w

Critiques du récital AGO, *Providence Journal*, le 29 novembre 1951

MUSIC

Claude Legace Heard in 70th Recital of R.I. Organist's Guild

By WILLIAM DINNEEN

Claude Legace, organist and choirmaster of the Church of the Precious Blood in Woonsocket, played the 70th organ recital which has been sponsored by the Rhode Island Chapter of the American Guild of Organists last evening at the Pawtucket Congregational Church.

The program:

Grand Jeu .... Du Mage (18th Century)
Dialogue .... Clerambeault
Variations on a 16th Century Noel Daquin

Three Chorals .... J. S. Bach
  1. "The Ancient Promise Has Been Fulfilled"
  2. "Sleepers, Awake!"
  3. "Jesu, Joy of Man's Desiring"
Prelude and Fugue in A Minor .. J. S. Bach

Choral in A Minor .... Cesar Franck

Allegro from 5th Symphony Charles M. Widor

Mr. Legace presented an interesting program in an interesting manner. The opening number indicated the scope of the instrument while the following Dialogue was designed to show some of its special color possibilities. The Daquin variations which ended the group played the main against the gallery organ part of the time, but these were more important as illustrations of the artist's skill and technique.

Providence Journal, le 14 janvier 1952

The three chorale-preludes of the Bach group were well played. Mr. Legace interpreted "Sleepers, Awake" from a normal chorale tempo rather than from the usual tempo of the commentary background, which tends to look at the chorale in a different light. The result tended to minimize the effect which was expected, but it was very interesting to see the new balance of forces as the chorale worked out. In the Prelude and Fugue which completed this group, Mr. Legace again showed a fine pedal technique with a fine feeling for fugal style.

The two final numbers, both large works and difficult, were properly played in the high romantic tradition.

The instrument Mr. Legace played was rebuilt last summer, at which time several new ideas were incorporated in it. The original plan included no mixtures, and the new plan has none, but the string and flute ensembles are very fine and the reeds are good. The main organ is at the far end of the church in relation to the choir,

which had been supported with a small gallery organ. Now, by the addition of electronic amplification, the Swell and Choir organs may be played through speakers in the gallery which have increased the scope of the organist's resources materially. This is the first use of this type of electronics in the state as far as we are aware, and the organists present were greatly interested in the new console and in the way Mr. Legace used the full range of tonal colors.

Robert Dunbar, dean of the local chapter of the guild, greeted the

audience and a reception for Mr. Legace was held after the recital.

A BACH COMPOSITION . . . holds the interest of these three pianists who will take part in the Spring Music Festival of the Rhode Island Federation of Music Clubs March 15 in the Hope High School Auditorium, Providence, under the direction of C. Alexander Peloquin. Alfred G. Lague, Mrs. Ann Ragan Lareau and Claude P. Lagace, left to right, will play in an eight-piano ensemble.

City Artists To Play Big Roles In Federation Music Festival

Spring Music Festival, Rhode Island Federation of Music Clubs, *Woonsocket Call,* le 6 mars 1953

A wealth of musical talent, much of it from Woonsocket, will be displayed in the Spring Festival of the Rhode Island Federation of Music Clubs. The event is to take place March 15 at 8:15 p.m. in Hope High School Auditorium in Providence.

C. Alexander Peloquin, who di-

Cathedral of the Immaculate Conception in St. Johns, New Brunswick, and at Our Lady of Perpetual Help Church in Holyoke.

Lagace holds BA and PhB degrees from Laval University, Quebec. He studied privately with

de 120 voix —, il participe activement à la Rhode Island Federation of Music Clubs, pour laquelle il se produit aussi au piano, à titre de soliste ou de chambriste. Il parle déjà couramment l'anglais qu'il a appris l'été au Manoir Richelieu pendant sa jeunesse.

Son premier séjour à Woonsocket durera deux ans, après quoi il sera appelé sous les drapeaux américains, d'abord au Texas, puis en Illinois.

L'armée américaine, Texas et Illinois (1945-1946) — Une sinécure… militaire !

En 1945, Claude Lagacé marque une pause forcée dans sa carrière pour un service militaire de courte durée. Quel contraste avec la vie de musicien ! Du 28 juin 1945 au 18 avril 1946, il est d'abord affecté à Wichita Falls, au Texas. Il y est organiste auprès de l'aumônerie. Puis, au Camp Grant (Illinois) jusqu'en avril 1946, il est assistant et chauffeur de l'aumônier militaire, organiste de la chapelle, ainsi que maître de chapelle à l'église catholique dudit Camp. Une sinécure, aux dires de l'intéressé !

Claude à Wichita Falls (Texas), août 1945

SEPARATION QUALIFICATION RECORD

SAVE THIS FORM. IT WILL NOT BE REPLACED IF LOST

This record of job assignments and special training received in the Army is furnished to the soldier when he leaves the service. In its preparation, information is taken from available Army records and supplemented by personal interview. The information about civilian education and work experience is based on the individual's own statements. The veteran may present this document to former employers, prospective employers, representatives of schools or colleges, or use it in any other way that may prove beneficial to him.

1. LAST NAME—FIRST NAME—MIDDLE INITIAL			MILITARY OCCUPATIONAL ASSIGNMENTS		
LAGACE CLAUDE P			10. MONTHS	11. GRADE	12. MILITARY OCCUPATIONAL SPECIALTY
2. ARMY SERIAL No. 31 493 377	**3. GRADE** T/5	**4. SOCIAL SECURITY No.**	$1\frac{1}{2}$	PVT	BASIC TRAINING A.C. 521
5. PERMANENT MAILING ADDRESS (*Street, City, County, State*) 261 FRASER ST. QUEBEC CITY, CANADA			$7\frac{1}{2}$	T/5	CHAPLIN'S ASSISTANT 405
6. DATE OF ENTRY INTO ACTIVE SERVICE 28 JUN 45	**7. DATE OF SEPARATION** 18 APR 46	**8. DATE OF BIRTH** 1 MAY 17			
9. PLACE OF SEPARATION SEPARATION CENTER CAMP GRANT, ILL					

SUMMARY OF MILITARY OCCUPATIONS

13. TITLE—DESCRIPTION—RELATED CIVILIAN OCCUPATION

CHAPLIN'S ASSISTANT (405)

WAS ORGANIST AND CHOIR DIRECTOR FOR CATHOLIC CHURCH A CAMP GRANT, ILLINOIS. ALSO ACTED AS CHAUFFEUR FOR CHAPLIN AND ASSISTED AT ALTAR. DID GENERAL CLERICAL WORK IN CHAPLINS OFFICE.

Certificat de libération militaire, États-Unis, le 18 avril 1946

Clarence Watters, le nouveau maître aux États-Unis (1946-1949)

Son séjour dans l'armée américaine vaut à Claude une bourse qui lui permettra de parfaire sa formation auprès de Clarence Watters qu'il avait entendu et rencontré à Québec en compagnie de son maître Henri Gagnon et de Marius Cayouette. Dès 1946 et pendant plus de trois ans, Claude, alors en poste à Holyoke (Massachussets), se rend une fois par semaine au Trinity College de Hartford (Connecticut) pour suivre l'enseignement de son nouveau maître, musicien très respecté, improvisateur et ancien élève de Marcel Dupré. Il y parfait également sa formation en harmonie, contrepoint et théorie.

Professeur émérite et organiste honoraire de Trinity College, Clarence Watters en dirige le Département de musique de 1932 à 1967. Il jouit d'une grande réputation aux États-Unis, au Canada et en Europe, de par ses tournées, ses concerts et ses enregistrements. Il joue par cœur l'ensemble de l'œuvre de Bach et une grande partie du répertoire de l'école française moderne. Aux États-Unis, il est alors considéré comme l'autorité première pour la période allant de César Franck à Marcel Dupré. Il est également organiste et maître de chapelle à St. John's Episcopal Church, West Hartford (Conn.) durant une vingtaine d'années. Dans le compte rendu d'un récital donné par Clarence Watters après le décès de Marcel Dupré, Barbara Owen écrit ce qui suit dans la revue américaine *The Diapason* : « Tant que des hommes tels que Dupré

Clarence Watters

Chapelle, Trinity College, Hartford. Photo: Archives de Trinity College

laisseront derrière eux des disciples du calibre de Clarence Watters pour perpétuer leurs traditions, ils demeureront parmi nous. »

Claude entretient longtemps une correspondance régulière avec son maître, à qui il demeure très attaché, comme en atteste la lettre dans laquelle il lui annonce le décès de son grand ami Marius Cayouette en 1985. Clarence Watters vouait une admiration certaine à cet organiste de Québec, secrétaire de l'École de musique de l'Université Laval et titulaire de l'orgue de Saint-Grégoire de Montmorency. En 1962, Watters dédie d'ailleurs à l'Université Laval sa composition *Veni, Creator Spiritus*[13].

---

13   Clarence Watters, *The Trinity College Chapel Organ*, Austin Organs inc., S & M Recordings, Hartford, Conn. 06101.

Saint-Pierre, Île d'Orléans,
April 15, 1985

Dear Clarence,

I feel at fault for not having informed you sooner of some very sad piece of news... It concerns Marius Cayouette who wrote me a most concise note on Tuesday march 12 to authorize publication of one of his compositions (Hymne pascal) and sent me the letter you wrote in February, I guess; he said "please tell Clarence I cannot write anymore and thank him and God's blessing be with him". He was taken to Laval Hospital in Ste-Foy on Thursday the 14th and died Saturday the 16th at age 80. I attended his funerals on the 19th with a few colleagues from the School of music. They were held in a country church, simply but with dignity. I met afterwards the members of his family, two brothers and four sisters, and of course, his venerable mother who turned 102 this February. She is incredibly present to the world surrounding her, as straight as a ramrod, and almost vivacious in speech. I couldn't believe it. Although the house where Marius spent the ten or so last years of his life is comfortable but modest in appearance, the whole family has some distinction of manners that belongs to the country gentry — very lovely and courteous people.

I'll be writing an article about Marius

Lettre de C. Lagacé à Clarence Watters (annonce du décès de Marius Cayouette), le 15 avril 1985 for the Bulletin of "les Amis de l'orgue". Although he never had a brilliant career because of his shaky health, his influence was quite felt in the field of Church music and organ building. He had a way of retiring from any responsibility that appeared too heavy for him. He was for years the official Secretary of the Music School but since he never accepted more than a half time post, for the last 15 years of the his tenure, his job was limited to extension administrative tasks, the teaching of piano mostly.

We have lost a wonderful friend, a marvelous musician too, but most of all, the quality, the essence of the man had something unique. He was one of the few specimens left of a dying species: a true humanist. Marius, in addition to his extensive knowledge of music was an extraordinarily cultured gentleman, extremely well read in matters of letters, history and languages mainly, I think. He was besides, a man of profound conviction in his Christian belief and behaviour, immaculate in his personal life. Affection, deep affection I have had for this dear departed friend; also respect and admiration to match.

I hope all is well with you. Winter has a way of clinging to our skin that reaches the point of indecency, or about. Cold, snow, and then fog and wind. Nothing to cheer me out of the mood talking about Marius's death has put me in...

With love and best greetings,
Claude Lagacé

TRINITY COLLEGE CHAPEL

Organ Recital
by
CLAUDE LAGACÉ

Prelude, Fugue And Chaconne	*Buxtehude*
"From God I Ne'er Will Turn Me"	*Buxtehude*
Grand-Jeu	*Du Mage*
Basse De Trompette	*Clérambault*
"We All Believe In God The Creator"	*J. S. Bach*
"Saviour Of The Heathens, Come"	*J. S. Bach*
Prelude And Fugue In A Minor	*J. S. Bach*
Prélude, Fugue Et Variation	*César Franck*
Trois Pieces	*Jehan Alain*

Variations Sur Un Thème De Clément Jannequin

Le Jardin Suspendu

Litanies

Allegro Vivace, 5th Symphony	*Widor*

Récital de Claude à Trinity College, le 6 avril 1954;
Hartford Times, le 7 avril 1954

Claude Lagace in Trinity Organ Recital

By GEORGE W. STOWE

The Trinity College Chapel, which has become a last bastion for serious organ music hereabouts, resounded last night with an extraordinarily fine performance from Claude Lagace, a visiting organist from Rhode Island.

* * *

MR. LAGACE wisely fortified himself with a program that had substance and interest. Its point of gravity was Bach and Buxtehude, but for variegation there was Franck, du Mage, Clerambault, Jehan Alain, and Widor.

To listen to the "Prelude, Fugue and Chaconne" of Buxtehude is sufficient to identify the rhetorical and improvisatory characteristics that were later absorbed into Bach's style and refined to the fullest degree. Yet the two men are not as dispa-rate in stature as one might imagine.

In this work and in the chorale prelude, "Von Gott Will Ich Nicht Lassen", both performed by the organist, Buxtehude re-asserts his position as one of the great figures in German organ literature. It was a joy, therefore, to hear these two selections and hear them played in the brilliant fashion of last night.

* * *

THE BACH CHORALE prel-udes programmed by Mr. Lagace were "We All Believe in God the Creator", (from the Clavieru-bung) and "Savior of the Hea-thens, Come" (from the Orgel-buchlein), both compositions of the young Bach and yet not lacking in typical power and persuasion.

To conclude his Bach group Mr. Lagace chose the "Prelude and Fugue in A Minor" (well-known in the piano transcrip-tion by Liszt), a tour de forc that shows its affinity for th ornamental style of Buxtehude Its difficulties were negotiate in a secure and controlled man ner that was a compliment t the organist's technique.

* * *

THE FRENCH SELECTIONS yesterday were Pierre du Mage's "Grand - Jeu", Clerambault's "Basse de Trompette", and Cesar Franck's "Prelude, Fugue, and Variation", the latter most in-teresting in its imaginatively conceived final section.

As the novelty, as well as con-temporary work, there was Jehan Alain's "Trois Pieces", a pleasant synthesis of the old and the eas-ily assimilable new. And for a sonoral, if not artistic, climax there was a movement from Widor's monumental Fifth Sym-phony and — something in the way of a precedent, we believe —an encore.

HOLYOKE, MASSACHUSSETS (1946-1950)

À sa sortie de l'armée, Claude fait un court séjour à Boston chez l'organiste canadien Rodolphe Pépin, avant de s'établir à Holyoke (Massachusetts) pour se rapprocher de son nouveau maître, Clarence Watters. Cette ville compte alors environ 40 000 habitants. En décembre 1946, Claude épouse Berthe Boulet. À l'époque où il y est organiste et maître de chapelle, la ville compte une communauté francophone très active, venue surtout du Québec, qui travaille dans des papeteries.

> « On commença alors à recruter des Canadiens français considérés comme plus dociles et moins susceptibles de créer des syndicats professionnels en raison de leurs antécédents agraires et de leur rhétorique antisyndicale, promue par le clergé québécois à cette époque[14]. »

À la fin du XIXe siècle, Holyoke produit environ 80 pour cent du papier à lettres utilisé aux États-Unis. Cette ville abrite alors les plus grandes usines de production de papier, de soie et de laine d'alpaga au monde.

---

14   Robert T. McMaster, *The Dyeing Room*, Williamsburg, Mass., Unquomonk Press, 2014, p. 56.

Papeterie au bord du canal, Holyoke, Mass. Photo : Wikipedia

Church of Our Lady of Perpetual Help, Holyoke, Massachussets

C'est dans cette effervescence que Claude Lagacé amorce ce nouveau chapitre de sa carrière d'organiste titulaire, de maître de chapelle et de professeur de musique. Il dispose de deux instruments : le grand orgue construit en 1895 par la maison Casavant de Saint-Hyacinthe (opus 63),

L'orgue de tribune, Holyoke

L'orgue du sanctuaire, Holyoke

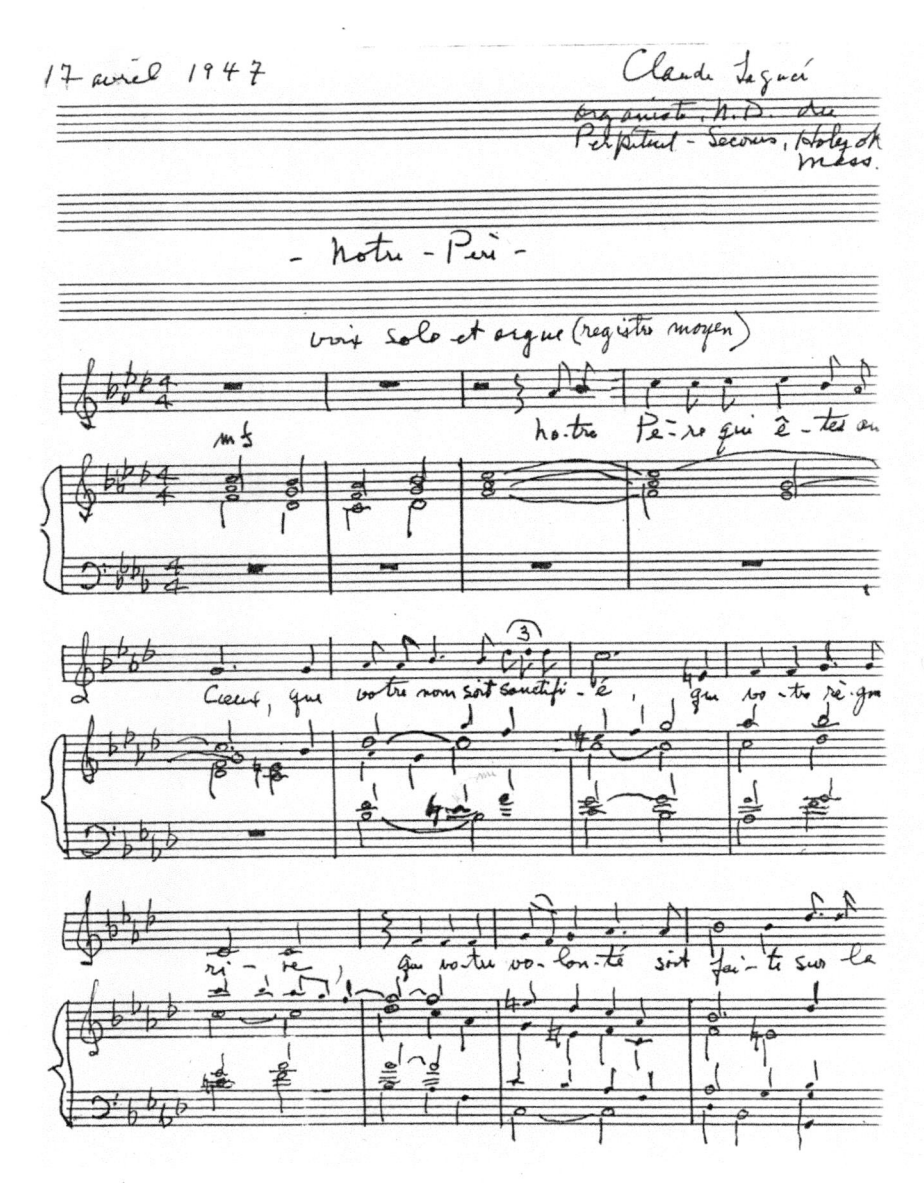

Notre Père, motet de Claude Lagacé, Holyoke (1947)

remanié et agrandi en 1942 par la maison Albert E. Carter Organ Co. (Springfield, Mass.), et l'orgue du sanctuaire. La destruction de l'église et de ses archives par un incendie en 1999 ne nous permet pas, hélas, de décrire plus précisément ces instruments.

Ave Maria

Voix aiguë et orgue

Claude Lagacé
Organiste

Ave Maria, motet de Claude Lagacé, Holyoke (1947)

Toledo, Ohio, des années de grâce (1954-1961)

Après un deuxième séjour à Woonsocket (1951-1954), Claude est nommé au poste prestigieux de la cathédrale de Toledo (Ohio), à titre d'organiste titulaire et de maître de chapelle, comme le veut la tradition américaine. Il y dirige un chœur imposant qu'il fait travailler quotidiennement. Il y trouve un orgue dont la composition sonore est tout à fait digne d'une cathédrale. Cet instrument est d'ailleurs au centre de plusieurs événements musicaux.

Inauguré en 1930, cet orgue du facteur Skinner est l'un des derniers conçus par le célèbre organier. Les styles de Cavaillé-Coll, de Willis et de Harrison animent ce grand instrument qui parle dans une acoustique très favorable.

Ce grand orgue compte 75 jeux répartis sur 4 claviers et le pédalier[15]. La tuyauterie étant située au niveau du triforium, le buffet n'est pas apparent.

Claude éprouve de grandes satisfactions dans les fonctions qui lui sont confiées à la cathédrale. La qualité du chœur qu'il dirige y est pour beaucoup. Voici une anecdote que Claude me raconta lors d'une entrevue sur les ondes de Radio-Canada : « À la cathédrale de Toledo, je dirigeais un chœur de 60 enfants et de 29 hommes... Je me souviens d'*O Magnum mysterium* de Vittoria. À la fin du morceau — ils chantaient a cappella —, j'avais placé discrètement un bourdon sur l'orgue et j'ai joué le mi bémol : ils étaient restés parfaitement dans le ton jusqu'au bout. Hormis le fait qu'ils chantaient d'une façon très expressive. Ce qui était beau avec les enfants, c'est que les hommes ont tendance à baisser; les enfants, quand ils sont un peu excités, ont tendance à remonter. Ils détonnent légèrement, mais ça donne un brillant, et ça tient les basses en place. C'étaient pour moi des expériences merveilleuses. »

Outre son titulariat à la cathédrale, Claude est professeur au Gregorian Institute of America, dont il est diplômé et où il enseigne le chant grégorien, la direction chorale et le contrepoint; il publie pour cet Institut un traité, *Sixteenth-Century Counterpoint* (1958), qui sera utilisé par plusieurs universités américaines. Dans ce contexte, Claude se lie d'amitié avec deux grégoriannistes bien connus, Dom Desrocquettes et Robert Carroll.

---

15   Voir devis en annexe, p. 305.

Extérieur de la cathédrale de Toledo

Claude Lagacé est depuis 1954 membre associé de l'American Guild of Organists, organisme pour lequel il se produit d'ailleurs régulièrement en récital.

Toledo, qui compte quelque 290 000 habitants, a été baptisée la cité « du verre ». C'est là que fut érigé en 1936 un premier édifice entièrement recouvert de ce matériau. Cette forme d'architecture allait ensuite connaître une grande popularité aux États-Unis.

Claude en famille, Toledo : avec son fils Pierre, 1953

Avec Claudette, Trudy Lyon, Monique, Andrée, août 1960

Claude à l'orgue, cathédrale de Toledo

Claude dirigeant le chœur de la cathédrale de Toledo, 1957

Entrée du chœur d'enfants dans la cathédrale, Toledo

Sur le plan culturel, la ville de Toledo jouit d'une belle réputation pour son Musée des beaux-arts — dont le péristyle, qui abrite l'ancien orgue de la cathédrale, accueille de nombreux concerts —, ainsi que pour son orchestre symphonique, fondé en 1943. Cet orchestre se produit non seulement en Ohio, mais aussi au Michigan et dans l'Indiana. Signalons que le chef actuel du Toledo Symphony Orchestra n'est nul autre que le Québécois Alain Trudel, qui dirige par ailleurs l'Orchestre symphonique de Laval au Québec.

Orgue Skinner, cathédrale de Toledo. Photo : Organ Historical Society, Toledo

Cathedral Filled At Centenary Service

Célébration dans la cathédrale de Toledo, Ohio

Claude compte ainsi parmi les organistes québécois qui feront carrière aux États-Unis, tels que Conrad Bernier, Laurent Geoffroy, Rodolphe Pépin, Bernard Piché. Claude gardera des liens d'amitié avec certains d'entre eux, notamment avec Conrad Bernier, qui venait à Québec chaque été de Washington lui rendre visite à la basilique.

Cette période américaine qui durera vingt ans permet à Claude d'enrichir son expérience tant professionnelle qu'humaine. Elle constitue pour lui une étape heureuse qui aurait pu durer longtemps encore, n'eût été l'appel au retour à Québec qui lui est lancé à la suite du décès de son maître Henri Gagnon en 1961.

AMERICAN GUILD OF ORGANISTS

QUEEN OF THE HOLY ROSARY CATHEDRAL

January 17, 1956

PROGRAM

Rhapsody on Christmas Carols -   -   -   -   - E. Gigout
Organ, Mr. Lagace

Mass in Honor of St. Joan of Arc -   -   -   - H. Nibelle
Gloria In Excelsis Deo
. Agnus Dei
Chancel Choir of Men and Boys

Good News From Heaven The Angels Bring   -   - Pachelbel
Abide With Me, Lord Jesus Christ   -   -   - J. S. Bach
My Soul Doth Magnify the Lord   -   -   -   - J. S. Bach
In Dulci Jubilo -   -   -   -   -   -   - J. S. Bach
Organ

Puer Natus Est -   -   -   -   -   - - Gregorian Chant
In Splendoribus -   -   -   -   -   - Gregorian Chant
Hodie Christus -   -   -   -   -   - - Gregorian Chant
Sanctus and Benedictus (Mass Quinti Toni) - Orlando Di Lasso
The Choir

First Choral -   -   -   -   -   -   - César Franck
Organ

Panis Angelicus -   -   -   -   -   -   - Baini
Ave Vera Virginitas -   -   -   -   - - Josquin Des Prés
O Magnum Mysterium -   -   -   -   -   - - Vittoria
The Choir

Symphonie Gothique   -   -   -   -   - Ch. M. Widor
Moderato, Allegro
Organ

Claude P. Lagace, A. A. G. O.   Accompaniments played by
Organist and Choirmaster   Hugh L. Murray,
Assistant Organist-Choirmaster

Programme de récital AGO, Toledo, le 17 janvier 1956

-P R O G R A M-

ALLEGRO (2nd Organ Symphony) -	L. Vierne		O SALUTARIS	-	Perosi
Organ, Mr. Lagace			AVE VERUM	-	Viadana
			CANTATE DOMINO	-	Hassler
SALVE SANCTA PARENS	-	Gregorian Chant	The Men's Choir		
BEATA VISCERA	-	Gregorian Chant			
AVE VERUM	-	Gregorian Chant	PAVANE	-	Byrd
AMBROSIAN GLORIA	-	Gregorian Chant	ADAGIO	-	Vivaldi
Chancel Choir of Men and Boys			Organ		
O MAN BEMOAN THY FEARFUL SIN -	J.S. Bach		AVE MARIA	-	Vittoria
CHRIST LAY IN THE BONDS OF DEATH -	J.S. Bach		JESU DULCIS MEMORIA	-	Vittoria
TOCCATA AND FUGUE IN D MINOR -	J.S. Bach		GLORIA	-	Refice
Organ			The Choir		
			FINALE (1st Symphony)	-	Vierne

Claude P. Lagace, A.A.G.O.
Organist and Choirmaster

Accompaniments by
Hugh L. Murray, CH.M.
Assistant

Programme de récital AGO, Toledo, le 19 février 1957

July 23, 1958

CLAUDE LAGACE

Organ Recital

Rosary Cathedral
7:30 p.m.

Grand Jeu	Du Mage
Basse de Trompette	Clerambault
Sleepers, Awake	Johann S. Bach
Jesu, Joy of Man's Desiring	Johann S. Bach
Remain with us, O Lord	
Jesus Christ	Johann S. Bach
Whither Shall I Flee?	Johann S. Bach
Cathedral Prelude and Fugue	Johann S. Bach
Berceuse	Vierne
Carillon	Vierne
Pastorale	Franck
Chorale in A minor	Franck

Programme de récital GIA, Toledo, le 23 juillet 1958

Chronique musicale

Claude Lagacé en récital à Toledo

 DANS la magnifique cathédrale catholique de Toledo (Ohio), ville où se tient chaque année la session d'été Grégorien d'Amérique — affilié à l'Institut Catholique de Paris, — nous avons assisté à un excellent récital d'orgue donné par Claude Lagacé, B.M., autrefois de Québec, aujourd'hui organiste titulaire de l'un des plus beaux temples de l'Amérique du Nord. L'orgue Eolcan-Skinner qu'on a installé, compte plus de soixante-dix jeux, bien balancés, qui sonnent remarquablement, bien que l'on ait étagé sommiers et tuyaux au-dessus du chœur du sanctuaire et qu'on ait logé la console dans une galerie latérale d'où la résultante ne parvient pas toujours dans tout son éclat à l'artiste exécutant. C'est un désavantage qui n'a rien de désastreux dans le cas de Claude Lagacé. Il connait à merveille l'acoustique du lieu et il en tire partie comme un expert.

Commençons par mieux pré- senter Claude Lagacé, qu'il ne faut pas confondre avec Bernard Lagacé, de Montréal, récemment revenu d'Europe. Le Lagacé franco-américain est un musicien originaire du Québec, de moins de quarante ans, qui fut jadis élève d'Henri Gagnon.

par Eugène LAPIERRE

Lors de son lauréat de piano, Claude Lagacé décrocha la médaille d'or de l'Académie de Québec. Il est aussi bachelier en musique de l'Université Laval. Avant de devenir organiste de Toledo, il n'y a que quelques années, il avait été organiste de la cathédrale Saint John's au Nouveau-Brunswick et aussi organiste d'une importante paroisse de la Nouvelle-Angleterre. Après son baccalauréat en musique, obtenu par le processus de l'Institut Grégorien, il s'y fit tout de suite une excellente réputation de pédagogue et de musicien d'église. Nous souhaitons que les Concerts d'Orgue du Québec l'invitent à donner un récital à Montréal ou à Québec, pour le plus grand avantage des habitués de ces récitals et pour l'édification artistique et morale de nos organistes en place.

Le programme de l'audition de Toledo comportait le **Grand Jeu** de DuMage; le **Prélude** de Clérambault; quatre **Chorals** de Bach; le **Prélude-Cathédrale** du même; deux pièces de Vierne: la **Berceuse** et le **Carillon**; enfin, deux pièces de Franck: la **Pastorale** et le **Choral en La.** Claude Lagacé joue avec une grande clarté. Son métier est tel qu'il peut, en pleine session d'été, alors qu'il a sur les bras trente élèves à lui tout seul — avec les inévitables corrections de devoirs — ignorer tout ce prêt à jouer des **grands-jeux** classiques sans broncher et avec une musicalité imposante ou délicate suivant les oeuvres. Pris par la vie, il a opté pour une situation résidente alors qu'il eût pu devenir organiste de tournées. Sa régistration est colorée, transparente, marquée au coin du meilleur goût. Il aime les jeux sonnant clair, les belles clameurs descriptives et entêtantes du grand orgue authentique. Il va sans dire que le **legato** est strictement observé et fignolé, ce qui n'est pas toujours le cas, même pour de grands noms de la musique d'orgue américaine. Il est difficile de déterminer quelles furent les pièces qui ont été le mieux ren- dues. Nous avons discerné pour notre part, la charmante **Berceuse** de Vierne et le **Carillon** du même — évoquant de si surprenante façon, le mécanisme de l'horloge qui se met en branle avec tout son lyrisme. De même, le **Prélude-Cathédrale** de Bach a mis à contribution les belles mixtures de l'instrument. Pour n'avoir pas étudié à l'étranger, Claude Lagacé a un style singulier qui est tout à la louange de ses maîtres de Québec.

On comprendra sans doute que nous profitions de l'occasion pour rappeler ici quelques noms de musiciens canadiens-français ou canado-américains qui font leur carrière aux Etats-Unis, tant en Nouvelle-Angleterre que dans d'autres états. Les Canadiens, ayant plus de trois siècles et demi de traditions liturgiques, les évêques américains ont de tout temps utilisé leurs services et sont venus s'approvisionner dans le Québec, soit d'organistes, soit de maîtres de chapelle. C'est là une tradition d'au moins cent ans vivants, et à la volée, nous relevons Théodore Marier à Boston; le R. P. Portelance, O.F.M., à New-York; Conrad Bernier à Washington, Laurent Geoffroy à Van Buren (Maine); Rodolphe Pépin à Lowell puis à Boston; Claude Lagacé à Toledo; Bernard Piché à Lewiston; Gérard Caron à New-York; enfin, ici et là, Fernand Barrette, Paul-Emile Allaire, Lorenzo Brisebois, Germain Clément, Paul-Emile Letendre, Ernest Péloquin... et nous en oublions. Puisse la vieille Province et la Franco-Américanie, continuer de mettre leur orgueil à former de bons organistes et des musiciens d'église dignes de leurs fonctions.

Critique du récital de Toledo par Eugène Lapierre, *Notre temps,* juillet 1958

Processional on Easter Introit -   Dom Benoit

Organ, Mr. Lagace

VIRI GALILEI (Introit for Ascension Feast) - Gregorian Chant

Ye men of Galilee, why do you wonder, looking up to heaven?
alleluia. He will come in the same way as you have seen
Him going up into heaven, alleluia. Psalm: O, clap your
hands, all ye nations; shout unto God with the voice of
exultation.

VICTIMAE PASCHALI (Easter Sequence) -   Gregorian Chant

Christians, bring forth to the paschal Victim your sacrifice
of praise: the Lamb redeems the sheep: and Christ the sin-
less One has reconciled the sinners to the Father. Together
death and life strove in a strange conflict. The Prince of
Life, Who died, now lives and reigns. Say, Mary, what did
you see on your way? I saw the tomb where the living One
had lain; I saw His glory as He rose again; Christ, my hope
is risen and He will go before you into Galilee. We know
that Christ, indeed, has risen from the grave; Hail Thou
King of Victory, have mercy on us.

Chancel Choir of Men

AVE MARIA (in two parts) -   R. Quignard

Chancel Choir of Boys

Concert AGO, Toledo, le 17 mai 1960

SCHERZO (2nd organ symphony) -   L. Vierne

REGINA COELI   -   E. Titcomb

VARIATIONS BRILLANTES -   J, Bonnet
 with pedal cadenza

Organ

GLORIA IN EXCELSIS DEO (Missa Brevis in F) - Palestrina
            (XVI century)
SANCTUS - BENEDICTUS (St.Joseph's Mass) - Ravanello
           (contemporary)
EXSULTATE JUSTI   -   Viadana
           (XVI century)

Boys and Men's Choir

---#---

- Sermon -

Rev. Frederick J. Nietfeld
Mary Manse Faculty

Benediction of the Blessed Sacrament

O SACRUM CONVIVIUM -   Viadana

TANTUM ERGO   -   A.Alain

ADOREMUS IN AETERNUM -   Allegri

ORGAN POSTLUDE:
JUBILATION ON THE FOURTH TONE ALLELUIA - Van Hulse

---#---

Claude P. Lagace, A.A.G.O.   Hugh L. Murray
Choirmaster & Organist   Assistant

THE TOLEDO MUSEUM OF ART

FOUNDED BY EDWARD DRUMMOND LIBBEY

Sunday, January 22, 1961
At 3:00 P.M.
In the Peristyle

CLAUDE P. LAGACÉ, ORGANIST

Offertoire "Vive le Roy" .... André Raison (c. 1687-1714)

Benedictus from "Mass for the use of Parishes" . François Couperin
le Grand (1631-1700)

Basse de Trompette .... Louis Nicolas Clérambault
(1676-1749)

Noël No. 10, Grand Jeu at Duo .... Claude D'Aquin (1694-1772)

Prélude, Fugue et Variation .... César Franck (1822-1890)

Choral in A minor .... César Franck " "

INTERMISSION

Suite Française .... Jean Langlais (1907-   )
        Française
        Nazard
        Final Rhapsodique

Scherzo from Second Organ Symphony .... Louis Vierne (1870-1937)

Ave Maris Stella .... Marcel Dupré (1886-   )
        When the salutation Gabriel had spoken
        Jesus tender Mother, make thy supplication
        So now as we journey, aid our weak endeavor
        Amen (Finale)

Variations Brillantes .... Joseph Bonnet (1884-1944)

* * * * * * * * *

This recital is presented by the Toledo Museum of Art and the Toledo
Chapter, American Guild of Organists. Our next recital in this ser-
ies will be Sunday afternoon, March 26, 1961, at three o'clock.

Récital de Claude Lagacé (AGO) au Musée des beaux-arts de Toledo,
le 22 janvier 1961

Organ Recital Is Fitted To Art Showing

By FREDERICK J. KOUNTZ

The Toledo Chapter, American Guild of Organists, in conjunction with the Toledo Museum of Art, has addressed itself this year to more frequent organ recitals in the Peristyle.

Yesterday afternoon its presentation was in connection with the Museum's showing of the great art of the Grand Century in France, 1600-1715. The executant was Mr. Claude Legace, who is organist and choirmaster in Rosary Cathedral.

Goes Beyond Century

Not all of Mr. Lagace's program was the product of the Grand Siecle. Cesar Franck, Jean Langlais, Louis Vierne, Marcel Dupre, and Joseph Bonnet were all active substantially later. Andre Raison, Francois Couperin, le Grand, Louis Nicolas and Louis Claude Daquin, were all of the period covered by the Museum's exhibit.

One thinks of the delicacy, the decorative qualities, and the genuine poetry of Couperin. He was undoubtedly a poet in music. But what the conception sometimes covers over is the fact that he was one of a family of excellent musical craftsmen.

Brilliant Craftsmen

Likewise the band of musicians of which Clerambault and Daquin were members were all brilliant craftsmen on the keyboard instruments. There was in all of them a verity which stemmed initially from honest craftsmanship. And this quality carried over quite naturally into the music of the later composers represented in the program.

So in all it was a program which represented substantially one of the primary qualities of French music and of all French art. Fortunately its disposition was in the hands of one who understands the nature and qualities of the French product and whose execution is possessed in large measure of the verity upon which the art was founded.

Critique du récital AGO, Toledo, le 23 janvier 1961

THE TOLEDO MUSEUM OF ART

FOUNDED BY EDWARD DRUMMOND LIBBEY   MONROE STREET AT SCOTTWOOD AVENUE   TOLEDO 1, OHIO

OTTO WITTMANN, DIRECTOR

23 January 1961

Dear Mr. Lagacé,

I would like again to express my thanks for your performance yesterday afternoon. It was a beautiful program and you played splendidly.

I am especially grateful that you went through with the performance despite your recent hospitalization and your discomfort.

The size and response of the audience was very gratifying and I hope that it is an indication of future interest in our organ recitals.

Many thanks again.

Sincerely,

Robert D. Jobe

Robert D. Jobe
Supervisor of Music

Lettre du Musée des beaux-arts de Toledo, le 23 janvier 1961

ORGAN RECITAL
and
BENEDICTION OF THE BLESSED SACRAMENT

ROSARY   CATHEDRAL

8 P.M.

June 21, 1961

-P R O G R A M-

Trumpet Tune and Air Fanfare
           Voluntary in D   ....Purcell

Prelude and Fugue in E Flat (St-Anne).............. Bach

Grande Pièce Dialoguée............................. Gigout

Apparition de L'Eglise eternelle................. Massiaen

Four Liturgical Pieces.................... Cardon Burnham*
           Canticle, Chaconne
           Ricercare, Toccata

BENEDICTION
     Sung by the Cathedral Schola Cantorum Consisting of
     52 boys and 25 men

O Salutaris Hostia .... C.P. Lagace
   (Four Men's voices)
                      The Men's Chorus
Tantum Ergo .... C.P. Lagace
   (Three equal voices)
                      The Boys' Chorus
Adoremus In Aeternum and Laudate .... C.P. Lagace
   (SATB)
Organ Postlude on the Solemn "Ite" .....   Russell Wollen

* Mr. Burnham is a music instructor at Bowling Green State
  University

Claude P. Lagace, B.M., A.A.G.O.
   Recitalist and Organist-Choirmaster

                          Hugh L. Murray, CH. M.
                          Assistant Organist-Choirmaster
                          and Accompanist

S O L I D E O G L O R I A

A M E R I C A N G U I L D O F O R G A N I S T S

Concert de clôture du congrès de l'AGO, Toledo, le 21 juin 1961

CHAPITRE V

Un retour « providentiel »

À LA BASILIQUE-CATHÉDRALE DE QUÉBEC (1961-1993)

En 1961, après vingt ans en terre anglophone, Claude Lagacé regagne le Québec. Le décès subit d'Henri Gagnon laisse vacant le poste d'organiste de la basilique-cathédrale Notre-Dame de Québec et suscite chez Claude une réflexion sur son retour à ses racines. D'une part, quoique très heureux aux États-Unis, il ne voulait pas demander la nationalité américaine, ce qui l'aurait à l'époque forcé à renoncer à sa citoyenneté canadienne. D'autre part, il se rendait compte que l'anglais était en train de devenir la langue première de ses cinq enfants, tous nés aux États-Unis, auxquels il souhaitait offrir une éducation en français.

Outre le titulariat à la basilique de Québec, des perspectives d'enseignement universitaire se profilent à l'horizon.

En arrivant à la basilique-cathédrale de Québec, Claude Lagacé se retrouve en pays de connaissance. En effet, il avait été l'élève d'Henri Gagnon dont il avait coutume de tourner les pages à cette tribune. Claude trouve un milieu propice à une vie musicale intense. Il accompagne la Maîtrise du chapitre et le Chœur d'hommes, et les trois orgues Casavant de la basilique — grand orgue, orgue du sanctuaire, orgue de la chapelle Saint-Louis — stimulent une activité artistique de haut niveau. Dès 1962, il organise une série de « Récitals du mardi à la basilique » diffusés sur les ondes de CHRC, série à laquelle il invite notamment Antoine Bouchard, Jean-Marie Bussières, Ernest Grant, Monique Légaré-Moffette. Il devient très vite président de la Commission diocésaine de musique sacrée; il prend alors, aux côtés de plusieurs confrères, la relève de ses prédécesseurs dans le combat de longue haleine pour la défense d'une musique liturgique de qualité et de l'orgue à tuyaux. La présence à Québec d'un orchestre symphonique, les concerts prestigieux donnés au Palais Montcalm, les représentations d'opéra, les activités musicales du Conservatoire de musique du Québec et de la Faculté de musique de l'Université Laval séduisent le jeune musicien. Qui plus est, la paroisse Notre-Dame est la plus ancienne d'Amérique du Nord.

La basilique-cathédrale de Québec. Photo : Fonds Daniel Abel

C. Lagacé aux orgues de la Basilique?

(par Lucien Quinty)

Un ancien élève de la classe d'orgue du regretté Henri Gagnon, M. Claude Lagaçé actuellement organiste aux Etats-Unis, succéderait sous peu aux grandes orgues de la Basilique de Québec, à son professeur décédé le 17 mai dernier.

Nous apprenons, de sources ordinairement bien informées, que la candidature de M. Lagacé, qui est originaire de la vieille capitale, a été sérieusement étudiée et qu'on s'apprête à soumettre son acceptation au musicien.

M. Lagacé est titulaire des orgues de la cathédrale du St-Rosaire, à Toledo, Ohio, depuis 1954, mais il a quitté Québec depuis 1944, pour aller étudier avec le maitre Clarence Waters. Nous croyons savoir, également de bonne source, que le musicien a conservé un excellent souvenir de Québec dont il préférait la culture bien française, selon lui, et qu'il y reviendrait avec joie.

Entretemps, il s'est bâti aux Etats-Unis une réputation fort enviable. Maitre de chapelle de la cathédrale en plus d'y être organiste, M. Lagacé y dirige une chorale de 52 enfants et 27 hommes. Il est aussi titulaire de la classe d'orgue Mary Manse, un collège d'arts libéraux pour jeunes filles, et enseigne à l'institut grégorien d'Amérique, toujours dans l'Ohio.

M. Lagacé assume la direction d'une chorale et d'une classe de contrepoint du XVI siècle et un ouvrage, sur ce sujet est utilisé maintenant dans quelques universités américaines dont Bowling Green State University, à Toledo.

Trois autres organistes ont soumis leur candidature en même temps que ... lagacé.

Annonce de la nomination de Claude Lagacé à la basilique de Québec, *Le Soleil*, le 12 juillet 1961

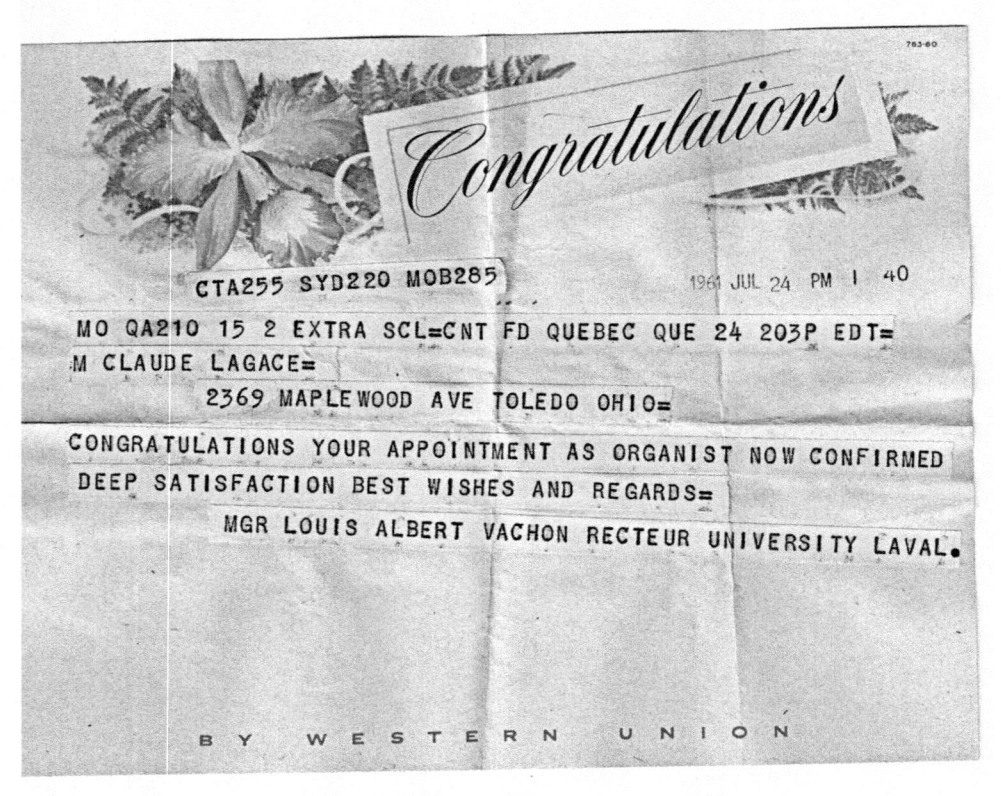

Télégramme de félicitations de Mgr Vachon, recteur de l'Université Laval, le 24 juillet 1961

Québec: une ville exceptionnellement riche en organistes de grand talent

(par Lucien QUINTY)

"Si on se base sur le nombre, per capita, Québec a le plus grand nombre d'organistes très bons et bien stylés, je crois, que dans toutes les villes canadiennes et américaines que je connaisse".

Voilà un hommage que rend à la vieille capitale, pépinière d'organistes, et aux organistes eux-mêmes, Claude Lagacé, nommé récemment titulaire des grandes orgues de la Basilique Notre-Dame. M. Lagacé, qui fut pendant sept ans organiste à la cathédrale Notre-Dame du Rosaire, à Toledo, dans l'Ohio, a aussi défini une fois de plus (l'idée d'ailleurs n'est pas mauvaise et gagne à être rappelée) l'organiste d'église. Et cela, M. Lagacé le fait sans nécessairement poser à l'organiste-type, car son entretien est absolument dénué de formalisme et devient le plus simple qui puisse être.

"Il y a, dit-il des normes pour l'organiste, quand il joue avant, pendant ou après les offices. Premièrement, rappelons que l'Eglise, pour sa musique, s'inspire et s'inspirera toujours du vieux mode du chant grégorien, dont elle est en majeure partie composée.

"Partant de cela, la musique que l'organiste joue vraiment religieuse, liturgique, doit se rapprocher du grégorien; l'organiste jouera aussi des airs dans le cadre des désirs de l'Eglise s'il s'y glisse quelque tonalité du grégorien, qu'il s'agisse d'oeuvres déjà écrites ou d'improvisations". Bien des compositeurs et grands organistes encore vivants demeurent l'inspiration de la musique d'église écrite pour orgue: nommons: Dupré, de France Pieters, de Hollande et Litaize, de France; Langlais, Alain et aussi Messiaenh.

Langlais et Messiaenh, ce dernier en particulier, ont introduit dans le répertoire pour orgue des oeuvres de facture moderne, qui sortent des cadres de la tonalité à laquelle on est habitué. "Cette musique peut surprendre le profane

mais elle n'aura jamais cet effet de surprise sur l'habitué des concerts d'orgues ou du répertoire très vaste de la musique pour cet instrument. Aussi, je ne vois comment un organiste pourrait être dépendant de l'auditoire au point de n'inclure dans ses programmes de concert, par exemple, que des classiques romantiques et ne pas aller plus avant que la musique de Debussy, pour en nommer un".

Claude Lagacé, qui est originaire de Sorel, revient après quinze ans d'absence dans la vieille capitale, où il est arrivé avec ses parents à l'âge de 13 ans. Ayant été nommé le 26 septembre 1954 titulaire aux grandes orgues de la cathédrale de Toledo, il revient à Qué-

bec à peu près à la même date pour prendre la succession du regretté Henri Gagnon. Depuis la mort de ce dernier, aucun organiste n'avait été appelé à le remplacer. On fai-

M. Claude Lagacé

sait appel à un peu tous les organistes de la ville.

En plus de ce poste, M. Lagacé sera chargé de cours à l'université Laval. Il s'agit d'une innovation. En effet, des cours du soir en musique seront donnés aux intéressés qui, le jour, sont dans l'impossibilité à cause d'autres occupations de se perfectionner dans tel ou tel cadre de la musique.

Claude Lagacé est père de cinq enfants: Pierre, 11 ans, Monique, 8 ans, Claudette, cinq ans, Andrée, quatre ans et Martin, sept mois. Il avoue simplement sans fausse hon-

te, qu'aucun de ses enfants ne parle le français; il espère seulement que le contact avec leurs compagnons de Québec leur permettra très rapidement de posséder cette langue qui est la sienne.

Le récital que M. Claude Lagacé devait donner dimanche soir prochain à la Basilique, après les vêpres, est reporté à dimanche soir, 8 octobre.

Le Soleil, le 22 septembre 1961

RÉCITAL d'ORGUE

Sous le distingué patronage de

Monseigneur ALPHONSE GAGNON, P. D.

curé de Notre-Dame de Québec

présenté par

Claude Lagacé

titulaire des grandes orgues de la
Basilique-Cathédrale de Québec

*dimanche le huit octobre à huit heures et quinze
à la Basilique.*

ENTRÉE LIBRE

PROGRAMME

Prélude, fugue et chaconne .... BUXTEHUDE

De mon Dieu je ne me détournerai jamais .... BUXTEHUDE

Messe solennelle à l'usage des paroisses: François COUPERIN
Et in terra pax
Benedictus

Quatre chorals .... J. S. BACH
Où pourrais-je m'enfuir
Les temps anciens sont révolus
Jésus l'objet de tous mes désirs
En Toi est la joie

Prélude, fugue et variation .... C. FRANCK

La Transfiguration .... Dom Paul BENOIT
organiste de l'Abbaye de Clervaux

Pièce dans le mode de ré .... Jean LANGLAIS
organiste à Ste-Clothilde

Grand choeur dialogué .... E. GIGOUT

1961

Récital inaugural de Claude Lagacé à la Basilique de Québec,
le 8 octobre 1961

M. Claude Lagacé a donné un concert d'orgue fastueux

QUÉBEC. (M. B.) — Un concert d'orgue semble une aventure austère faits pour quelques rares organistes ou des musiciens de général. Mais à entendre Claude Lagacé, dimanche soir, à la basilique, chacun se sentait sinon un mélomane, du moins un auditeur heureux. Ce fut un concert magnifique. On aurait dit que le successeur de M. Henri Gagnon rêvait a son ancien maître devant un public attentif.

Comme programme, M. Lagacé avait choisi une sorte de panorama de la musique d'orgue à travers les siècles. De Buxtehude à Gigout, nous avons parcouru les écoles à la suite de Claude Lagacé.

Il a ouvert son concert avec deux oeuvres de Buxtehude où douceur et esprit religieux se mêlaient agréablement. C'était très beau. M. Lagacé a ensuite interprété des extraits d'une messe solennelle de Couperin: "Et in Terra Pax" et le "Benedictus". On retrouve la un contraste de puissance et de fines modulations. Venaient ensuite quatre chorals de Bach dont "Jésus l'objet de tous mes désirs" que tout le monde connait et qui est extrêmement mélodieux. M. Lagacé en a donne une interprétation personnelle très agréable.

Là ou peut-être M. Lagacé s'est surpassé, c'est dans "Prélude, Fugue et Variation" de César Franck. Le "Musicien de Dieu" a écrit des pièces semblant venir d'un autre monde.

Les orgues de la basilique à ce moment ont déployé toute la sonorité dont elles sont capables, sous les doigts d'un artiste.

M. Lagacé a terminé son concert avec des oeuvres de Dom Paul Benoit, de l'abbaye de Clervaux, de Jean Langlais, organiste à Ste-Clothilde et de Gigout. Musique plus moderne, plus étonnante, mais le nouvel organiste de la basilique ne refuse pas la musique des auteurs contemporains.

La Presse, le 10 octobre 1961

Claude Lagacé, artiste qui continuera la tradition

Le nouvel organiste de la basilique Notre-Dame de Québec, M. Claude Lagacé, possède sûrement les qualités qui assurent pour la paroisse la continuité d'une tradition: celle de très bons titulaires de ses grandes orgues.

Claude Lagacé n'est pas ce qu'on appelle un organiste de grandes tournées et dans cette optique, il peut être compréhensible que le programme donné hier soir ait été plutôt sobre, sans prétentions.

Sans prétentions, soit, sauf Couperin, Franck et Langlais qui ont trouvé en Claude Lagacé, un interprète sensible, vivant, dont le jeu est étonnemment liturgique, en même temps. Si les chorales de Bach, sauf "Où pourrais-je m'enfuir" et "Les temps anciens sont révolus" n'ont pas tout à fait rencontré la conception que l'on se fait ordinairement du contexte dans lequel ces courtes oeuvres doivent être données, il reste que la facture du programme, dans son ensemble, se prêtait fort bien, pour un organiste a une entrée en matière auprès de son auditoire, un auditoire intéressé.

Relevons, notamment, Prélude, fugue et Chaconne, ainsi que "De mon Dieu, je ne m'éloignerai jamais", de Buxtehude. "La Transfiguration", de Dom Paul Benoit", "Pièce dans le mode de ré", de Jean Langlais, "Prélude, fugue et variation", de Franck et "Grand choeur dialogué", de Gigout.

L'arrivee à Québec et l'installation très récente de M. Lagacé aux orgues de la Basilique ont constitué pour lui autant de préoccupation; ainsi il est plausible qu'une certaine nervosité ait marqué quelques-unes des pièces au programme, ce programme lui-même n'ayant pas la profondeur ou la recherche désirée.

Seulement nous souhaitons véritablement que la paroisse Notre-Dame nous permette dans un avenir prochain de réentendre le nouveau titulaire qui possède une qualité très spéciale: le souci de la recherche, et d'un savant agencement des jeux, aux claviers de l'instrument, ce qui a pour résultat l'audition d'oeuvres jouées dans l'esprit qui a probablement présidé à leur création.

L. Q.

Le Soleil, le 9 octobre 1961

L'arrivée de Claude en 1961 est providentielle. La liturgie préconciliaire correspond à sa formation de grégorianniste chevronné. Il devient bientôt titulaire à l'Université Laval et au Grand Séminaire d'un cours consacré à ce riche répertoire millénaire. La contribution du chœur de la cathédrale suscite des perspectives intéressantes pour enrichir l'action liturgique. D'autant plus que Claude a un sens aigu de son rôle d'organiste. À l'instar de son maître Henri Gagnon, il privilégie ses fonctions d'organiste d'église et de pédagogue qui occupent tout son temps. Consciencieux, méticuleux, d'une concentration rare, il impressionne fortement le clergé et ses collègues musiciens dès les premiers offices qu'il joue. Son jeu toujours impeccable rejoint les fidèles de la cathédrale. Le successeur d'Henri Gagnon se révèle digne de son poste.

Claude Lagacé aux grandes orgues de la basilique de Québec, 1965

UNE SUCCESSION PEU FACILE !

Ce n'est pas une succession facile ! Henri Gagnon a consacré sa vie d'organiste à une liturgie sans faille. Sa participation est considérée comme exceptionnelle. Il a su intégrer avec bonheur tous les aspects de l'acte sacré.

Heureusement, d'abord formé par son maître, fort de l'expérience acquise aux États-Unis et donc très bien préparé, Claude adopte avec aisance les claviers du grand Casavant.

Il lui faut quand même besogner inlassablement, ce qu'il fait avec enthousiasme. La quantité d'offices et de répétitions hebdomadaires est impressionnante : trois messes le dimanche, une le samedi soir; mariages, obsèques, fêtes liturgiques et occasions spéciales. À Noël, trois messes le 24 décembre, une le 25. Pendant la Semaine sainte, longs

Claude Lagacé aux grandes orgues de la basilique de Québec, 1965

offices : dimanche des Rameaux, Messe chrismale le mercredi, Messe de la Cène le jeudi, Veillée pascale le samedi et messes du dimanche de Pâques. En outre, la célébration habituellement télédiffusée des obsèques de hauts dignitaires du clergé tels que le cardinal Maurice Roy, du milieu politique tels que Jean Lesage ou René Lévesque, et de personnalités marquantes telles que le violoniste Arthur LeBlanc fait bien sûr appel à l'orgue, mais aussi au chœur, à des solistes, voire à un orchestre. Idem pour les fêtes nationales du Québec et du Canada, ou pour l'anniversaire de la fondation de la ville. Pendant le Carême, les Conférences de la cathédrale, précédées d'un récital d'orgue, s'ajoutent à cette liste de tâches : Claude lui-même ou ses invités sont alors aux claviers. Au travail du répertoire d'orgue s'ajoute chaque semaine un nombre incalculable d'heures consacrées à une préparation minutieuse. Mais cet artiste passionné possède toutes les qualités requises et ne recule jamais devant l'effort. Il a là un terrain fertile pour faire fleurir sa carrière au Canada.

En effet, son répertoire continue de s'enrichir rapidement. Tout au

5,000 WATTS   **CHRC**   FONDÉ EN 1926

QUÉBEC, CANADA

LES RÉCITALS DU MARDI

24 juillet 1962

Claude Lagacé

Titulaire des orgues de la Basilique

Programme

Adagio (2e Sonate)	Mendelssohn
Apparition de l'Eglise Eternelle	Messiaen
Toccate et Fugue en ré mineur	Bach
Pastorale	Franck
Grand choeur sur le ton solennel	Guy Weitz

Ce concert sera rediffusé ce soir

à 8.00 hres pm. sur les ondes

de C H R C.

80 à votre cadran

Les récitals du mardi, CHRC, le 24 juillet 1962

long de sa carrière, il y ajoutera plusieurs œuvres majeures, ainsi que la découverte d'œuvres méconnues du public résultant de sa grande curiosité naturelle. Sa connaissance du chant grégorien est solide. Son sens de l'accompagnement est déjà très affirmé. Que faut-il de plus pour amorcer une carrière prometteuse, apporter à la cathédrale une contribution irréprochable et répondre aux attentes du clergé ?

La liturgie de la basilique-cathédrale et le nombre important de célébrants ayant chacun ses habitudes renforcent les exigences de l'office divin. Et puis, dans le cadre de la messe, il faut savoir et pouvoir improviser, ce que Claude Lagacé fait avec aisance et habileté.

Claude travaille avec deux maîtres de chapelle : d'abord le chanoine Georges Marchand qui dirige également la Maîtrise du chapitre de Québec depuis 1954, puis Jean-Claude Picard et, dès 1976, Richard Bernier.

Né à Plessisville en 1910, Georges Marchand fait ses études classiques au Collège de Lévis où il a pour professeur de piano l'abbé Alphonse Tardif. Il entre ensuite au Grand Séminaire pour des études de théologie. En 1935, il est élevé à la prêtrise. Il est nommé membre du Chapitre de Québec et directeur de la maîtrise dudit Chapitre en 1954. Il est également clarinettiste. Décédé le 19 octobre 1993, ses funérailles sont célébrées à la basilique de Québec deux jours plus tard.

Témoignage de Richard Bernier[16]

Bien avant son arrivée à la basilique de Québec, nous connaissions monsieur Claude Lagacé. Élèves au Collège Saint-Louis d'Edmundston, nous avions comme professeur d'histoire le titulaire de l'orgue de la cathédrale d'Edmundston. Son salaire d'organiste ne suffisant pas, il enseignait au Collège. Monsieur Louis-Joseph Lachance, dans ses digressions, nous parlait avec admiration de son ami du Petit Séminaire de Québec, élève d'orgue lui aussi, en poste à Toledo (Ohio). Ses mots : « Un grand organiste ». Un bon jour il nous annonce avec joie et fierté que son ami devenait organiste titulaire de la basilique de Québec. Avant même qu'il soit reconnu à Québec, nous connaissions monsieur Lagacé. « Quel organiste ! À la basilique de Québec ! »

---

16 FQAO, *Mixtures,* numéro spécial consacré à Claude Lagacé à l'occasion de ses cent ans, p. 10-11, tiré-à-part n° 5, avril 2017.

Troisième saison de la Société des Amis de l'Orgue

Samedi 12 oct. 1968

Récital de Claude Lagacé

Des débuts modestes quant aux frais d'administration mais impressionnants quant à la qualité des concerts: voilà l'impression très nette qui se dégage de l'analyse des deux premières saisons artistiques offertes par la Société des Amis de l'Orgue de Québec.

Une rétrospective de nos activités nous permet vite de nous en rendre compte : quatre organistes de Québec : Jean-Marie Bussière, Claude Lavoie, Paul-Emile Talbot et Antoine Bouchard; deux organistes de Montréal; Raymond Daveluy et Bernard Lagacé; un organiste de Détroit, Michigan: Robert Noehren; un organiste belge: Kamiel d'Hooghe; deux organistes français : Michel Chapuis et Antoine Reboulot; enfin, l'organiste suisse: Lionel Rogg qui donnait en mai 1966 le concert-fondation de notre Société. Et nous ne sommes pas prêts d'oublier les improvisations que nous ont servies Reboulot, Daveluy et Chapuis.

La saison qui va bientôt débuter promet de ne le céder en rien à l'excellence des deux précédentes: les cinq concerts à l'affiche le disent assez :

Claude Lagacé, Québec : mardi, 15 octobre;

Anton Heiller, Autriche : vendredi, 15 novembre;

Sylvain Doyon, Québec : février (date à venir);

Gaston Arel, Montréal : mars (date à venir);

E. Power Biggs, Etats-Unis : mercredi, 16 avril.

Une autre activité déjà promise va prendre forme cette année dans des visites commentées d'instruments. Nous voulons vous présenter trois types d'orgue qu'une renommée justifiée a consacrés dans le monde: L'orgue classique à traction mécanique, les orgues romantique et néo-classique à traction électrique. Des invitations spéciales vous seront adressées; et votre carte de Membre des Amis de l'Orgue de Québec vous permettra d'y assister à titre gratuit.

Vos commentaires relatifs aussi bien aux concerts de la présente saison qu'aux visites commentées d'instruments seront accueillis avec joie et même publiés avec votre permission.

Venez donc applaudir Claude Lagacé à la Basilique Notre-Dame de Québec lors du concert d'inauguration de notre saison 68-69: vous aurez posé un autre geste qui augmente la vitalité de la Société des Amis de l'Orgue de Québec.

Mathias Pelletier, ptre. Secrétaire général.

BIOGRAPHIE

Claude Lagacé est né à Sorel en 1917. Il fut élève d'Henri Gagnon et de Germaine Malépart pour le piano; puis il étudia l'orgue avec Henri Gagnon et Clarence Watters (de Hartford, Conn.), virtuose américain bien connu du public québécois.

Pendant son long séjour aux Etats-Unis, Claude Lagacé fut pendant sept ans organiste et maitre-de-chapelle à la Cathédrale de Toledo (Ohio), et professeur de chant sacré à l'Institut grégorien d'Amérique.

Titulaire des orgues de la Basilique-Cathédrale de Québec depuis 1961, il est aussi attaché à l'Ecole de Musique de l'Université Laval en qualité de professeur d'orgue, de chant sacré et de culture vocale.

M. Lagacé est gachelier ès-art, bachelier en musique et en philosophie de l'Université Laval. Il détient le certificat d'études de l'Institut grégorien de Paris, ainsi que le titre "Associate" de l'American Guild of Organists. Aux Etats-Unis, il a donné de nombreux récitals d'orgue, et depuis son retour au Canada il juge annuellement des festivals de musique au Nouveau-Brunswick. Enfin, cet été, durant les mois de juillet et d'août, Claude Lagacé a fait un séjour d'études à Paris, avec le célèbre maitre français Gaston Litaize.

PROGRAMME

Offertoire "Vive le Roy"..........................André Raison
Sonate en Ré mineur.........................Jean-Sébastien Bach
  Andante
  Adagio e dolce
  Vivace
Trois Chorals.........................Jean-Sébastien Bach
  "O homme, pleure sur tes lourds péchés"
  "Demeure avec nous, ô Christ Jésus"
  "Mon âme glorifie le Seigneur"
Prélude et Fugue en Ré majeur..............Jean-Sébastien Bach

PAUSE

Variations sur le "Lucis Creator".........................Jehan Alain
Cathédrales.........................Louis Vierne
Ave Maris Stella.........................Marcel Dupré
Paraphrase sur le "Te Deum".........................Jean Langlais
Pastorale.........................César Franck
Choral en La mineur.........................César Franck

Annonce du récital de Claude Lagacé, AOQ, *Le Soleil*, le 12 octobre 1968

La Société des Amis de l'Orgue de Québec

a l'honneur de vous présenter

Claude LAGACÉ

Organiste à la Basilique Notre-Dame de Québec
Professeur à l'Ecole de Musique de l'Université Laval

Aux Grandes Orgues de la basilique-cathédrale

Notre-Dame de Québec

LE MARDI 15 OCTOBRE 1968 À 20 h 30

Billets à l'entrée de l'église. Adultes: $2.00
Etudiants: $1.00

Programme du récital de Claude Lagacé, le 15 octobre 1968

CLAUDE LAGACÉ

Claude Lagacé est né à Sorel en 1917. Il fut élève d'Henri Gagnon et de Germaine Malépart pour le piano; puis il étudia l'orgue avec Henri Gagnon et Clarence Watters (de Hartford, Conn.), virtuose américain bien connu du public québécois.

Pendant son long séjour aux Etats-Unis, Claude Lagacé fut pendant sept ans organiste et maître-de-chapelle à la Cathédrale de Toledo (Ohio), et professeur de chant sacré à l'Institut grégorien d'Amérique.

Titulaire des orgues de la basilique-cathédrale de Québec depuis 1961, il est aussi attaché à l'Ecole de Musique de l'Université Laval en qualité de professeur d'orgue, de chant sacré et de culture vocale.

M. Lagacé est bachelier ès-art, bachelier en musique et en philosophie de l'Université Laval. Il détient le certificat d'études de l'Institut grétorien de Paris, ainsi que le titre ''Associate'' de l'American Guild of Organists. Aux Etats-Unis il a donné de nombreux récitals d'orgue, et depuis son retour au Canada il juge annuellement des festivals de musique au Nouveau-Brunswick. Enfin, cet été, durant les mois de juillet et d'août, Claude Lagacé a fait un séjour d'études à Paris, avec le célèbre maître français Gaston Litaize.

QUELQUES TÉMOIGNAGES

''Contrast and coloring were used with artistry and economy, and the refined, crisp style of Mr Lagacé's playing was always in evidence''.

The Providence Visitor (Normand Leboeuf).

''Throughout this recital Mr Lagacé proved himself an artist of no mean accomplishment''.

The Toledo Times (Frederick Konntz).

'' . . . une technique bien assise, un jeu clair, expressif''.

Le Journal de Montréal (Eugène Lapierre).

PROGRAMME

Offertoire "Vive le Roy".	André RAISON
Sonate en ré mineur.	Jean-Sébastien BACH
Andante	
Adagio e dolce	
Vivace	
Trois Chorals.	Jean-Sébastien BACH
"O homme, pleure sur tes lourds péchés"	
"Demeure avec nous, ô Christ Jésus"	
"Mon âme glorifie le Seigneur"	
Prélude et Fugue en Ré majeur.	Jean-Sébastien BACH

PAUSE

Variations sur le "Lucis Creator".	Jehan ALAIN
Cathédrales.	Louis VIERNE
Ave Maris Stella.	Marcel DUPRÉ
Paraphrase sur le "Te Deum".	Jean LANGLAIS
Pastorale.	César FRANCK
Choral en la mineur.	César FRANCK

Programme du récital de Claude Lagacé, le 15 octobre 1968

Puis au printemps 1964, le *Festival de musique d'Edmundston* l'invita comme juge. Admiration générale des professeurs et des parents. De passage au Collège en même temps pour signer mon premier contrat d'enseignant, j'ai rencontré monsieur Lagacé en compagnie de mon ancien professeur et nous avons beaucoup discuté. Il a même accepté de me ramener à Québec le lendemain dans sa Rambler. Mon année universitaire n'était pas terminée. Tout le voyage se passa comme un cours de musicologie, d'histoire et quoi encore. Je rencontrais un humaniste, un érudit, un artiste. Je pensais aux grands de la Renaissance. Sérieux et drôle à la fois. Inoubliable.

Sérieux et drôle à la fois

Quelques mois plus tard, nous nous rencontrons devant un présentoir de disques; je venais de découvrir la musique française du XVIIᵉ siècle. Mon achat : les *Lamentations sur la mort de la Reine Marie-Thérèse* (épouse de Louis XIV).

— Connaissez-vous l'œuvre ? Ce doit être très beau ?

— Oui, tout à fait. Mais le compositeur Marc-Antoine Charpentier fut probablement le seul à pleurer sa mort; en tout cas, pas Louis XIV.

Sérieux, mais pince-sans-rire, ce monsieur Lagacé.

En avril 1973, je deviens membre du chœur d'hommes qui se joignait à la Maîtrise du chapitre pour toutes les grandes cérémonies. Nous nous retrouvons alors; et notre collaboration devint de plus en plus étroite quand je fus nommé maître de chapelle en 1976.

Sérieux, mais pas guindé, il se joignait à nous dans des rencontres de détente. Par exemple au presbytère dans de petites réceptions pour souligner la générosité des laïcs qui se dévouaient à la basilique. Monsieur Lagacé parlait à tous, blaguait, accompagnait des chants de Noël sans critiquer le piano qui aurait mérité un travail de remise en état. Bien des instrumentistes auraient levé le nez sur un tel instrument, pas notre monsieur Lagacé qui tenait à faire plaisir aux gens qui l'entouraient. Il se joignait aussi à nous aux petites fêtes que j'organisais l'été dans ma propriété pour le chœur des hommes : souper, vins en plein air et musique dans la maison; il faisait résonner le piano avec grand plaisir et nous égayait avec des anecdotes.

Un intellectuel de grande qualité. En le côtoyant, nous avons l'impression qu'il sait tout, car il disserte avec aplomb sur tous les sujets

1760 b. Décarie app 25
Ville saint-Laurent
Montréal 9.

Jeudi soir, 17 octobre

Mon cher Claude,

Je m'empresse de te dire tout
le plaisir; le grand bonheur, que vous
m'avez causé en me recevant avec autant
de chaleur et de sincerité. J'en demeure
très touché et je vous en remercie de tout
coeur — Tu as une femme charmante et
des enfants adorables — Toi tu es grand
artiste; tu nous l'as prouvé mardi
soir. Je t'en félicite encore une fois.
Jacqueline et Mathilde aimeraient bien
avoir un des articles des journaux qui
ont, sans aucun doute, délégués un de leurs
"reporter" a un si beau concert d'orgue —
Tant qu'à moi je m'en tiens à mon appré-
-ciation et cela me suffit.
Excuse tout cela jeté à la hâte — J'embrasse
toute ta famille, et je te la serre bien
chaleureusement — Ton oncle Albert

Lettre d'Albert Chamberland à Claude, le 17 octobre 1968

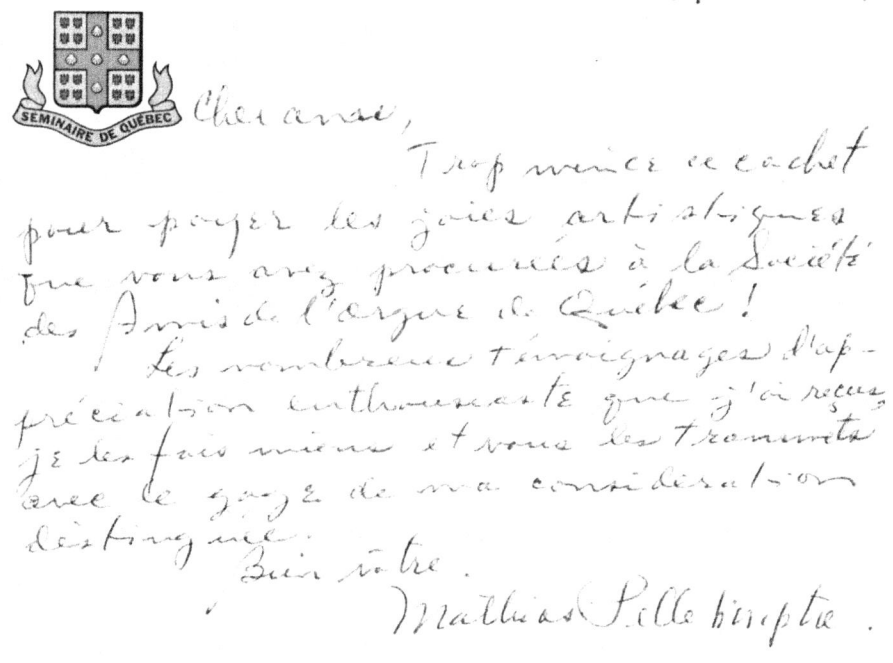

19-10-68

Cher ami,

Trop mince ce cachet pour payer les joies artistiques que vous avez procurées à la Société des Amis de l'Orgue de Québec !

Les nombreux témoignages d'appréciation enthousiaste que j'ai reçus je les fais miens et vous les transmets avec le gage de ma considération distinguée.

Bien vôtre.

Mathias Pelletier

Lettres de Mathias Pelletier, octobre 1968

que nous abordons. Écrivain agréable à lire; sa chronique de voyage intitulée *De Bach à Bangkok*, ses réflexions et portraits de musiciens, *Musique et Musiciens*, nous instruisent et nous charment à la fois. En plus, passionné pour la langue française, langue de chez nous qui mérite un meilleur traitement, mais sans maniérisme, il a publié *J'écoute parler nos gens*. C'est une réflexion sur l'utilisation de formules linguistiques incorrectes, d'anglicismes, un véritable plaidoyer pour nous inciter à soigner notre discours. Texte très convaincant qui pourrait convaincre tous les francophones de chez nous. Et quel style alerte, quels traits d'humour!

Finalement, l'organiste titulaire.

Ma collaboration avec monsieur Lagacé m'a permis de découvrir un organiste qui connaît très profondément la tradition de la basilique. Dès son jeune âge, étudiant au Petit Séminaire de Québec, puis élève de l'organiste titulaire, M. Henri Gagnon, il a participé aux cérémonies de la cathédrale. Il possède une connaissance profonde de la vie et

CALGARY SOCIETY OF ORGANISTS

Cecilian Organ Concerts

Organ Martini Church, Bolsward, Holland

SEASON

1977-1978

Season Tickets		Individual Tickets	
Adults	$17.00	Adults	$3.00
Students/Sr. C.	10.00	Students/Sr. C.	$1.75
(good for two persons)			

Récital, Calgary Society of Organists, le 20 janvier 1978

Born in Sorel, Québec, CLAUDE LAGACÉ studied organ with Henri Gagnon. After obtaining his B.Mus. degree from Laval University, he studied with the distinguished American organist Clarence Watters. In addition, he furthered his studies at the Hartford School of Music. After holding the position of organist and choirmaster of the Roman Catholic Cathedral in Toledo, Ohio, for seven years, he returned to Québec City in 1961. M. Lagacé is now titular organist of the Cathedral (la Basilique) in Québec City; he is also Professor of organ, Gregorian chant and voice training at Laval University. He is an acknowledged authority of both Gregorian chant and sixteenth-century polyphony. M. Lagacé has frequently performed for the CBC, and has concertized throughout North America.

CLAUDE LAGACÉ
Friday, January 20, 1978 — 8:30 P.M.
Grace Presbyterian Church
9th Street & 15th Avenue S.W.

PROGRAM:

1. Prelude and Fugue in G minor, No. 14 (Kalmus) . . . . Dietrich Buxtehude
   (1637-1707)

2. Echo Fantasia in A . . . . Jan P. Sweelinck
   (1562-1621)

3. Fantasia in G, BWV 572 . . . . J.S. Bach
   (1685-1750)

4. Four chorale preludes: . . . . J.S. Bach
   (a) Schmücke dich, BWV 654
   (b) Von Gott will ich nicht lassen, BWV 658
   (c) Ach bleib bei uns, BWV 649
   (d) Wo soll ich fliehen hin, BWV 646

INTERMISSION

5. (a) Prelude (1ère Symphonie) . . . . Louis Vierne
   (b) Allegro Vivace (1ère Symphonie)   (1870-1937)

6. Pièce Héroïque . . . . César Franck
   (1822-1890)

7. Choral Varié sur le "Veni Creator" . . . . Maurice Duruflé
   (1902-   )

8. Te Deum . . . . Jean Langlais
   (1907-   )

Le Soleil, Yvon Maneron

Aux premiers rangs, une femme dont la vie fut l'impossible défi de chercher à comprendre l'âme d'un artiste, Mme Gertrude Gravel, et trois enfants, Sylvie, Louise et André, qui n'ont pratiquement pas connu leur père génial.

Dernier hommage rendu au violoniste Arthur LeBlanc

◆ **Mieux peut-être que tout autre artiste, le violoniste Arthur LeBlanc fut un lien entre l'humain et le divin.**

par J.-Claude RIVARD

Ces mots du chanoine Jean-Charles Racine ont ajouté, hier après-midi, à l'émotion du dernier adieu que le Québec et l'Acadie ont adressé à l'une de leurs gloires nationales.

La chapelle du petit Séminaire de Québec, alma mater de l'artiste, pleine à craquer de musiciens, d'artistes, de parents et d'amis, le curé Racine a clairement mis en relief que les extases de l'artiste, à la recherche du beau et de la perfection, ont été une porte ouverte pour les mélomanes sur le monde du divin. L'abbé Racine n'a pas manqué de faire allusion au mysticisme avec lequel LeBlanc a vécu quarante ans de maladie cyclique, quarante ans de souffrances qui ont précédé son entrée dans l'autre monde, mardi après-midi.

L'émotion a atteint son comble alors que le violoniste Edwin Bélanger, accompagné à l'orgue par Claude Lagacé, a interprété cet "Ave Maria" de Schubert que LeBlanc aimait jouer, à la manière d'une prière que l'on récite. "Il n'est pas facile de jouer aussi bien qu'Arthur; j'ai simplement essayé", devait-il commenter à sa sortie de l'église.

Dans l'assistance se trouvaient des personnalités de marque dont le ministre des Affaires culturelles, Clément Richard, lui-même d'origine acadienne. C'est lui qui a annoncé aux familles LeBlanc et Gravel, à sa sortie du temple, qu'un édifice public immortaliserait bientôt à Québec la mémoire du disparu. Le maire Jean Pelletier avait été parmi les premiers à se rendre tendre la main à l'épouse du défunt, dame Gertrude Gravel, de même qu'à ses trois enfants.

Funérailles d'Arthur LeBlanc à la basilique, *Le Soleil*, le 29 mars 1985

du répertoire liturgiques : chant, œuvres pour orgue. Il est un maître dans l'accompagnement improvisé de chants liturgiques à cause de sa profonde connaissance de l'harmonie.

Il a traversé la période difficile du Concile Vatican II et n'a pas glissé sur la pente de la facilité comme tant de responsables de la liturgie. Sa formation solide, ses convictions et sa grande culture l'ont protégé contre la poussée de la mode populaire qui sévissait alors. Il a toujours montré une sensibilité profonde pour la solennité et la dignité dans les cérémonies; on le constatait par le choix du répertoire d'orgue et par sa façon d'accompagner le chant ou les instruments solistes, présents surtout à certains mariages et parfois aux funérailles.

Il a marqué la vie musicale à la basilique-cathédrale Notre-Dame-de-Québec durant 32 ans. »

Témoignage de Jean-Claude Picard, maître de chapelle, basilique de Québec

À la mort d'Henri Gagnon qui avait été l'organiste titulaire à la basilique de Québec durant 46 ans, nous étions tous curieux de connaître son successeur. À la surprise générale, on nous annonça qu'un certain Claude Lagacé avait été nommé. Les attentes étaient grandes, car assumer la succession d'Henri Gagnon n'était pas une mince tâche; ce que nous ne savions pas, c'était que Claude Lagacé avait été son élève. Je vais laisser aux spécialistes de l'orgue le soin de commenter son jeu, ses choix de répertoire et de registration car ce n'est pas ma spécialité. Je vais plutôt me concentrer sur l'homme, le professeur, et plus tard, le collègue que j'ai connu alors que j'étais devenu maître de chapelle à la basilique Notre-Dame de Québec, après mes études de premier cycle et de deuxième cycle en chant, direction chorale et tout jeune professeur de chant et de didactique à l'Université Laval.

Quelle joie de côtoyer Claude Lagacé! Homme de grande culture, pince-sans-rire et amoureux fou de musique; nous avons eu l'occasion de collaborer d'abord chaque dimanche à la grand-messe de 9 h 30, puis au Comité de direction de l'École de musique de l'Université Laval alors que je représentais les étudiants-à ce comité. M. Lagacé m'avait d'ailleurs affublé du titre « d'élément de gauche » à cause de mes prises de position parfois, disons, plutôt radicales. Mais cette petite anecdote

Le Chœur des hommes de la cathédrale dirigé par Jean-Claude Picard

ne peut obscurcir ces années de collaboration tant au sein de la section de Québec de la Fédération des Associations de Musiciens Éducateurs du Québec (FAMEQ) que dans d'autres contextes : mise sur pied de divers cours à l'intention de futurs enseignants, participation à divers congrès de la Music Educators National Conference (MENC) aux États-Unis ainsi qu'à plusieurs comités, sans parler de nos 15 années de collaboration à la basilique Notre-Dame de Québec précédant mon départ de Québec pour assumer la Direction générale des Jeunesses Musicales du Canada en 1976. Je me souviens encore de ses cours de chant grégorien et de ses exemples donnés avec sa voix si agréable de ténor léger, ainsi que de son rôle actif dans la gestion de l'École de musique comme directeur adjoint.

Je garde de M. Lagacé le souvenir d'un homme engagé, préoccupé par l'avenir de l'enseignement de la musique, d'un organiste au talent remarquable, d'un pédagogue aux connaissances des plus étendues et surtout d'un collègue avec lequel j'ai partagé une amitié et une relation aussi cordiales que sincères.

Jean-Claude Picard

La Maîtrise du chapitre de Québec

La Maîtrise Notre-Dame est fondée en 1915. Plusieurs chefs de chœur s'y succèdent avant l'arrivée du chanoine Georges Marchand en 1954. Pour souligner le cinquantenaire de cette formation — dont le nom évoluera au fil de son histoire — un concert qui sera gravé sur disque est donné à la basilique le 13 avril 1965, sous la direction du

Chanoine Georges Marchand

La Maîtrise du chapitre de Québec à la cathédrale, 1965
Photo : Maîtrise du Chapitre de Québec, 1965

chanoine Marchand, avec Claude à l'orgue. Une messe pontificale est également célébrée pour cette occasion et, le 6 juin, le dîner du cinquantenaire a lieu au Château Frontenac. À cette époque, la Maîtrise compte une cinquantaine d'enfants, répartis en deux classes, qui reçoivent leur formation à la fois scolaire et musicale dans les locaux sis 7, rue Stanislas, non loin de la basilique. Déjà affiliée à la Fédération Internationale des « Pueri Cantores », elle se produit régulièrement à la radio et à la télévision, ainsi qu'avec l'Orchestre symphonique de Québec. Abandonnée par le Chapitre en 1981, elle sera reprise par la Commission des écoles catholiques de Québec et deviendra la Maîtrise des Petits Chanteurs de Québec.

Concert sacré de haute qualité par la Maîtrise du Chapitre de Québec

Par Jacques DUMAIS

Un concert sacré de premier choix fut donné hier soir par la Maîtrise du Chapitre de Québec en la Basilique Notre-Dame de Québec. On célébra ainsi le 50e anniversaire de ce groupement.

Sous la direction de M. l'abbé Georges Marchand, les jeunes voix en particulier donnaient cette sensation de fraîcheur et de pureté qui cadrait on ne peut mieux dans le contexte de la musique non profane.

Les grandes orgues dont le titulaire n'était nul autre que Claude Lagacé retentirent à merveille, ce qui eut l'heur de plaire aux nombreux parents venus entendre leurs fistons s'exécuter.

Cependant on aurait apprécié grandement utiliser un autre sens que l'ouïe durant ce concert. Les chanteurs étant juchés dans le jubé, la foule devait, pour apercevoir ne fût-ce qu'un instant leurs physionomies, se retourner avec tout le cérémonial que cela occasionne. Il me semble qu'il aurait été possible pour les organisateurs de cette soirée de « loger » les artistes dans le chœur plutôt qu'à l'arrière de l'église. On a voulu faire quelque chose de grand, mais on aurait réussi davantage en ce faisant.

Le choix des pièces au programme était des plus variés. Avec l'œuvre de L. Guittard, « Tu es Petrus », la Maîtrise de Québec débuta sur une note émouvante et simple à la fois. Successivement, ce furent « Pueri Hebraeorum » de A. Brunelli et « O Jesu Christe » dont le compositeur est Van Berchem.

Par la suite, les basses et les hautes se complétèrent de façon remarquable dans « Exultate Justi » de Da Viadana, une œuvre pétillante, pleine d'espoir et teintée d'une explosion de joie et d'allégresse envers le Seigneur.

Dans l' « Immaculata Conceptio » du compositeur Van Naffel, l'auditoire put entendre pour la seule fois d'ailleurs la pureté d'une voix de jeune soliste : on aurait aimé entendre plus souvent un solo d'enfant durant ce concert.

Par la suite, ce fut « Premier Choral » de César Franck, une œuvre qui fut jouée avec brio par l'organiste Claude Lagacé.

Avec la participation de trois voix d'enfants, « Les Litanies à la Vierge Noire » de Poulenc s'avérèrent l'interprétation la plus réussie. La subtilité de l'œuvre et la qualité des voix rendirent cette pièce sublime.

Les autres pièces au programme furent « Ave Verum » de J. de Smet, qui fut directeur de la Maîtrise pendant 14 ans. « Magnifiez avec moi le Seigneur » de L. Deiss et « Glorifie le Seigneur, Jérusalem » de C. Geoffroy, la forme musicale de cette dernière œuvre étant la même que pour la première avec cette nuance que les versets dans la seconde sont plus développés.

Enfin, pour terminer en beauté, la Maîtrise du Chapitre de Québec entonna le « Tu Rex Gloriae, Christe » de H. Potiron.

Les 50 ans de la Maîtrise, *Le Soleil*, le 14 avril 1965

L'orgue de tribune, basilique de Québec. Photo : Fonds Daniel Abel

LES TROIS ORGUES DE LA CATHÉDRALE[17]

Le grand orgue : des débuts palpitants et périlleux

En 1657, la cathédrale est la première église de l'est de l'Amérique du Nord à se doter d'un orgue. Cet instrument est remplacé en 1663 par un autre que Mgr de Laval, premier évêque de Québec, rapporte de France. La cathédrale sera agrandie en 1744 et accueillera neuf ans plus tard un nouvel orgue, commandé au facteur parisien Robert Richard, qui sera détruit en 1759 avec la cathédrale, sous les bombes du Siège de la ville. Le devis en ayant été retrouvé à Paris, cet instrument a été reconstruit à l'identique (diapason 392, tempérament mésotonique pur, soufflets cunéiformes) par les facteurs Juget-Sinclair et installé en 2009 dans la Chapelle du Musée du Séminaire jouxtant la basilique. Véritable français du XVIIIe siècle, le « 1753 » a donné lieu jusqu'à maintenant à plus de cent récitals et autres événements. Revenons au XIXe siècle : En 1864, le facteur anglais Thomas Elliot installe un nouvel instrument, qui sera remanié et agrandi par Louis Mitchell, et enfin par Casavant Frères

---

17   Voir description plus détaillée :
     https ://www.musiqueorguequebec.ca/orgues/quebec/ndameq.html.

L'orgue de tribune (détails), basilique de Québec. Photo : Fonds Daniel Abel

en 1903, avant de disparaître dans le nouvel incendie de la basilique en 1922. L'édifice est reconstruit en 1927 et la maison Casavant Frères installe l'instrument actuel, conforme à l'esthétique de l'époque et conçu par le titulaire, Henri Gagnon. Avec Charles Marie Courboin, organiste d'origine belge titulaire à la cathédrale St. Patrick's de New York, Henri Gagnon donne le récital d'inauguration la même année.

Le premier organiste de la basilique fut, semble-t-il, l'explorateur Louis Jolliet (1645-1700)[18]. Au XIXᵉ siècle, Théodore-Frédéric Molt (1840-1849) et Antoine Dessane (1849-1860) précèdent la dynastie Gagnon.

Au décès d'Henri Gagnon le 17 mai 1961, Claude Lagacé devient titulaire du grand orgue. Il constate certaines faiblesses de l'instrument, notamment au niveau de l'harmonisation et de l'équilibre. Il convainc les autorités de la cathédrale de la nécessité d'un relevage. Il forme un comité composé entre autres d'Antoine Bouchard et d'Antoine Reboulot qui assureront avec lui l'orientation et la surveillance des travaux.

18   https://www.thecanadianencyclopedia.ca/fr/article/louis-jolliet.

La nef et l'orgue de tribune, basilique de Québec. Photo : Fonds Daniel Abel

Après un appel d'offres, cette restauration est confiée en 1974 au facteur d'orgues d'origine française, Bernard Cavelier, alors établi à Buffalo (Ohio). Il s'agit notamment d'un nettoyage et d'une réharmonisation de l'instrument qui gagne alors en clarté et brillance, et de l'ajout de certains jeux. Ce facteur d'orgues avait déjà réalisé deux autres restaurations importantes au Québec : Saint-Jean-Baptiste de Québec et Cap Saint-Ignace.

Monsieur Cavelier est arrivé aux États-Unis en 1963. Auparavant, après s'être initié au métier chez Muller en France, il avait fréquenté en 1957 la célèbre École de facture d'orgues de Ludwigsburg en Allemagne qui lui avait décerné le diplôme de maître facteur d'orgues. Aux États-Unis, avant de fonder sa propre entreprise, il travaille pour les maisons Aeolian Skinner à Boston, et Schlicker à Buffalo.

Au Québec, certains organistes se montrent insatisfaits des résultats du travail de Bernard Cavelier. Il réalise pourtant un travail d'envergure. Dans le *Bulletin des Amis de l'orgue*[19], Claude Beaudry (1941-2022) publie un article à la suite de l'inauguration de l'orgue : « Le résultat de cette transformation est vraiment étonnant et il est désormais possible

---

19   Claude Beaudry, « Restauration des grandes orgues de la Basilique de Québec », *Bulletin des Amis de l'orgue de Québec*, n° 25, novembre 1974.

Série de récitals d'inauguration de l'orgue de la basilique,
novembre-décembre 1974

d'écouter sur cet orgue, avec un égal bonheur, aussi bien un prélude et fugue de Bach, une suite de Clérambault, une symphonie, un choral de Vierne, un choral de Franck ou une œuvre de Messiaen. » Plus tard, en 2008, dans un article consacré à Claude Lagacé, Claude Beaudry et Louise Fortin-Bouchard expliqueront ce qui suit : « ... L'orgue de la basilique-cathédrale de Québec était un grand Casavant de 69 jeux sur quatre claviers, construit en 1927 dans le goût de l'époque, c'est-à-dire avec des fonds à forte pression, des "anches rondes", sans mordant, et des mixtures faiblardes. L'instrument manquait de clarté et avait un urgent besoin de restauration. Monsieur Lagacé parvint à convaincre les autorités du lieu d'entreprendre des travaux de restauration....[20]».

En 1974, un premier récital d'inauguration est donné par le célèbre organiste français André Marchal. Il est suivi d'un *Hommage à Henri Gagnon*[21] : concert donné dans le cadre des fêtes du Tricentenaire du Diocèse de Québec par deux des membres du Comité de restauration de l'instrument, Antoine Bouchard et Antoine Reboulot, ainsi que par Sylvain Doyon et, bien sûr, le titulaire Claude Lagacé. Ces récitals attirent une foule nombreuse d'organistes et de mélomanes.

Quelques années après la restauration de l'orgue, l'entretien de l'instrument est confié à un facteur québécois, en raison de la distance qui nous sépare de Buffalo.

En 1983, d'autres travaux s'imposent. Ils sont cette fois confiés à la maison Guilbault-Thérien. Claude Lagacé, une fois encore avec le concours d'Antoine Bouchard et d'Antoine Reboulot, assure l'orientation et la surveillance des travaux. La basilique subit d'importantes rénovations en parallèle et sera prête, en même temps que l'orgue, à recevoir la visite du pape Jean-Paul II en septembre 1984. Les travaux de l'orgue sont substantiels : recuirage complet, remise à neuf de la console et de la mécanique, réharmonisation, ajout de nouveaux jeux. Le grand orgue en compte désormais 70. Mais surtout, l'esthétique de l'instrument est remaniée pour permettre l'interprétation d'un répertoire beaucoup plus vaste.

Le jeune facteur Guy Thérien mourut prématurément à 50 ans. Organier de grand talent, Guy travaille d'abord comme apprenti chez Casavant frères de Saint-Hyacinthe. Il se joint ensuite à l'entreprise Orgue Providence qui deviendra quelques années plus tard Guilbault-Thérien. Guy travaille avec beaucoup de succès à la construction d'orgues mécaniques. En voici quelques exemples : Grand Séminaire de Montréal, cathédrale de la Pocatière, Grenville Christian College, Chapel of the Good Shepherd, Brockville (Ontario), Grace Church, White Plains (New York), chapelle du Sacré-Cœur de la basilique Notre-Dame de Montréal, St-Andrew's Presbyterian Church, Ottawa.

---

20 Louise Fortin et Claude Beaudry, « Hommage à Claude Lagacé », p. 7, *Mixtures,* n° 28, mai 2008.

21 *Hommage à Henri Gagnon.* Œuvres d'Antoine Bouchard, Marius Cayouette, Louis Couperin, L. Claude Daquin, Henri Gagnon, Antoine Reboulot et Louis Vierne. *Antoine Bouchard, Sylvain Doyon, Claude Lagacé et Antoine Reboulot, organistes.* ALPEC A-75008, 1974. 1 disque 33 rpm.

L'orgue du sanctuaire. Photo : Fonds Daniel Abel

En 2021 s'amorcent de nouveaux travaux, que la maison Casavant achève en 2022. Le devis de l'instrument ainsi remanié figure en annexe, à titre de comparaison avec les deux devis antérieurs (1927 et 1985).

L'orgue du sanctuaire[22]

Après l'incendie de 1922, cet instrument est le premier à réapparaître dans la basilique. Également conçu par le maître Henri Gagnon selon l'esthétique de l'époque, il comporte un grand nombre de jeux de fond. Il est installé dans le triforium, non loin du chœur. À l'époque, cet orgue sert à accompagner les élèves du Grand Séminaire qui chantent la messe du Chapitre tous les matins.

En 1959, cet orgue cesse d'être utilisé pour plusieurs raisons : Les étudiants du Grand Séminaire ne viennent plus chanter tous les matins à la basilique en raison de leur déménagement à Sainte-Foy dans le bâtiment aujourd'hui devenu le pavillon Casault de l'Université Laval,

---

22 https://www.musiqueorguequebec.ca/orgues/quebec/ndameq1.html.

lequel abrite entre autres la Faculté de musique. De plus, le système électrique de cet instrument est défectueux, et le renouveau liturgique de Vatican II change le déroulement des offices. Par ailleurs, la basilique fait longtemps l'objet de nombreux travaux prioritaires qui ne permettent pas d'envisager la restauration de cet instrument à moyen terme. Quant à la Maîtrise du chapitre, elle avait toujours chanté à partir de la tribune du grand orgue de la basilique.

En mars 2014, un contrat de restauration de cet instrument est accordé à Orgues Létourneau, de Saint-Hyacinthe. L'orgue restauré résonne pour la première fois en février 2015. Béni le 5 avril par le cardinal Gérald Cyprien Lacroix, archevêque de Québec, il est inauguré à la même occasion par l'organiste titulaire, Marc D'Anjou.

L'orgue de la chapelle Saint-Louis. Photo : Fonds Daniel Abel

L'orgue de la chapelle Saint-Louis

Cette magnifique chapelle, dédiée à Saint Louis — ancien roi de France et patron secondaire du diocèse de Québec —, est décorée par les architectes Tanguay et Chenevert.

Après l'incendie de 1922, elle est reconstruite selon le style Beaux-Arts de l'époque. Casavant frères installe l'orgue actuel utilisé pour les nombreux mariages célébrés dans cette chapelle. Nous voyons dans le buffet de cet orgue un rappel de la conception en nid d'hirondelle.

Tu es Petrus, Roger Matton, à l'occasion de la venue du pape à la basilique, *Le Soleil*, le 31 août 1984

Tu es Petrus de Roger Matton (1984)

À la liste des grandes cérémonies qui ont lieu dans la basilique, s'ajoute la venue du pape Jean-Paul II le 9 septembre 1984 à Québec. Claude Lagacé y crée alors *Tu es Petrus*, œuvre de Roger Matton commandée par un mécène, le docteur Michel Laporte, pour souligner à la fois la venue du pontife et la restauration de l'orgue. « Aussitôt entré dans la cathédrale, le pape se dirige vers le sanctuaire (le chœur) où il devait s'agenouiller sur un prie-dieu disposé au milieu du chœur, mais apercevant au même moment le cardinal Roy debout à la droite du chœur [...], le pape s'est dirigé aussitôt les bras ouverts vers le cardinal Roy et l'étreinte a duré plusieurs secondes[23]. C'est pendant ces moments intenses que Claude Lagacé exécutait à l'orgue pour la première fois la composition de Roger Matton, *Tu es Petrus*[24]. »

Né à Granby, le compositeur Roger Matton (1929-2004) a grandi dans un milieu musical, plusieurs membres de sa famille se produisant en public sous le nom d'« Orchestre Matton ». Après avoir commencé très jeune l'étude du piano, il s'inscrit au Conservatoire de musique

---

23 Le cardinal Roy était un ami du pape qu'il avait beaucoup côtoyé à Rome.

24 Notes de Mgr Armand Gagné, ancien archiviste de l'Archidiocèse.

162

de Montréal où il est formé par Claude Champagne (composition) et Arthur Letondal (piano). Pour assurer sa subsistance pendant ses études, Roger revient régulièrement à Granby pour travailler comme pianiste à la nouvelle station de radio, où on lui confie des émissions régulières.

En 1949, il fait un stage à Paris qui débouche sur des études plus poussées, notamment auprès de Nadia Boulanger et Olivier Messiaen.

Tu es Petrus, Roger Matton, extrait du manuscrit

En 1955, il rentre au Québec et, l'année suivante, aux Archives de folklore de l'Université Laval où il sera chercheur et ethnomusicologue jusqu'en 1976, tout en enseignant la composition et l'histoire de la musique contemporaine. Il poursuit en parallèle sa carrière de compositeur, et répond aux commandes des grands orchestres symphoniques du Québec, notamment le *Te Deum* et les *Mouvements symphoniques*. *Tu es Petrus* sera sa dernière œuvre.

À Saint-Joseph-de-la-Rive, dans la région de Charlevoix, Roger avait une maison au bord du Saint-Laurent, voisine de celle de son grand ami, Mgr F.-A. Savard; il y invitait régulièrement Claude Lagacé et sa femme Anne Rogier. Le compositeur rendait aussi souvent visite à Claude et Anne à l'île d'Orléans, particulièrement pendant l'écriture de *Tu es Petrus*; en effet, les deux amis y ont beaucoup travaillé en collaboration, à l'orgue même ou à la table de travail. Ces séances étaient bien souvent suivies d'un bon dîner à l'île d'Orléans. Malgré sa santé fragile, Roger improvisait ensuite au piano jusque tard dans la nuit, surtout du jazz. Il invitait aussi régulièrement son ami Claude à déjeuner au Café de Paris dans le Vieux-Québec.

Les amis de l'Orgue de Québec

vous invitent à un concert d'orgue
pour souligner le lancement d'un recueil
d'œuvres écrites à la mémoire
d'Henri Gagnon, ex-titulaire des orgues de la Basilique
et réunies sous le titre

Le Tombeau d'Henri Gagnon

le dimanche 22 novembre 1987 à 20 h30
à la Basilique de Québec

R.S.V.P.
avant le 18 novembre
828-9976

Une réception suivra
dans les Voûtes du
séminaire de Québec.
Carte d'invitation
demandée à l'entrée.

Le Tombeau d'Henri Gagnon, invitation, 1987

- Hymne pascal   Marius Cayouette
- Prélude & fugue en sol maj. BWV 541   J. S. Bach
            Claude Lagacé, Québec

- In Paradisum   Antoine Bouchard
- Prélude au Kyrie Orbis factor   Antoine Bouchard
- Prière I   Claude Champagne
- Prière II   Claude Champagne
- Lumen   Antoine Thompson
       Michelle Quintal, Trois-Rivières

- Elégie   Henri Gagnon
- Antienne I   Henri Gagnon
- Antienne II   Henri Gagnon
- Prélude à l'Introït pour le IXe
   dimanche après la Pentecôte   Henri Gagnon
- Prélude à l'Alleluia pour la fête
   de saint Michel   Henri Gagnon
- Basilicale   François Brassard
         Lucien Poirier, Québec

- Final (dernier mvt, Symphonie gothique) Ch. M. Widor
- Variations sur le nom d'Henri Gagnon   A. Reboulot
        Antoine Reboulot, Montréal

          - Fin -

Le Tombeau d'Henri Gagnon

organiste titulaire
de la Basilique de Québec
de 1915 à 1961

Concert de centième anniversaire de naissance

présenté par

les Amis de l'Orgue de Québec

1887-1961

CLAUDE LAGACÉ   LUCIEN POIRIER
MICHELLE QUINTAL   ANTOINE REBOULOT

le dimanche 22 novembre 1987 à 20 h 30
à la Basilique de Québec

Entrée libre

Le Tombeau d'Henri Gagnon, programme

LE TOMBEAU D'HENRI GAGNON (1987)

En 1987, Claude réalise un projet musical qui lui tient à cœur : le Tombeau d'Henri Gagnon, son prédécesseur et son maître.

Imaginé par Marius Cayouette, ce projet bénéficie entre autres de la collaboration intense de l'organiste, musicologue et universitaire Lucien Poirier, qui réalise une édition des pages de ce Tombeau[25]. Ces pièces seront jouées à la basilique par Claude Lagacé, Lucien Poirier, Michèle Quintal et Antoine Reboulot dans le cadre d'un concert diffusé sur les ondes de Radio-Canada.

---

25   *Le Tombeau de Henri Gagnon pour orgue,* collection dirigée par Lucien Poirier, Les Éditions Jacques Ostiguy, 1987, 54 p.

Centenaire d'Henri Gagnon, organiste, pédagogue et compositeur
L'hommage discret à un musicien discret

♦Malgré la discrétion qui a caractérisé sa démarche artistique, Henri Gagnon n'en aura pas moins été l'une des figures dominantes de la vie musicale à Québec.

par Marc SAMSON

1987

En cette année de son centenaire, il est né à Québec le 6 mars 1887 et mort dans cette même ville le 17 mai 1961, l'organiste réputé, le professeur tant apprécié, le compositeur peu prolifique, l'homme modeste serait sans doute étonné de l'attention qu'on lui porte ces jours-ci.

Cette semaine, le Conservatoire de Québec présentait un concert à sa mémoire, avec des professeurs de cette institution. Demain, les Amis de l'orgue donneront la première audition de l'intégrale du *Tombeau d'Henri Gagnon*, recueil de sept brèves pièces écrites par six de ses collègues.

Les souvenirs qui reviennent à la mémoire lorsqu'on mentionne le nom de «M. Gagnon» -on le désignait toujours ainsi- se rattachent avant tout à ses rôles d'organiste à la Basilique de Québec et de professeur d'orgue et de piano, d'abord à l'université Laval et ensuite au Conservatoire de Québec.

À la Basilique, il occupa le poste d'organiste auxiliaire puis de titulaire sur une période s'étendant sur un demi-siècle (soit de 1910 à sa mort). À Laval, il enseigna de 1923 jusqu'à ce que Wilfrid Pelletier du Conservatoire tout juste créé. Au côté administratif rattaché à cette fonction, M. Gagnon préféra

Un prodige

qu'il continua à exercer dans cette institution.

d'église et de pédagogue représentait un virage important de l'artiste. À 14 ans, Henri Gagnon donnait un récital lors de l'Exposition panaméricaine de Buffalo qui lui valut d'être salué par la presse comme un «véritable prodige».

D'autres concerts couronnés de succès suivirent au Québec et aux États-Unis, en même temps que le jeune organiste approfondissait ses connaissances auprès de Guillaume Couture et Henri Letondal à Montréal, et de Charles-Marie Widor et Isidore Philipp à Paris.

À son retour à Québec, Henri Gagnon partagea son temps entre les activités entre le concert et l'enseignement, pour en venir à se consacrer à la pédagogie et à la musique d'église.

Parmi ses élèves se trouvent des noms connus. Entre autres, le regretté Jean Beaudet, Marius Cayouette (qui allait devenir un ami fidèle), Alice Duchesnay (son adjointe au Conservatoire), Renée Morisset, Claude Lagacé, Mme Paulette Smith Roy.

Culture et noblesse

Renée Morisset, qui étudia avec lui pendant six années (elle avait 9 ans lorsqu'il commença à lui donner des cours de piano et fut ainsi sa plus jeune élève), en garde le souvenir d'un homme attachant et d'un raffinement exquis, qui lui ouvrit l'univers merveilleux de la musique.

«De ses fréquents séjours en France, M. Gagnon rapporta non seulement le vernis mais aussi l'esprit et la profonde culture des Eu-

Mme Paulette Smith Roy (collaboratrice au SOLEIL pendant quelques années en tant que critique littéraire) fut une grande amie de la famille Gagnon. Elle fut son élève pendant dix ans (une élève docile), et se remémore également un homme d'une distinction suprême, «un prince».

Du musicien extrêmement compétent et de l'organiste qui jouait magnifiquement, Claude Lagacé retient aussi un professeur d'une grande patience dont les très rares écarts et le sens prenaient par surprise ceux qui l'entouraient.

«Henri Gagnon était un homme d'un contact extrêmement agréable avec qui on pouvait aborder de nombreux sujets. Il s'exprimait dans un français remarquable de pureté et immense de vocabulaire».

C'est ce musicien en qui Marius Cayouette voyait «un noble artiste qui, ici-même, en la Basilique de Québec, illustra la plus pure tradition de l'école d'orgue française» que Québec rend hommage.

Un hommage discret à l'image de l'homme.●

L'hommage de six compositeurs à Henri Gagnon

♦L'idée d'un «Tombeau» à la mémoire d'Henri Gagnon revient à son élève et ami Marius Cayouette. Au lendemain de la mort du musicien, celui-ci demanda à quelques compositeurs québécois de courtes pièces qui honoreraient l'organiste de la Basilique de Québec.

Des partitions d'Antoine Bouchard, François Brassard, Claude Champagne, Antoine Reboulot, Antoine Thompson et Marius Cayouette formèrent ce recueil. Pour des raisons d'ordre pécuniaire, l'œuvre ne put alors être éditée tel que souhaité.

Lucien Poirier, l'actuel directeur de l'École de musique de l'université Laval, s'intéressa au projet et, succédant à M. Cayouette, s'employa à sa publication.

L'apport financier des Amis de l'orgue, qui en assurent l'audition dimanche à la Basilique, permit au *Tombeau d'Henri Gagnon* de franchir l'étape de l'édition après bien des délais.

Lors du concert de demain, Antoine Reboulot se fera l'interprète de ses *Variations sur le nom d'Henri Gagnon*, Michelle Quintal jouera *in Paradisum* et *Prélude* d'Antoine Bouchard, ainsi que les deux versions de la *Prière* de Claude Champagne et *Lumen* d'Antoine Thompson; Claude Lagacé l'*Hymne pascal* de Marius Cayouette; Lucien Poirier *Basilicale* de François Brassard ainsi que quatre pièces de M. Gagnon, *Élégie, Antiennes I et II*, ainsi que deux *Préludes* (pour le IXe dimanche après la Pentecôte et pour la fête de saint Michel).

Henri Gagnon, en plus d'un musicien estimé, un homme d'une grande culture et d'une égale distinction

Le Tombeau d'Henri Gagnon, *Le Soleil,* le 21 novembre 1987

LE TOMBEAU DE
HENRI GAGNON
POUR ORGUE

COLLECTION DIRIGÉE PAR LUCIEN POIRIER

Le Tombeau de Henri Gagnon pour orgue, partition

PRÉFACE

Au lendemain de la mort de l'organiste québécois Henri Gagnon (1887-1961), un de ses amis et fervents disciples, Marius Cayouette (1904-1985), lançait un projet original d'édition musicale: **le Tombeau d'Henri Gagnon.**

Constitué d'un ensemble de sept pièces écrites par six compositeurs canadiens, selon la liste dressée par Marius Cayouette dans une lettre à Claude Lagacé écrite le 20 février 1983, le Tombeau, pour des raisons qui tiennent à la difficulté d'amasser les sommes nécessaires à sa publication, ne put être ''érigé''.

Le centième anniversaire de la naissance d'Henri Gagnon nous offre l'occasion de réaliser ce projet, témoignage unique rendu par des musiciens de tout premier rang à l'une des figures les plus attachantes du Québec de la première moitié du XXe siècle.

Le présent fascicule renferme donc, dans sa seconde partie, les pièces que nous avons pu rassembler, sur la base de la liste fournie par le père du projet. Ce sont, dans l'ordre de présentation:

1. Antoine Bouchard (né en 1932): **Prélude** (p. 11)
2.   **In Paradisum** (p. 13)
3a. Claude Champagne (1891-1965): **Prière** (1re version) (p. 16)
3b.   **Prière** (2e version) (p. 17)
4. Antonio Thompson (1896-1974): **Lumen** (p. 18)
5. Marius Cayouette (1904-1985): **Hymne pascal** (p. 22)
6. François Brassard (1908-1976): **Basilicale** (p. 30)
7. Antoine Reboulot (né en 1914): **Variations sur le nom d'Henri Gagnon** (p. 41)

La première partie du fascicule regroupe pour la première fois les compositions pour orgue, celles que l'on connaît du moins, d'Henri Gagnon lui-même:

I. **Élégie** (p. 1)
IIa. **Antienne no 1** (p. 4)
IIb. **Antienne no 2** (p. 6)
III. **Prélude à l'introït du IXe dimanche après la Pentecôte** (p. 7)
IV. **Prélude sur l'Alleluia de la fête de saint Michel** (p. 8)

Les deux parties principales sont préfacées par une esquisse biographique d'Henri Gagnon rédigée par Marius Cayouette et lue par lui en manière d'éloge funèbre lors des funérailles du musicien. Les notes qui l'accompagnent sont de nous, tout comme le choix des photographies. Suit une présentation de chacune des pièces.

Cette édition n'aurait pu voir le jour sans le concours très précieux de plusieurs personnes, parmi lesquelles il convient de mentionner monsieur Claude Lagacé, digne successeur d'Henri Gagnon à la tribune de la cathédrale Notre-Dame de Québec et actuel titulaire des orgues de cette église. C'est à lui que revient le mérite de nous avoir révélé l'existence et l'histoire du projet du Tombeau d'Henri Gagnon; c'est aussi lui qui s'est chargé avec succès de missions délicates auprès de Marius Cayouette, comme celles, entre autres, d'obtenir informations et autorisations diverses. Nous lui témoignons notre bien vive reconnaissance. Nos remerciements vont également aux compositeurs encore vivants, aux membres des familles des compositeurs décédés pour l'aimable autorisation accordée de publier leurs oeuvres, à Mmes Geneviève Gagnon Bourbeau et Michelle Quintal; à MM. Antoine Bouchard, Lucien Brochu, René Bureau, Jacquelin Rochette, Benjamin Waterhouse et Gregory Schulte qui ont traduit en anglais les textes de présentation, et à beaucoup d'autres. Merci enfin au service de la musique du ministère des Affaires culturelles du Québec et aux membres des Amis de l'orgue de Québec qui ont apporté une aide financière indispensable à cette production.

LUCIEN POIRIER

Le Tombeau de Henri Gagnon pour orgue, partition

Pédagogue dans l'âme, Claude a également à cœur de donner aux jeunes talents l'occasion de se produire à sa tribune. Vers 1990, un philanthrope américain de l'Arizona, qui tient à rester anonyme, lui apporte un soutien financier assorti d'une condition : faire résonner l'orgue de la basilique tous les mercredis à midi tapant. Claude organise alors quelques étés de suite une série de récitals donnés à l'heure dite, qui attire un public nombreux de mélomanes et de touristes. Il y voit une autre occasion d'inviter la relève à toucher son orgue.

Québec, le 23-11-1987,

Monsieur Claude Lagacé,
Île d'Orléans (St-Pierre)
Québec.

Cher Ami,   Merci d'avoir pensé à moi pour le
concert des Amis de l'orgue d'hier soir. Je n'ai pu répondre
à temps, l'invitation datée du 13 ne m'est parvenue que
ce 18. J'ai bien regretté de n'avoir pu entendre certaines
des pièces au programme, l'"Hymne pascal" de Marius surtout.
qui m'avait beaucoup plu à la 1re audition (1975?), ainsi
les œuvres d'Henri Gagnon et le final de la "gothique".
depuis quelques années je suis forcément en dehors du monde
musical, sauf mentalement.— Quelle belle chose que cette
rencontre d'admirateurs pour un maître organiste, modèle
de probité artistique et d'une culture française si raffinée .
Cela me rappelle singulièrement "La Musique de l'Amour"
de Charles Oulmont (2 vol. Desclée 1935) "La Bande à Franck".
d'Andy, Dufare, Chausson, etc. Pas étonnant que notre
cher Marius ait eu l'idée de ce "Tombeau" avec tout le
pouvoir d'amitié qu'il y avait en lui. Je vous félicite et
vous remercie d'être parvenu à le convaincre de laisser imprimer
sa contribution à ce bouquet. J'espère pouvoir me procurer la partition en entier.   (Ci-joint un chèque de $10.— pour
aider aux dépenses de cette belle manifestation si bien préparée et
si bien présentée.   Je vous offre en même temps mes
meilleurs vœux, avec ceux de mon épouse, pour Noël et l'année
qui vient.   Sincèrement et amicalement votre
                                Henri Mercure,
32 rue St Cyrille Est,
                    Québec,
                        G1R 2S1

Le Tombeau d'Henri Gagnon, lettre d'Henri Mercure à Claude

Les Amis de l'orgue de Québec (AOQ)

Fondée en 1966, cette société a pour premier président le ténor québécois Pierre Boutet. Le dynamisme des AOQ rejoint bon nombre de mélomanes et accueille d'excellents organistes : Marie-Claire Alain, Michel Chapuis, Pierre Cochereau, Anton Heiller, Gaston Litaize, André Marchal, E. Power Biggs et Lionel Rogg, pour n'en nommer que quelques-uns. Sans parler de nombreux et talentueux Québécois.

Quelques membres fondateurs des Amis de l'orgue de Québec :
Antoine Bouchard, Pierre Boutet, Claude Lagacé, Mathias Pelletier, 1966

GASTON LITAIZE, organiste, présenté par les Amis de l'orgue. Programme : - Hymne Veni Creator - de Nicolas de Grigny; Premier Choral de César Franck; deux mouvements de la 3e Symphonie de Louis Vierne; - Pièce en trio -, - Passacaille sur le nom de Flor Peeters - et - Épiphanie - de Litaize. À la basilique de Québec, hier.

Gaston Litaize aux Amis de l'orgue
Le récital d'un magnifique musicien

Rarement un organiste aura-t-il été accueilli avec autant de chaleur et d'enthousiasme que Gaston Litaize à son récital d'hier à la basilique de Québec.

une critique de MARC SAMSON
LE SOLEIL

Accueil qui avait peu à voir avec la déférence due à son âge vénérable (81 ans), mais tout bonnement parce que l'invité des Amis de l'orgue demeure un magnifique instrumentiste et un musicien hors du commun.

Outre son impressionnante connaissance de l'instrument, Gaston Litaize a apporté à toutes les oeuvres au programme un humanisme et une fraîcheur de la pensée musicale qui demeurent le fait des grands interprètes.

Ce programme était entièrement consacré à la musique française, à la condition toujours de considérer comme tel César Franck, dont on célèbre cette année le centenaire de la mort.

Le sentiment religieux qui entoure l'*Hymne Veni Creator* de Nicolas de Grigny (basée sur la partie du même nom des vêpres du dimanche de la Pentecôte) s'illumine plutôt qu'il se referme sur lui-même dans l'exécution d'une riche diversité de Gaston Litaize, tandis que le *Premier Choral* de César Franck s'imprègne d'une rare poésie dans le thème pour briller avec discrétion dans les variations qui suivent.

Toujours dans ce même esprit de simplicité qui sait néanmoins s'extérioriser dans les mouvements brillants, l'organiste français parvient à créer — grâce à un subtil jeu des registrations qui varie presque à l'infini les couleurs sonores de l'orgue— un climat tour à tour de sérénité et d'exaltation dans la *Cantilène* et le *Final* de la *3e Symphonie* de Louis Vierne.

Gaston Litaize, qui est également compositeur, avait inscrit trois de ses courtes oeuvres à son programme. Une *Pièce en trio* d'une forme et d'un esprit très classiques, une *Passacaille sur le nom de Flor Peeters* (important organiste belge de sa génération) d'une facture beaucoup plus libre quant à la tonalité, et une *Épiphanie* réjouissante dans sa saine animation.

Pour terminer son récital (avant de jouer en rappel un *Choral* de Bach) Gaston Litaize a donné libre cours à sa vive imagination dans une *Improvision* basée sur un thème grégorien, où se retrouvaient, non sans humour, des passages à la Debussy, à la Messiaen, et même quelques traits faisant penser à Rimsky-Korsakov...

Récital de Gaston Litaize à la basilique, *Le Soleil*, le 16 novembre 1990

Paris le 28 Novembre 1990

Cher Ami

Merci de votre lettre et de l'article du
"Soleil"
J'ai été très heureux de vous retrouver
tous à Québec et de savourer ces
moments de grande amitié.
Madame Litaize et Martine se
joignent à moi pour vous adresser
notre bien affectueux souvenir

Gaston Litaize

P.S. Lendemain du triomphe Litaize
à la Basilique de Québec
le jeudi 15 nov. 1990

Lettre de Gaston Litaize à Claude Lagacé, le 28 novembre 1990[26]

---

26 Claude, qui était allé se perfectionner auprès de Gaston Litaize en 1968, avait gardé avec lui des liens d'amitié.

Le Soleil, Québec, samedi 14 octobre 1967

L'orgue électronique dans les églises

La Commission diocésaine de musique sacrée refuse d'autoriser l'emploi de cet instrument

par Jean-Claude RIVARD

L'inauguration d'un orgue électronique à Sainte-Geneviève ne doit pas être considérée comme une porte ouverte à l'entrée de l'instrument électronique dans nos églises.

C'est la précision qu'a apportée, hier, la Commission diocésaine d'art sacré de Québec, dans un communiqué remis à la presse où elle signale que c'est contre son gré qu'elle a autorisé l'installation d'un tel orgue dans la paroisse concernée.

L'orgue électronique Allen de la paroisse Sainte-Geneviève doit être inauguré demain soir par un récital de l'artiste Claude Lavoie.

M. C. LAGACÉ

M. Claude Lagacé, président de la Commission diocésaine de musique sacrée, nie que l'acquisition d'un tel orgue doive constituer un précédent dans le diocèse.

Il justifie ses allégations en affirmant que la Commission de musique sacrée, chargée par l'autorité diocésaine d'enquêter sur les raisons qui pouvaient rendre nécessaire l'acquisition d'un orgue électronique, au lieu d'un orgue à tuyaux, s'est informée par tous les moyens à sa disposition sur le nouvel « Allen » dernier cri : audition de récitals sur bande magnétique et sur disque; voyage à Rigaud pour entendre celui du Collège des Clercs de Saint-Viateur, rencontres avec le curé et les marguilliers de Sainte-Geneviève et avec les représentants de la compagnie Allen.

M. Lagacé dit que la Commission a refusé d'approuver le projet, « malgré l'opiniâtre résistance des représentants de Sainte-Geneviève pour des raisons d'ordre économique et esthétique ». L'orgue Allen coûte trop cher pour ce qu'il offre et il est encore loin d'égaler l'orgue à tuyaux comme orgue d'église, et comme orgue de concert. »

Il ajoute que le rapport adressé par la Commission, le 25 août 1966, à Mgr Paul Nicole, vicaire général du diocèse, signalait : « La Commission de musique sacrée, consciente d'avoir mis beaucoup d'efforts et d'intégrité pour éclairer cette question, n'a d'autre ressource que de se dégager entièrement de toute cette affaire. Si la Fabrique de Sainte-Geneviève, connaissant maintenant la situation, veut à tout prix faire l'acquisition d'un orgue électronique Allen, dans des conditions que la Commission juge extrêmement précaires, qu'elle en prenne elle-même et toute seule la totale responsabilité. »

Le communiqué poursuivait que si le projet a été finalement autorisé par l'Ordinaire du diocèse, ce n'est qu'à regret pour la seule raison de l'insuffisance d'espace pour installer un orgue à tuyaux à l'avant de l'église, selon les normes du renouveau liturgique.

« L'autorisation que nous donnons et qui nous est imposée ne peut pas et ne doit pas être entendue comme une approbation de l'orgue lui-même. Personne ne pourra honnêtement prétendre que l'Archevêché ou la Commission diocésaine de musique sacrée a porté un jugement favorable sur l'orgue lui-même. »

L'ABBÉ A. BOUCHARD

L'abbé Antoine Bouchard, professeur à l'École de musique de l'Université Laval et membre de la Commission de musique sacrée de Sainte-Anne de la Pocatière, affirme de même que l'entrée d'un orgue électronique

L'orgue électronique dans les églises, *Le Soleil*, le 14 octobre 1967

dans l'église de Sainte-Geneviève ne doit pas être considérée comme une porte ouverte à la venue de cet instrument dans nos églises.

Il ne nie pas la possibilité que de tels orgues puissent un jour prendre place officiellement dans nos églises mais que pour le moment, ils ne sont pas encore assez perfectionnés et, surtout, trop dispendieux pour le budget restreint dont disposent les fabriques.

Mais sa conviction est d'abord que l'instrument de musique vrai et authentique aura toujours la faveur de l'Église face à un autre instrument qui ne fait que reproduire des sons électroniquement.

Il affirme qu'il existe sur le marché des orgues à tuyaux à jeux unifiés de prix et de valeur comparables à l'orgue électronique. Un orgue à tuyaux à cinq jeux unifiés peut être acquis pour 15 000 $, dit-il. Il ajoute que l'orgue de Sainte-Geneviève, qui a coûté quelque 25 000 $, n'a guère plus que quatre jeux unifiés, au lieu de cinquante, comme le prétendent les représentants de la compagnie Allen.

La conclusion de l'abbé Bouchard est en substance le paragraphe 120 de la Constitution conciliaire sur la liturgie : « On estimera hautement dans l'Église latine, l'orgue à tuyaux comme l'instrument traditionnel [du culte]. »

Question économie de l'orgue électronique, l'abbé Bouchard n'y croit pas. Il est peu probable, estime-t-il, que les transistors de cet instrument puissent durer plus de quinze ou vingt ans, alors que des orgues à tuyaux de bonne qualité sont encore en service après 60 et 75 ans de service.

M. J. LECOURS

M. Jacques Lecours, de Lauzon, représentant de la facture d'orgues Providence de Saint-Hyacinthe, a affirmé, de son côté, qu'un orgue électronique connaît une dévaluation à peu près complète en l'espace d'une quinzaine d'années, tandis que le contraire se produit dans le cas de l'orgue à tuyaux. La qualité du son s'acquiert avec les années. Il a dit que celui-ci ne requiert habituellement aucune réparation majeure avant une quarantaine d'années.

Membre fondateur des Amis de l'orgue de Québec, Claude en est également le vice-président (1966-1993) et le directeur artistique. Cette société a toujours maintenu un très haut niveau de prestation. Des invités venus d'Europe, des États-Unis et du Canada illustrent avec un réel bonheur les différentes écoles d'orgue. Les Amis de l'orgue de Québec fidélisent et augmentent leur auditoire avec grand succès. Forte de plus de cinquante ans d'activités, cette société ne s'est jamais essoufflée. C'est tout à fait extraordinaire !

Les Amis de l'orgue se posent aussi en ardents défenseurs de la musique sacrée et de l'orgue à tuyaux à maintes occasions. Citons à titre d'exemple le mémoire de l'AOQ, dont Claude avait été le porte-parole pour le présenter à la Commission épiscopale de liturgie le 11 mai 1988 sous le titre de *La musique est-elle un péché ?*[27].

Les concerts étaient le plus souvent présentés en l'église des Saints-Martyrs-Canadiens ou à la basilique. Depuis 2013, l'orgue de concert du Palais Montcalm accueille également les récitals des Amis de l'orgue. Ce nouvel instrument construit par la maison Casavant compte

---

27 *Musique et musiciens,* p. 129-138. Les Éditions GID, Québec, 2014.

OPINION DU LECTEUR

La musique liturgique

Et le spectacle continue…

C'était mercredi soir, 5 mars, Institut Saint-Joseph, à l'occasion d'une réunion de musiciens « liturgistes ». L'invité, Claude Tessier, directeur de l'AML (Ce n'est pas une nouvelle drogue, du moins espérons-le !).

Ceux qui, comme moi, ont vu l'artiste à l'œuvre il y a quelques années ont retrouvé le même spectacle… seule la deuxième partie, celle du répertoire, a subi quelques changements.

Le tout s'ouvre par une savante et brillante homélie. Le conférencier disait au cours de la soirée qu'ayant entendu un orgue électronique, cela ressemblait tellement à un orgue, un vrai, que c'était à s'y méprendre… Eh bien, en entendant ses propos, j'ai eu une impression quasi semblable. En effet, on aurait cru entendre un prédicateur… à sa retraite…

Enfin, rien « n'empêche » que ce fût beau…

Et le spectacle s'anima… On en était à la seconde partie. La dernière fois que j'ai assisté à la représentation, oh, il y a de cela six ans peut-être, on chantait le grégorien en seconde partie. Qu'elles étaient belles, à cette époque, les paroles que l'on entendait sur l'air de saint Grégoire, celui de Solesmes, sur la seule et vraie musique liturgique ! Et ce soir, c'est le même artiste qui nous donne une deuxième partie à la chanson rythmée : quelque chose à se « taper dans les mains », comme il le faisait, à se « brosser la carrosserie, mes sœurs », comme il disait…

Qu'il faut être versatile, avoir une grande ouverture d'esprit, un métier sûr, exceptionnel, quoi, pour passer de l'art grégorien à « la chanson rythmée », de l'art véritable à ce qui ne l'est pas, en résumé, du beau à l'affreux !… Nous devons admirer beaucoup un musicien à la formation aussi sérieuse, qui consent à prêcher pour une telle musique, à chanter un tel répertoire.

C'est vraiment pousser l'apostolat à bout…

Jacques Boucher, organiste
École de musique,
Université Laval
Québec (QC)

Lettre de Jacques Boucher, *Le Soleil*, le 26 mars 1968

cinquante jeux répartis sur trois claviers et le pédalier. Deux consoles, l'une depuis la scène même, l'autre attachée au buffet, permettent de jouer un vaste répertoire.

Quant à l'orgue des Saints-Martyrs-Canadiens, il compte quatre claviers et le pédalier. Construit en 1959 par Casavant Frères, il marque le renouveau de la facture d'orgue au Québec. Claude Lavoie, brillant organiste, en est le premier titulaire. Richard Paré occupe actuellement cette tribune, tout en étant titulaire de l'orgue du Palais Montcalm.

Les grandes orgues de Saints-Martyrs-Canadiens
par Claude Lavoie (titulaire 1959-1974)

L'inauguration des grandes orgues des Saints-Martyrs Canadiens eut lieu le 6 juin 1960 pour les paroissiens et le 9 juin suivant pour les mélomanes de l'extérieur. C'est à l'organiste-titulaire que revient l'honneur d'inaugurer ce magnifique instrument tant attendu du monde musical. En effet, cette réalisation de la Maison Casavant Frères Ltée de St-Hyacinthe marquait pour eux une révolution de style et de conception. C'était une rupture complète avec l'orgue romantique, qui avait caractérisé cette maison depuis sa fondation. Or, comme cette déviation de la grande tradition organistique s'avérait une erreur de parcours historique, il fallait revenir à cette luminosité, cette limpidité cristalline, cette précision d'attaque de l'orgue ancien. De plus, il fallait que le choix des jeux permette le plus possible l'exécution du répertoire de toutes les époques: c'est ce qu'on appelle l'orgue néo-classique. Voilà le type d'orgue que je souhaitais pour les Ss-Martyrs. Fort heureusement, la Maison Casavant venait d'engager un nouveau chef-harmoniste: M. Lawrence Phelps, ancien confrère de classe au Conservatoire de Boston. Nous partagions les mêmes vues sur la rénovation de l'orgue. Cette association d'idées et de goûts a donnée un orgue remarquable par son architecture et ses sonorités qui se fondent en un ensemble d'une grande richesse. C'est un instrument de 68 jeux, comptant 5 046 tuyaux, disposés en 94 rangs et pesant 35 tonnes. Il a fallu 6 mois pour sa fabrication à la manufacture et 6 autres mois pour son installation et l'harmonisation définitive de ses jeux sur place. Les qualités de notre orgue furent immédiatement reconnues par les louanges de nombreux organistes, dont plusieurs venus de loin. Depuis 1960, la maison Casavant a continué son évolution, néanmoins, la paroisse des Saints-Martyrs-Canadiens peut s'enorgueillir à juste titre du privilège d'avoir l'orgue le plus prestigieux de la ville de Québec.

- Claude Lavoie, 1980

Bulletin de Claude Lavoie, 1980

Après monsieur Thibault, notre président, je m'adresse maintenant à monsieur Claude Lagacé, notre vice-président:

Monsieur Lagacé:

Un article du journal *L'Action*, daté du 13 décembre 1966, titre ainsi: "Du nouveau pour les mélomanes québécois: La Société des Amis de l'Orgue". À l'intérieur de cet article qui relate la fondation de notre société, on peut lire le paragraphe suivant: "L'exécutif de la nouvelle société des Amis de l'orgue se compose de M. Pierre Boutet, artiste lyrique et réalisateur à la radio d'état, président; M. Claude Lagacé, organiste à la Basilique de Québec, vice-président; l'abbé Mathias Pelletier, organiste au Séminaire de Québec, secrétaire; et de MM. Claude Lavoie, titulaire des orgues de Sts-Martyrs Canadiens, Paul-Émile Talbot, organiste à St-Charles Garnier et l'abbé Antoine Bouchard, professeur à l'école de musique de l'Université Laval, directeurs".

Ce bref rappel historique vous fait sûrement pressentir l'importance de ce second événement que les Amis de l'orgue veulent souligner ce soir: le départ du conseil d'administration du dernier de leurs membres fondateurs: monsieur Claude Lagacé. 27 années ininterrompues de présence et de services rendus aux Amis de l'orgue: voilà certes un fait marquant dans l'histoire de l'orgue à Québec, que nous ne pouvions passer sous silence.

Monsieur Lagacé, si les Amis de l'Orgue ont pu croître et se développer, c'est d'abord grâce à l'audace et à la clairvoyance de leurs pionniers dont vous faites partie. Votre apport au bon fonctionnement et au développement de notre société a toujours été un gage de succès. Pendant ces 27 années, vous avez su seconder avec brio nos 4 présidents. Vous avez mené à bien d'importants dossiers dont vous aviez généreusement accepté la responsabilité: mentionnons au cours des dernières années le financement du concert en hommage à Henri Gagnon, la préparation et le suivi de la programmation, sans oublier votre petit dernier: le nouveau programme de nos concerts. Votre disponibilité et votre empressement à tout mettre en oeuvre pour nous faciliter l'accès à votre magnifique instrument de la Basilique ont également constitué un atout précieux.

Vos interventions au conseil nous ont permis de profiter d'une culture musicale très étendue, d'un excellent jugement, d'un goût très sûr, ainsi que d'un sens de l'humour raffiné. Bref, le conseil d'administration a été privilégié durant toutes ces années de pouvoir compter à la fois sur la présence d'un artiste accompli et d'une très grande personnalité humaine. Vous allez vraiment nous manquer. L'annonce de votre départ nous fait déjà nous sentir un peu "orphelins".

C'est donc avec un mélange de tristesse et de gratitude que nous vous disons au revoir. Merci pour tant d'années de présence et de dévouement!

Messieurs Thibault et Lagacé, vous avez vraiment mérité une place d'honneur au "temple de la renommée des amis de l'orgue" et dans le coeur de tous ceux que la défense et l'illustration de l'instrument à tuyaux passionnent.

Hommage de Michel Boucher à Claude Lagacé, vice-président sortant des AOQ, *Bulletin des AOQ*, n° 61, novembre 1993

FQAO, Claude en compagnie de Claude Beaudry, président des Amis de l'orgue de Québec, Auberge Baker, Château-Richer, le 11 août 2008

Hommage à Claude Lagacé,
Congrès de la FQAO, août 2008

En août 2008, la Fédération des Amis de l'orgue du Québec (FQAO) décerne à Claude Lagacé le titre de membre honoraire[28]. À cette occasion, ce dernier prononce une allocution dont voici un extrait :

> "L'art est là pour que nous ne soyons pas détruits par la vérité[29]." Cette parole dont j'ignore l'auteur me hante depuis que je l'ai entendue.
>
> L'art orne, transpose et rehausse la vérité qui, toute nue, nous frappe parfois durement et nous blesse. L'épreuve la plus dure pour un vivant, c'est de savoir qu'il doit mourir. Mais que ne fait-on pas pour vaincre

---

28 FQAO, *Mixtures*, n° 28, mai 2008, p. 5-8; novembre 2008.

29 Cette idée est un motif récurrent de toute l'œuvre de Nietzsche. Claude cite ici de mémoire.

la mort ? Faute de pouvoir la conjurer, on l'exorcise. On tente d'abord de l'éloigner le plus possible, on essaie ensuite de brider sa morsure par des rites et des cérémonies qui veulent consoler les vivants. Aux hommes célèbres disparus, on bâtit des monuments. Aux parents qu'on a aimés, on réserve une pierre tombale qui marque l'endroit où ils ont été ensevelis. En singulier contraste, la guerre, qui broie les hommes, est représentée par des militaires aux uniformes rutilants de décorations qui défilent fièrement d'un pas cadencé aux jours de célébration nationale. C'est cyniquement rendre hommage à la plus grande machine à tuer qui existe, la guerre. En France, l'aîné des fils devait entrer dans l'armée pour y faire carrière. Talleyrand n'y a échappé que parce qu'il était boiteux. Quand il faudrait de toutes ses forces dénoncer la guerre, la gloire des armes par des sentiers obliques lui apporte l'anoblissement…

Pendant son titulariat à la basilique-cathédrale de Québec, Claude Lagacé est régulièrement invité à présenter sur les ondes de Radio-Canada, dans le cadre des émissions *Récital d'orgue* et *Tribune de l'orgue* que je réalisais, des récitals enregistrés dans diverses églises du Québec[30].

Le Concours d'orgue de Québec

Initiative généreuse de l'organiste dont elle porte le nom, la Fondation Claude-Lavoie crée en 1989 le Concours d'orgue de Québec qui se tient tous les trois ans à l'orgue des Saints-Martyrs-Canadiens. Claude Lagacé siégera de 1989 à 2000 au conseil d'administration de cette Fondation et sera président d'un jury de ce concours.

---

30   Voir en annexe la liste des récitals de Claude Lagacé sur les ondes de Radio-Canada.

Monsieur Marcel Cloutier   Le 21 janvier 2000
Secrétaire
Fondation Claude Lavoie
C.P. 91 Haute Ville Québec
(Québec)

Cher Marcel,

S'ajoutant au mot de remerciement reçu de Madame Tousignant, notre présidente, votre lettre m'a fait beaucoup plaisir. Votre style épistolaire sait insuffler sérieux et noblesse aux choses dont vous parlez. Je veux dire par là que, grâce à votre façon de la décrire, mon activité de plusieurs années au sein de la Fondation s'est nimbée d'une lumière qu'à moi tout seul, je ne lui aurais pas soupçonnée… Grand merci !

Je ne récuse pas cette générosité de votre part, et j'ajouterai que l'atmosphère fraternelle qui règne dans cette société et la franche camaraderie que l'on y trouve allègent l'effort tout en lui donnant du prix. Chacun y donne de soi, modestement, sans recherche de gloriole personnelle, tous unis dans le souci de travailler ensemble pour une cause qui en vaut certes la peine : l'avancement dans la carrière des plus talentueux de nos jeunes organistes. Votre sympathique milieu me manque déjà !

Sachez, Monsieur le Secrétaire, que, sans nullement regretter une décision qui s'imposait pour toutes sortes de bonnes raisons, ma sortie du cercle des décideurs n'abolit en rien mon intérêt pour votre Fondation, ni mon désir de la servir ponctuellement s'il y a lieu.

Veuillez, cher Marcel, transmettre à tous vos collègues, avec mes meilleurs vœux pour l'an nouveau, mon bon souvenir et mes amicales salutations.

Claude Lagacé

La retraite, pas de si tôt

En novembre 1993, Claude reçoit moult hommages de gens qui regrettent son départ à la retraite de la basilique. Mais après plus de cinquante ans de titulariat assidu, Claude Lagacé a d'autres projets réjouissants qui se précisent et juge que le moment est venu de passer le flambeau. Pour couronner sa carrière, il enregistre alors un disque magnifique à la cathédrale de Québec, qui est devenu une référence particulièrement pour les jeunes organistes, et dont le lancement a lieu le 9 décembre 1993 dans les salons de l'Archevêché en présence de l'archevêque Mgr Maurice Couture. Encore aujourd'hui, ce CD est diffusé régulièrement sur les ondes d'Organ Live, station de radio internet américaine.

Tout au long de cet enregistrement, Claude fait preuve d'une maîtrise et d'un abandon exceptionnels. Il fait totalement confiance au réalisateur que je suis alors. En pareille circonstance, le musicien est généralement vulnérable, très seul devant le microphone inquisiteur… Or, ce qui m'a par-dessus tout impressionné pendant ces séances, c'est l'attitude particulièrement sereine de l'organiste. Je garde de cette expérience un souvenir très présent. Voilà un grand artiste, comme en témoigne d'ailleurs la lettre éloquente de Christophe Mantoux, organiste de Saint-Séverin à Paris.

Claude à l'orgue de la basilique, novembre 1993.
Photo : Luc Chartier

Claude Lagacé, le privilège d'une vie en musique

QUÉBEC — Au seuil de la retraite, l'organiste Claude Lagacé s'avoue privilégié d'avoir réussi à gagner sa vie et à élever une famille de cinq enfants en faisant ce qu'il aimait le plus au monde : de la musique.

textes de MARTINE R.-CORRIVAULT
LE SOLEIL

Plus d'un demi-siècle après avoir écouté son coeur, l'artiste reconnait que dans la famille de ses parents, on n'avait pas de préjugé contre les arts. Son père, Québécois pure laine né rue Crémazie, était *gérant* de banque et avait un fort penchant pour les arts. « Et il y avait l'oncle Albert Chamberland, qui deviendra premier violon avec l'Orchestre de Montréal, sous Wilfrid Pelletier : chaque fois qu'il passait à Québec, il jouait pour la famille. »

Les hasards de la carrière du paternel qui devait déménager son clan là où la banque le demandait, n'ont jamais empêché les fils Lagacé, Maurice et Claude, de poursuivre des études musicales. Même s'ils devaient, comme ce fut le cas à Thetford Mines, se rendre « chez les filles », au couvent Saint-Alphonse. Même aussi s'il fallait sacrifier des récréations et s'exposer aux quolibets des camarades qui ne manquaient pas de taquiner Maurice qui se promenait avec son violon, alors que Claude, qui étudiait le piano, passait facilement inaperçu.

Aujourd'hui, les préjugés diffèrent, observe Claude Lagacé. Les « orienteurs » dirigent souvent vers les mathématiques ceux qui pourraient faire de la musique ; sur certains formulaires gouvernementaux, la musique, lorsqu'elle se veut autre chose que « populaire », se retrouve sous l'étiquette « spécialisée »...

Question de culture

En bout de ligne, observe M. Lagacé qui a été professeur et directeur adjoint de l'École de musique de l'université Laval et a aussi travaillé avec les jeunes musiciens du cégep de Sainte-Foy, l'exercice d'une ouverture « générale » à tout ce qui se veut « artistique », à l'école et dans certaines officines administratives, semble difficile à réaliser. Ce qu'il n'empêche pas le talent de pulluler au Québec dans tous les domaines, comme le prouve le moindre petit encouragement offert.

Claude Lagacé n'avoue aucune nostalgie. Chez lui, la musique a suivi des études régulières tant au Petit Séminaire qu'à Sainte-Anne-de-la-Pocatière où Albert Bourque, ainsi que l'abbé Des Trois-maisons qui rentrait alors d'Europe, faisaient découvrir aux garçons les richesses du répertoire pour claviers.

Par la suite, le jeune Lagacé a fait du piano avec la réputée Germaine Malépart et de l'orgue avec Henri Gagnon, dont le père, Gustave et le grand-père, Ernest, avaient aussi été organistes, à

Québec. Mais la guerre est venue chambarder les rêves de perfectionnement et de carrière à l'étranger.

Claude Lagacé, inapte au service militaire, est devenu titulaire des orgues de la cathédrale de Saint-Jean, au Nouveau-Brunswick puis a accepté un poste à Woonsocket, aux États-Unis, afin d'étudier avec Clarence Watters.

Mais l'offensive allemande dans les Ardennes viendra encore changer ses projets. « Alarmés, les Alliés mobilisaient tout ce qui n'avait pas de béquilles ; je me suis retrouvé sous les drapeaux américains, au Texas. »

La musique reprendra sa place avec la paix. De retour en Nouvelle-Angleterre, le musicien perfectionne son art, accepte un poste à la cathédrale de Toledo où pendant près de dix ans, l'organiste sera aussi maître de chapelle (responsable des choeurs).

Retour au bercail

En 1961, à la mort d'Henri Gagnon, Claude Lagacé relève le défi et rentre à Notre-Dame de Québec pour prendre la relève, avec d'autant plus d'intérêt que l'université Laval lui propose un poste.

On est au début de la « révolution tranquille » et d'une formidable explosion culturelle, au Québec : Laval récupère les subventions fédérales que Duplessis avait refusées et s'écarte de sa principale vocation · de pourvoyeuse de services pour l'Église.

Les deux écoles de musique de la capitale, le Conservatoire où enseigne Antoine Bouchard, depuis son retour d'Europe, et l'université Laval où Claude Lagacé apporte sa touche américaine, forment une génération de musiciens garants de l'avenir de la musique d'orgue chez nous.

Il y aurait même, confesse M. Lagacé, risque de « légère » saturation devant la désaffection des églises et le fait que cette musique sorte difficilement des temples, en l'absence d'instruments dans les salles de concert modernes.

Et les orgues électriques ? Et les synthétiseurs ?

Claude Lagacé fait la moue et reconnait que parfois, « on réussit à donner le change aux oreilles moins averties, mais pour les grandes oeuvres, rien ne peut égaler les orgues à tuyaux. »

L'artiste observe que les compositeurs continuent d'écrire pour cet instrument. On trouve toujours d'excellents spécialistes pour veiller au bon état des anciens et pour en fabriquer de nouveaux.

« Quand la situation économique se rétablira, réfléchit le musicien qui a connu d'autres crises, tout ira mieux et nous serons prêts à reprendre du service. »

En attendant, les musiciens qui ont vécu leur musique constituent des archives, écrivent l'histoire ou, comme Claude Lagacé avec sa femme qui est aussi organiste, la traduisent, l'éditent et en témoignent.

Le privilège d'une vie en musique, *Le Soleil*, le 25 novembre 1993

Le Soleil, Marcel Lavoie

Claude Lagacé chez lui à l'île d'Orléans prendra le temps de s'occuper de ses vieux rêves.

L'adieu de Claude Lagacé

Le titulaire des grandes orgues de la basilique Notre-Dame de Québec depuis plus de trente ans, Claude Lagacé y fera ses adieux dimanche prochain en donnant une dernière prestation à ce titre à la messe de 10 h célébrée par Mgr Maurice Couture, archevêque de Québec. Ce dernier présidera également à sa résidence le lancement d'un nouvedau disque compact *Claude Lagacé aux grandes orgues de la basilique*, une réalisation de Jacques Boucher, le 9 décembre prochain. L'artiste a choisi des oeuvres des Québécois Arthur Letondal, Henri Gagnon et Roger Matton mais également de Bach, Franck, Saint-Saëns et Théodore Dubois.

Claude Lagacé a imprimé sa marque personnelle dans l'histoire de l'orgue au Québec depuis qu'il succédait à son maître Henri Gagnon en 1961. Membre fondateur

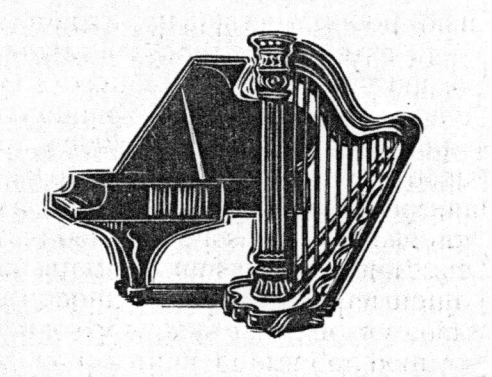

des Amis de l'orgue de Québec où il a occupé la vice-présidence pendant pendant 25 ans, il fut bien souvent l'invité d de Radio-Canada, notamment aux émissions *Récital d'orgue* et *Tribune de l'orgue*.

L'adieu de Claude Lagacé, *Le Devoir*, le 29 novembre 1993

Claude Lagacé, retraite et disque

QUÉBEC — Après 30 ans aux claviers des grandes orgues de la Basilique de Québec, l'organiste Claude Lagacé prend sa retraite. Marc D'Anjou, que connaissent bien les habitués de Saint-Jean-Baptiste où il jouait en alternance avec son collègue Ben Waterhouse, le remplacera.

En guise de souvenir, Claude Lagacé laisse en partant un disque CD qui sera lancé le 9 décembre, à Québec.

Cet enregistrement intitulé *Claude Lagacé aux grandes orgues de la basilique Notre-Dame de Québec*, a été réalisé par Jacques Boucher, au début de novembre par la Sonothèque de Maurice LeBel. On y retrouve des oeuvres de Jean-Sébastien Bach, William Walond, Michel Corrette, César Franck, Saint-Saëns, Théodore Dubois, Jean Langlais, ainsi que des compositions des Québécois Arthur Letondal, Henri Gagnon et Roger Matton.

Titulaire dees claviers de la Basilique depuis le décès, en 1961, de celui qui fut son maître, Henri Gagnon, Claude Lagacé a fait carrière comme professeur d'orgue, d'harmonie, de clavier et de grégorien, à l'École de musique de l'université Laval. Il a aussi été des fondateurs des Amis de l'orgue de Québec et a donné de nombreux concerts aux Canada et aux États-Unis.

M. Lagacé donnait sa dernière prestation hier, lors de la messe de 10 h célébrée par l'archevêque de Québec, Mgr Maurice Couture, sur les grandes orgues Casavant de Notre-Dame de Québec.

Retraite et disque, *Le Soleil*, le 29 novembre 1993

Une retraite méritée après 52 ans aux grandes orgues

QUÉBEC — Claude Lagacé n'a pas travaillé, à Noël, cette année. Pour la première fois en 52 ans de carrière, l'organiste qui touchait les grandes orgues de la basilique Notre-Dame de Québec depuis la fin de la dynastie des Gagnon, en 1961, a assisté à la messe de minuit comme tout le monde.

Enfin, presque comme tout le monde, puisque pour bien marquer l'événement, le musicien qui vient de prendre sa retraite, a été à la messe de minuit à Notre-Dame... de Paris.

Pour être sûr de résister à la tentation de reprendre du service ? Non, pour célébrer ce premier congé après un demi-siècle de bons et loyaux services, avec deux de ses enfants qui vivent là-bas et sa femme et collaboratrice, Anne Rogier, qui est d'origine française.

Mais avant de quitter Notre-Dame de Québec, le musicien qui dispose désormais de tout son temps pour réaliser de vieux projets, a enregistré à compte d'auteur, son premier disque en solo. (Il avait participé en 1974, au collectif en hommage à Henri Gagnon, avec Antoine Reboulot, Sylvain Doyon et Antoine Bouchard.)

En novembre dernier, avec la complicité de son ami Jacques Boucher, réalisateur à Radio-Canada, et grâce aux services techniques de Maurice LeBel et de son Sonographe, Claude Lagacé s'est fait plaisir et a gravé un CD qui est arrivé sur le marché au début de décembre.

Il s'agissait pour lui de laisser « une pièce patrimoniale témoignant de la tradition de la tribune de la basilique », de la couleur de cet orgue Casavant de 1927 auquel la restauration de Guy Therrien, en 1984, a donné « la lumière qui lui manquait ».

L'instrument n'est peut-être pas le plus grand de Québec, reconnaît M. Lagacé qui appliquerait plutôt ce qualificatif à celui de Saint-Jean-Baptiste qui, cependant, aurait bien besoin d'une cure de rajeunissement. Il souligne aussi la qualité de l'orgue de l'église des Saints-Martyrs et celui des Soeurs du Bon-Pasteur, mais « le positif des grandes orgues de la basilique est bien garni et permet d'aborder la musique classique de tout style et de tout horizon ».

Avantage dont le virtuose a tenu compte en élaborant le programme que l'on trouve sur son disque. Bien sûr, Jean-Sébastien Bach est là, mais avec la *Fantaisie et fugue en do mineur* plutôt que la si souvent jouée *Toccate et fugue en ré mineur* ; et il a retenu César Franck, Saint-Saëns, Corrette, Walond, Dubois et Langlais. Mais aussi trois auteurs d'ici : son maître Henri Gagnon, qu'il a remplacé à Notre-Dame, Arthur Letondal qui fut titulaire de l'orgue à la cathédrale de Montréal jusqu'en 1949 et enfin cette oeuvre de Roger Matton, écrite pour la venue du pape à Québec en 1984 et qu'il avait lui-même créée.

Une retraite méritée, *Le Soleil*, le 8 janvier 1994

CLAUDE LAGACÉ
AUX GRANDES ORGUES DE LA BASILIQUE NOTRE-DAME DE QUÉBEC

WILLIAM WALOND (1725-1770)
1 *Introduction and Toccata in G Major* — 6'15
MICHEL CORRETTE (1709-1795)
2 *Noël : Vous qui désirez sans fin* — 4'33
JEAN-SÉBASTIEN BACH (1685-1750)
3 *Fantaisie et fugue en do mineur* BWV 537 — 8'43
4 *Choral : Das alte Jahr vergangen ist* BWV 614 — 2'41
5 *Choral : Wachet auf, ruft uns die Stimme* BWV 645 — 4'23
CÉSAR FRANCK (1822-1890)
6 *Deuxième choral en si mineur* — 13'57
CAMILLE SAINT-SAËNS (1835-1921)
7 *O salutaris* — 2'47
THÉODORE DUBOIS (1837-1924)
8 *Fiat Lux* — 4'51
JEAN LANGLAIS (1907-1991)
9 *Canzona* — 3'31
10 *Te Deum* — 4'54
ARTHUR LETONDAL (1869-1956)
11 *Toccata* — 3'54
HENRI GAGNON (1887-1961)
12 *Antienne nº 1* — 1'38
13 *Antienne nº 2* — 1'21
14 *Prélude sur l'Alleluia de la fête de saint Michel* — 2'34
ROGER MATTON (1929-2004)
15 *Tu es Petrus* — 5'34

Réalisation : Jacques Boucher
Enregistrement et montage numériques : Maurice Le Bel, Le Sonographe inc.
© CLAUDE LAGACÉ 1993. TOUS DROITS RÉSERVÉS

Disque, *Claude Lagacé aux grandes orgues de la basilique Notre-Dame de Québec*, 1993

Chers amis,

À l'instant j'écoutais l'enregistrement de Claude aux grandes orgues de la Basilique de Québec (enregistrement de 1993) que vous m'avez offert. Magnifique ! Un programme riche et attrayant, une interprétation absolument parfaite, des registrations également (restituées par une très belle prise de son), ...

Mais il y a aussi quelque chose d'unique et de frappant dans cet enregistrement : c'est un tout jeune homme de 76 ans qui joue, débordant d'énergie, de tonus, de facétie parfois ; c'est aussi un homme plus que mûr de 76 ans, qui a toute la sagesse, la réflexion, la richesse méditative qu'il a construites au cours d'une longue vie ! Cela donne quelque chose de vraiment sans équivalent, et très perceptible. À la réflexion, tout artiste devrait espérer pouvoir atteindre cet état de grâce...

Un très grand merci pour ce magnifique cadeau !

Une nouvelle perle récoltée ce matin sur France Info : « sur l'ensemble des géographies » (comprenez : dans le monde entier) !

Je vous embrasse.

Christophe

J'ai oublié de vous dire l'émotion profonde à l'écoute des trois pièces d'Henri Gagnon interprété par son élève et successeur, sur son propre instrument !

Témoignage de Christophe Mantoux, organiste de Saint-Séverin, Paris

CHAPITRE VI

Le pédagogue
– Plus maître que professeur

LA FACULTÉ DE MUSIQUE
DE L'UNIVERSITÉ LAVAL (1961-1989)

En parallèle de ses activités d'organiste, Claude Lagacé mène une riche carrière de pédagogue, surtout à l'Université Laval.

Dès sa nomination à la tribune de la basilique, il devient professeur à la Faculté de musique de cette université. Sa première tâche : l'enseignement du chant grégorien. Diplômé de l'Institut grégorien de Paris de même que du Gregorian Institute of America (GIA), Claude est à l'aise dans cette matière. Le cours qu'il donne s'étale sur trois ans. À Toledo, Claude enseignait déjà le chant grégorien pour le GIA, ainsi que l'orgue,

Faculté de musique, Pavillon Casault, Université Laval
Photo : Fonds Daniel Abel

L'École de musique de l'Université Laval : aperçu historique, rôle actuel et regards sur l'avenir.

Claude LAGACÉ, directeur adjoint

Dès 1666, Mgr François de Montmorency Laval avait inscrit un cours de chant sacré au programme de formation destiné aux élèves du Séminaire de Québec, institution qu'il avait fondée et dont, en 1852, l'Université serait la bouture. Au début des années 1900, le chant grégorien connut un grand essor et Mgr J.R. PELLETIER, professeur de chant sacré, se rendit à Solesmes afin de mieux accorder son enseignement avec le renouveau liturgique proposé par le "Motu Proprio" du pape Pie X..

Ce n'est qu'en 1922 que, par une décision du Conseil universitaire, l'École de musique était fondée et rattachée à la Faculté des arts. En 1932, un véritable département de musique sacrée, incluant l'enseignement de l'orgue, fonctionnait à l'École de musique, et, sous l'impulsion de Robert TALBOT, son directeur, des cours plus diversifiés s'implantèrent au cours de ces années : piano, théorie, solfège, dictée musicale, harmonie. Les noms de Gustave GAGNON et d'Henri GAGNON, son fils, tour à tour titulaires des orgues de la Basilique de Québec, sont aussi associés à cette phase de l'évolution de l'École.

Au cours des années qui suivirent, l'École continua de croître. La décennie 1960-70 marqua son expansion soudaine et accélérée. L'École étend alors son enseignement pratique à tous les instruments de l'orchestre ; le chant, la guitare et la flûte-à-bec y sont aussi offerts ; des cours de composition sont institués.

Mais c'est surtout dans le domaine de la formation des professeurs d'éducation musicale pour les écoles élémentaires et secondaires que l'École connaît un essor considérable. En effet, trois commissions d'enquête viennent coup sur coup se prononcer en faveur de l'intégration de la musique à l'école. En 1960, la Commission du pro-

tion. Citons aussi le programme de rythmique, en marche depuis deux ans, qui s'inspire du même souci, et vient élargir l'éventail de programmes que l'École de musique est actuellement en mesure d'offrir à ses étudiants.

Voici les autres programmes parmi lesquels un choix peut s'exercer d'après les objectifs poursuivis et la carrière que l'on envisage : l'interprétation, une spécialisation dans l'étude de l'instrument ; la composition ; le sans-mention qui, ne mettant l'accent sur aucune discipline particulière, donne au jeune musicien inscrit à ce programme une formation générale ; l'histoire et littérature, nécessaire prélude à une maîtrise en musicologie.

Ces programmes peuvent se répartir sur trois cycles d'études : tout d'abord, un premier cycle d'études prégraduées d'une durée de trois ans conduisant au baccalauréat en musique, au terme duquel la majorité des étudiants entrent sur le marché du travail ; pour ceux qui choisissent de poursuivre des études avancées, un deuxième cycle appelé la maîtrise ; et enfin un troisième cycle, celui du doctorat, ces deux derniers cycles d'une durée minimale de deux ans.

Dans les années à venir, l'École de musique essaiera de répondre aux objectifs de "l'université nouvelle" tels que décrits dans les rapports Parent, Rocher et Roy. Désormais, la recherche en musique se situera au même rang que l'enseignement ; l'on veillera également à l'établissement d'une politique en ce domaine et éventuellement des professeurs pourront s'y consacrer à plein temps.

La toute récente création d'un programme de musicologie au niveau du deuxième cycle (celui de la maîtrise), l'importance nouvelle accordée depuis quelques années à la classe d'instruments anciens,

Les cinquante ans de l'EMUL, *Au fil des événements*, le 23 novembre 1972

le contrepoint et la direction chorale.

Une fois professeur à plein temps, il abandonne l'enseignement de l'anglais et de la musique au niveau secondaire, ainsi que du chant grégorien au Grand Séminaire de Québec; il se consacre alors entièrement à ses fonctions d'organiste titulaire et à son enseignement universitaire : chant grégorien, orgue, harmonie au clavier et philosophie de l'éducation musicale. Il a une classe intéressante et son enseignement de l'orgue est fort apprécié. À cette époque, la classe d'orgue de la Faculté de musique compte de très nombreux élèves, tant dans la classe de l'abbé Antoine Bouchard que dans celle de Claude Lagacé.

Il est aussi directeur adjoint de l'École de musique, l'EMUL (1970-1978), et siège au Conseil universitaire.

Il participe activement à la mise sur pied de la FAMEQ[31] en 1967 — notamment avec son grand ami George Little — et, en 1968, un an après la fondation des cégeps, à la création du programme d'études collégiales du Cégep de Sainte-Foy. Ce programme qu'il dirige de 1970

---

31   Fédération des Associations de Musiciens Éducateurs du Québec.

à 1982 et qui relève jusque-là de l'École de musique de l'Université Laval, devient alors le Département de musique du Cégep de Sainte-Foy. Claude dirigera aussi, entre autres, le programme d'éducation musicale de l'EMUL.

Le cumul de ces diverses fonctions constituait un horaire très chargé pour Claude qu'on considérait comme un vrai bourreau de travail et qui élevait de surcroît cinq enfants.

L'enseignement musical au collégial
Un "être" soudainement surgi du néant

En 1978, 1057 étudiants ont fait des études musicales dans des collèges des secteurs public et privé. Les sept cégeps du secteur public qui dispensent ce programme sont géographiquement ainsi répartis: à Montréal, les cégeps Saint-Laurent et Vanier (anglophone); à Québec, le cégep de Ste-Foy (Limoilou aussi dans les débuts); au centre, Bourgchemin à Drummondville et Trois-Rivières (depuis 1970); dans la région du Saguenay-Lac St-Jean, le Collège d'Alma et le Cégep de Sherbrooke pour le sud des Cantons de l'est. Ajoutons à cette liste quatre maisons d'enseignement privé, les collèges Vincent d'Indy, Marguerite Bourgeoys et Marianopolis (anglophone) à Montréal, ainsi que le Collège de Nicolet. Si l'on jette un coup d'oeil sur la carte du Québec, on peut voir que les régions sont assez équitablement représentées, mais avec une exception: le bas Saint-Laurent et la Gaspésie. On ne trouve l'option musique professionnelle ni à La Pocatière ni à Rivière-du-Loup, ni à Gaspé. Il faut dire que le Cégep de Rimouski depuis assez longtemps a reçu du ministère de l'Education une autorisation dont il ne s'est pas prévalu à ce jour. Cette carence constitue un préjudice grave à cette région dont la population doit aller chercher beaucoup trop loin et à très grands frais un enseignement musical auquel elle a droit comme tout le monde.

En 1968 l'option musique du cours collégial accueillait dans plusieurs collèges d'enseignement général et professionnel du Québec les premiers contingents d'étudiants en musique qui venaient s'inscrire à ce programme débouchant sur les études professionnelles universitaires.

Si pour les enseignements traditionnels la création du système collégial marquait un progrès en ce qu'il standardisait et unifiait en les dirigeant tous vers un seul canal tous les programmes d'études préparatoires à l'université, pour la musique ce nouveau palier d'enseignement signifiait bien davantage en ce qu'il était une totale nouveauté, une création dans le sens fort du terme, un "être" soudainement surgi du néant. Pour la première fois en effet le ministère de l'Education présentait un ensemble de cours de musique structurés dont l'objet était de préparer adéquatement l'entrée à l'université des étudiants en musique. Il ne saurait pas passer sous silence une autre vertu de ce programme: il constituait un premier effort de démocratisation de l'enseignement musical puisqu'on l'offrait gratuitement à tous les étudiants dont la préparation était jugée adéquate.

7 CEGEPS ET 4 COLLEGES OFFRENT L'OPTION MUSIQUE

Combien de collèges dispensent le programme de "musique professionnelle"? A combien d'étudiants? Les régions du Québec sont-elles toutes servies? Après dix ans d'existence, il est peut-être intéressant de chercher les réponses à ces questions.

Le programme de musique professionnelle est d'une durée normale de deux ans et s'échelonne sur quatre sessions. Son objectif primordial est de donner à l'étudiant une formation musicale de base en instrument et dans les matières théoriques, formation qui le préparera aux études universitaires de 1er cycle (Baccalauréat en musique). A ce programme préuniversitaire peut s'ajouter une troisième année entièrement centrée sur les formes de la musique populaire et dont l'objet est de préparer l'entrée immédiate de l'étudiant sur le marché du travail. Les cégeps de Saint-Laurent, Alma, Drummondville et Vanier dispensent cette année supplémentaire de musique populaire.

Outre le programme professionnel de musique, les onze collèges mentionnés offrent un programme appelé "concentration" qui se compose de six cours de musique seulement, les six autres cours qui compléteront la grille de la concentration pouvant être choisis dans le programme général d'arts ou de lettres. Et pour compléter le tableau, ajoutons qu'un grand nombre de collèges de la province donnent de la musique en cours complémentaire, répondant ainsi au désir qu'ont certains étudiants de faire de la musique par pur plaisir et comme un heureux dérivatif au stress qu'imposent souvent des études intenses concentrées dans un domaine particulier.

LE PROGRAMME PROFESSIONNEL: EVALUATION

Ce programme est véritablement de structure monolithique puisque tous les cours sont obligatoires, liberté de choix n'étant accordée que pour le cours complémentaire. Y aurait-il lieu de s'en

« L'enseignement de la musique au collégial — Un "être" soudainement surgi du néant », *Cégépropos*, n° 61, p. 13-17, 1978

scandaliser? Certainement pas; nombre de programmes universitaires en musique affectent une structure analogue, poursuivant eux aussi des objectifs de formation professionnelle. Et comme cette formation exige des apprentissages précis, il est difficile de laisser beaucoup de marge au choix personnel. Ce programme est constamment évalué et révisé par le comité de coordination de la D.G.E.C. qui a fourni ces dernières années un très grand effort pour clarifier ses objectifs, mettre à jour ses guides pédagogiques et s'interroger sur son approche générale des disciplines à enseigner.

LES PROBLEMES

Ils sont principalement de trois ordres:

● Les services d'accueil des universités.

● Le dédoublement de la structure collégiale dans les Conservatoires.

● La préparation des candidats à l'admission collégiale. — Infrastructures déficientes.

LES SERVICES D'ACCUEIL DES UNIVERSITES

Même si le Comité de Liaison de l'Enseignement Supérieur et de l'Enseignement Collégial (CLESEC) a demandé aux universités, à la suite de certaines recommandations du Rapport Nadeau, d'assouplir leurs seuils d'accueil pour éviter une surspécialisation collégiale qui agirait au détriment d'une approche plus large des disciplines, certaines facultés et écoles

de musique, en violation des accords du CLESEC, continuent d'exiger à l'admission beaucoup plus que le contenu du programme collégial. Cet abus vient contrarier une autre recommandation du Rapport Nadeau qui demandait aux programmes collégiaux de se fixer des objectifs spécifiques au cycle collégial, qui soient autre chose qu'un secondaire qui s'attarde ou de l'universitaire prématuré. La formation du collégial doit poser les bases, et tout empiètement dans le champ universitaire se fera au mépris d'une approche élargie où viennent logiquement s'inscrire un entraînement intensif de l'oreille musicale ainsi qu'une véritable initiation au langage musical et aux oeuvres de tous les genres et tous les styles qui ont donné à la musique ses différents visages au cours des siècles.

LE DEDOUBLEMENT DE LA STRUCTURE COLLEGIALE DANS LES CONSERVATOIRES

Les Conservatoires du Québec ont obtenu, par une entente du ministère des Affaires culturelles avec le ministère de l'Education, l'autorisation de décerner eux aussi le D.E.C. en musique aux candidats qui le désiraient, la fin du 2e cycle ayant été considérée comme équivalent au niveau de sortie des études collégiales.

Cette situation est anormale. Elle pêche tout d'abord en ce qu'elle remplace en certains cantons une véritable option collégiale qu'un cégep local pourrait mettre sur pied par un cours de conservatoire qui poursuit des objectifs bien

différents. Une option musique sur un campus collégial apporte, outre l'enseignement donné à ceux qui s'y inscrivent, une présence musicale dans le creuset culturel d'une institution en quête de savoir; toute la communauté en est pénétrée et en profite. Pour sa part, le Conservatoire dans ses serres chaudes culturelles dispense, dans bien des cas, un simulacre d'option collégiale où littérature musicale au cours traditionnel d'histoire et le cours d'instrument principal est parfois remplacé par un bloc d'études théoriques ou musicologiques. Deux conservatoires refusent l'enseignement de l'instrument secondaire formellement inscrit au programme collégial. En outre, les conservatoires ne participent plus depuis des années aux délibérations du Comité de Coordination de la D.G.E.C. chargé d'étudier et de mettre à jour le programme de l'option musique. Cette situation abusive mérite l'attention particulière du Ministre de l'Education qui seul peut appliquer le vrai remède: que soit retirée sur-le-champ l'autorisation accordée aux conservatoires de décerner le D.E.C. en musique.

LA PREPARATION DES CANDIDATS A L'ADMISSION COLLEGIALE — INFRA-STRUCTURES DEFICIENTES

Le problème que nous allons maintenant évoquer ne pourra celui-là se régler par un oukase ministériel. Il s'agit des écoliers sortant des études secondaires qui demandent l'admission au

---

cours de musique collégial. D'où viennent-ils et quelle est leur préparation?

Un premier groupe nous vient de l'enseignement musical privé, des pianistes pour la plupart, de six à dix ans d'études instrumentales presque toujours sanctionnées par des examens devant jurys universitaires (Service de l'extension). Ces candidats n'éprouvent aucune difficulté à se faire admettre car ils sont généralement prêts pour les études collégiales.

Le second groupe nous arrive des options musique du cours secondaire. Pour ces écoliers dont le plus grand nombre n'a reçu que des cours collectifs, (guitare, instruments à vent surtout), l'admission est plus problématique. Il faut, à l'audition qui est de rigueur pour tous les aspirants, chercher davantage les signes de talent réel que la manifestation d'une préparation adéquate. On ne peut trop attendre d'une option musicale dont la durée varie de un à cinq ans selon les ressources et le bon vouloir des commissions scolaires et les directions pédagogiques des écoles polyvalentes.

A ce point de notre démarche, une question plus pressante se pose: d'où viennent donc les étudiants qui choisissent l'option musique du secondaire? La réponse est claire: ils viennent de nulle part et il faut entendre par là qu'aucune forme d'enseignement musical vraiment organisé et aucun programme cohérent de formation musicale ne leur ont été impartis dans le cadre de leurs études élémentaires. Encore

là, les enfants des familles pour qui la musique est une valeur et qui auront reçu des leçons privées prendront les devants. Pour les autres, rien ou presque.

Quand on a fait le tour de tout ça, une évidence frappe: l'université depuis assez longtemps déjà a structuré des programmes d'enseignement musical supérieur; le collégial en 1968 s'organisait; on tentait vers le même temps au secondaire un effort qui donne les résultats que l'on sait parce que à l'élémentaire tout est à faire. La réaction que cette situation suscitait chez le musicien Antoine Bouchard en 1972 reste d'actualité:

"Fantastique pays, celui où les pyramides reposent sur la pointe! Et c'est bien ainsi que la musique est organisée: presque rien au primaire, peu au secondaire, un peu au cégep et beaucoup après. Le plus étrange, c'est encore que ce "beaucoup après" s'aventure parfois, avec la méthode de l'autruche, à perpétuer un état de choses suicidaire."

Et pourtant! Le Rapport Parent avait d'intéressantes suggestions sur l'enseignement des arts en général et de la musique à l'élémentaire ainsi qu'au secondaire. Le Rapport Rioux allait beaucoup plus loin dans sa réflexion sur l'importance des arts dans la société d'une part, et sur l'importance en particulier de la formation de l'individu d'âge scolaire par l'enseignement des arts d'autre part. Les recommandations étaient précises sur ce point mais les autorités en place ont fait la sourde oreille.

Le jour où un enseignement musical rationnel et organisé sera présent à l'élémentaire, le secondaire ne fera que continuer ce qui est déjà commencé et un collégial plus exigeant présentera à l'université des candidats très bien préparés. C'est de cette façon et de cette façon seule que le niveau des études collégiales pourra être haussé.

Il faut à tout prix remettre la pyramide sur sa base.

Claude Lagacé
directeur du programme
de musique
Collège de Sainte-Foy

Marius Cayouette (1905-1985)
— Musicien, intellectuel racé et plein d'esprit[32]

Marius Cayouette, grand ami de Claude, était un véritable musicien, doublé d'un intellectuel racé. Marius, un des fondateurs de l'École de musique de l'Université Laval, était doté d'une très vaste culture; l'homme savait converser avec élégance. Pour ma part, je l'ai connu pendant mes études universitaires. J'allais lui rendre visite à son bureau presque toutes les semaines. C'était un véritable enchantement. Dès mon arrivée, il m'offrait une cigarette. Pas d'ici. Non, pas du tout. Une cigarette de pays étrangers dont il me parlait avec enthousiasme. Parfois, j'hésitais à entrer car il était à son piano. Pour ne pas importuner ses voisins, il avait coutume de jeter une couverture sur son instrument afin d'en atténuer le son. Le musicien jouait habituellement des pages de Tournemire dont il admirait profondément l'écriture. Après le rituel des cigarettes, il me parlait de l'Europe dont il avait une connaissance étonnante, lui qui n'avait pourtant jamais traversé l'Atlantique. Il s'exprimait comme un véritable érudit, dénué de toute prétention. Puis, la conversation bifurquait invariablement vers la musique. À la fin de chaque visite, j'aspirais déjà à la suivante.

Monsieur Cayouette était un ami intime de Claude Lagacé. Dans les dernières années de sa vie, il se retira dans sa famille, dans son village de Sainte-Claire-de-Dorchester, où Claude, depuis l'île d'Orléans, allait régulièrement lui rendre visite.

Marius fut longtemps secrétaire de l'EMUL. Fondée en 1922, cette institution qui fête donc son centième anniversaire cette année[33] est la première à offrir au Québec une formation musicale de niveau universitaire en français. Elle connaît entre 1960 et 1980 une très forte expansion à la suite de la mise en place de nouveaux programmes de premier, deuxième et troisième cycles. Elle offre une formation variée : disciplines universitaires traditionnelles (études théoriques, histoire et musicologie), interprétation classique, jazz, musique populaire (études instrumentales) et composition. Elle est particulièrement réputée pour

---

32 Claude Lagacé, *Musique et musiciens*, p. 25-33, Les Éditions GID, 2014.

33 Pour souligner cet événement, Paul Cadrin, ancien professeur et doyen de cette Faculté, donna pour les Amis de l'orgue de Québec une conférence sur l'histoire de cette institution le 13 février 2022.

Marius Cayouette

Antoine Bouchard et Claude Lagacé avec une élève, orgue Ott, Faculté de musique, 1970-1971

Claude Lagacé, le pédagogue en action, Université Laval

son programme d'éducation musicale, destiné aux futurs enseignants en musique au niveau scolaire, ainsi que pour son programme de maîtrise en didactique instrumentale. En mai 1997, l'École de musique accède au rang de faculté.

LUCIEN BROCHU, UN VISIONNAIRE (1920-2021)

De 1962 à 1977, l'École de musique a pour directeur monsieur Lucien Brochu. Ce musicien visionnaire lui apporte une âme, une stimulation qui marquent fortement les étudiants. À la fin des années soixante, j'ai le bonheur de fréquenter cette École. Ce sont des moments de joie profonde. Mes échanges fréquents avec monsieur Brochu sont une source d'inspiration féconde. Un jour, je vais le voir pour lui présenter un projet. Je souhaitais que l'ensemble de la Faculté soit invité à donner un concert dans mon village natal de Saint-Pascal de Kamouraska, doté d'un très bel orgue Casavant. Il fallait donc, la veille du concert, héberger 250 choristes dans cette localité du Bas-Saint-Laurent. Musiciens et choristes étaient sous la direction de Chantal Masson-Bourque, une

Lucien Brochu, directeur de l'École de musique de l'Université Laval

artiste hors pair.

En moins d'un quart d'heure, monsieur Brochu accepte avec enthousiasme ce projet un peu extravagant à mes yeux mais qui me tenait très à cœur.

Lorsque Lucien Brochu prend sa retraite en 1987, Claude lui rend un vibrant hommage, dont voici un extrait[34] :

Le douloureux naufrage de la musique liturgique

Lucien Brochu fut aussi et tout d'abord professeur de chant grégorien et musicien d'église, et il fit de l'École un foyer de diffusion intense de cet enseignement. Maître de chapelle pendant de nombreuses années à Notre-Dame-du-Chemin, fidèle collaborateur de la *Revue Saint-Grégoire*, toujours sur la brèche pour promouvoir et défendre la bonne musique liturgique, il combattit le bon combat, dans le langage de saint Paul lui-même, aux côtés des Elzéar Fortier, Marius Cayouette, Albert Roy et autres âmes d'une vaillance éprouvée. À côté de madame Jeanne Landry

---

34   Claude Lagacé, *Musique et musiciens*, p. 17-20, Les Éditions GID, 2014.

aussi quand, après Vatican II, les musiciens d'église dignes de ce nom tentèrent d'écrire un répertoire de musique liturgique dans le langage vernaculaire pour remplir le vide créé par l'abandon soudain et injustifié du chant grégorien et de la grande polyphonie classique. Mais que d'efforts vains!

Que d'énergies galvaudées et perdues! Nous avons tous succombé, car j'en étais moi aussi, dans le naufrage général et nous avons pu voir en revanche l'insolente victoire des « tounes » d'église que le bon peuple de Dieu bêle si docilement dans un trop grand nombre d'églises de chez nous. Que Lucien ait, à un certain moment, donné un coup de barre décisif à sa carrière liturgique pour quitter ces eaux troubles et regagner la rive, qui saurait l'en blâmer?

Musicien cultivé, intéressé aux autres arts, qu'il s'agisse de peinture, d'architecture ou de littérature, féru d'histoire et même de politique, il est l'« honnête homme » tel que défini par La Bruyère au Grand Siècle. Travailleur acharné, il sut mener à bien ses projets à long terme tout en expédiant les besognes usantes de la routine quotidienne. Sa disponibilité était sans borne, car il est de la race de ceux qui savent écouter.

Outre ses fonctions de professeur, Claude Lagacé est directeur adjoint de la Faculté (1970-1978), poste aussi exigeant que prestigieux. Monsieur Brochu tenait Claude en haute estime et avait en lui une entière confiance, comme en atteste ce témoignage qu'il lui rendit pour ses cent ans[35] :

Claude Lagacé! La simple évocation de son nom me reporte loin derrière : à près de quarante ans passés. Mais que de beaux et précieux souvenirs! Ensemble avons-nous eu le plaisir de travailler à la bonne marche et au développement d'une institution qui nous tenait à cœur et que nous aimions profondément : l'École de musique de l'Université Laval, aujourd'hui devenue Faculté. Ainsi ai-je eu le bonheur d'apprécier, jour après jour, ses qualités d'homme et de musicien : le respect, la délicatesse et la discrétion qui sous-tendaient tous les rapports qu'il entretenait avec les étudiants et chacun de ses collègues; sa volonté

---

35 *Mixtures*, numéro spécial consacré à Claude Lagacé à l'occasion de ses cent ans, tiré-à-part n° 5, avril 2017.

de transmettre aux futurs éducateurs une philosophie de l'éducation musicale articulée, généreuse, axée sur l'essentiel; et dans l'exercice de ses fonctions aux grandes orgues de la basilique de Québec, digne successeur de Gustave et Henri Gagnon, la recherche constante d'une musique liturgique de qualité. C'est dire la profonde estime et l'affectueuse reconnaissance que j'ai gardées, que je garderai toujours de son étroite collaboration, et le grand plaisir que je prends aujourd'hui de le lui rappeler à l'occasion du « centième de son âge », étape de la vie qu'à son exemple j'espère atteindre à mon tour. Joyeux anniversaire, mon cher Claude ! Qu'une inaltérable santé te soutienne encore *ad multos annos!*

Plus tard, la candidature de Claude au poste de doyen de la Faculté est évoquée. Jamais avide de pouvoir, il a pourtant toutes les compétences voulues pour ce poste. Or, une rumeur selon laquelle il n'est pas assez « politique » pour cette fonction vient aux oreilles de l'intéressé. Sa réplique est immédiate : « C'est le plus beau compliment qu'on puisse me faire ! ».

L'enseignement de Claude Lagacé comporte une forte dimension culturelle. La présence de Claude en salle de cours est un véritable moment de grâce. Le maître a l'art de nous amener au-delà de la matière; son enseignement est source de véritables révélations qui nous font prendre conscience du contexte culturel dans lequel s'inscrit l'acte musical. C'est un véritable privilège. Claude Lagacé a beaucoup réfléchi à l'enseignement de la musique et à l'art et ses écrits sur le sujet feront école.

Claude accomplit bien d'autres tâches, telles que l'enseignement de la philosophie de l'éducation musicale au niveau de la maîtrise. Il est également membre de la Commission diocésaine de musique sacrée, qu'il présidera dès 1963. En outre, Claude fonde deux chœurs et participe activement à la fondation des Amis de l'orgue de Québec.

Témoignage de Paul Cadrin, organiste, ex-doyen et professeur retraité de la Faculté de musique de l'Université Laval

CLAUDE LAGACÉ

J'ai d'abord connu Claude comme ami, au cours de l'été 1966 alors que j'étais inscrit à l'École de musique. Le dimanche matin, après la messe à la Basilique, nous traversions la rue et, attablés au Café Buade, nous parlions orgue, bien sûr ! En tant que successeur de la famille Gagnon, il portait fièrement un lourd héritage. Son influence sur la vie de la musique liturgique débordait largement les limites de sa tribune, notamment au sein de la Commission diocésaine de musique sacrée. À l'époque où je me suis joint au personnel de l'École de musique, en 1974, il faisait partie des « sages » de l'École. Au sein d'un corps professoral qui connaissait alors une croissance exceptionnelle, il incarnait la voix de l'expérience, qui nous éclairait sur les enjeux, les défis et les rouages de l'administration universitaire. Tous ceux qui ont côtoyé Claude ont éprouvé son affabilité et sa convivialité, qualités qui s'enracinaient dans une vaste culture. Cette culture ne se limitait pas aux questions musicales, mais se nourrissait d'art, de littérature et d'histoire. Les ouvrages qu'il a publiés à la retraite témoignent bien de cette ample vision, une vision noblement enracinée dans le terreau québécois.

LE CHŒUR MARIE-VICTORIN (1964)

Fort de son expérience en direction chorale aux États-Unis, notamment à la cathédrale de Toledo (Ohio), Claude Lagacé ne tarde pas, à son retour à Québec, à fonder une chorale scolaire mixte de 75 voix qu'il dirigera lui-même pendant plusieurs années. Ce Chœur Marie-Victorin est à l'époque une innovation, comme le mentionne l'article du *Soleil* ci-contre. En 1967, cet ensemble se classe premier au concours régional du Festival de musique du Québec et grave un disque offrant un répertoire varié : chant grégorien, polyphonie sacrée du XVIe siècle, chants folkloriques et un arrangement par Claude Lagacé d'une chanson de Gilles Vigneault. Ce chœur se produit même à la télévision.

Une chorale scolaire devrait exister dans toutes les écoles du niveau secondaire

par Pierre CHAMPAGNE

L'inventeur de la méthode Corneloup a exprimé le vœu que chaque école secondaire ait sa propre chorale. D'autre part, le rapport Parent encourage le chant choral et le décrit comme le meilleur moyen de formation musicale collective.

Ces deux arguments ont été, pour la direction du Pavillon Marie-Victorin, et pour M. Claude Lagacé, directeur-fondateur du Chœur Marie-Victorin, la clef d'une négociation fructueuse avec les autorités de la Régionale de Tilly, afin d'inclure dans la programmation des loisirs para-scolaires, et ce pour la 4e année consécutive, l'entraînement d'une chorale mixte à 75 voix.

ORIGINES

Le Chœur Marie-Victorin qui est aujourd'hui une des seules chorales scolaires de la région, sinon la seule, et certainement la meilleure de sa catégorie, a eu, comme tout organisme, des débuts modestes.

Fondée en 1964, sous l'instigation de M. Raymond Roy, ex-directeur des études au Pavillon Marie-Victorin, elle ne comptait à l'époque que 16 garçons de 10e et 11e classique et scientifique.

On confia alors les destinées de la chorale à M. Claude Lagacé, chargé de cours d'orgue et de chant grégorien à l'École de musique de l'Université Laval et organiste à la Basilique de Québec.

L'année suivante, ce dernier rencontra Mlle Clarisse Valois, professeur de musique à l'école secondaire des filles en vue de marier le chœur de cette école à celui du pavillon.

L'échange des jones eut lieu au début de l'année et la chorale passa de 16 à 30 voix.

Mlle Valois dirigeait les répétitions pour les filles et M. Lagacé celles des garçons. De plus, ce dernier avait la main haute sur les répétitions générales.

L'année scolaire 1965-66 fut, pour ainsi dire, la grande année. M. Lagacé succéda à la direction des deux groupes à la suite du mariage de Mlle Valois.

Les répétitions se firent nombreuses. Élèves et directeur travaillaient avec cœur. Le chœur Marie Victorin se classa, cette année-là, premier au concours régional du Festival de musique de Québec.

On enregistra aussi un disque 33 t, sur lequel des choristes chantaient une polyphonie sacrée à quatre voix mixtes du XVIe siècle, un chant grégorien, deux chants folkloriques et une composition de Gilles Vigneault, «Quan vous mourrez de vos amours».

L'an dernier, la chorale continua à aller de l'avant. En plus des concerts de Noël et de fin d'année, le chœur donna un récital de 30 minutes à la télévision.

ESPRIT DE TRAVAIL

«Les jeunes ont vraiment un esprit de travail remarquable et je tiens à les en féliciter», nous a déclaré M. Lagacé.

«Depuis le décloisonnement, l'école a été un peu dépersonnalisée et je crois que les élèves, qui assistent tous régulièrement aux répétitions, viennent y chercher 'l'atmosphère' qui leur manque dans les cours réguliers.

«De ce côté, la musique a certainement un rôle à jouer.»

Et de continuer le directeur : «Plusieurs de mes choristes sacrifient, une fois par semaine, un bon dîner maison, pour ne pas manquer la répétition à midi.»

Depuis le décloisonnement, les cours se destinant spécialement à la chorale, n'étant plus inscrits à la programmation officielle de l'année, doivent se donner en dehors des heures de classe.

«Dès la première répétition, nous avons appris huit mesures d'un nouveau chant en quatre parties.

Tous mes élèves pratiquent avec une partition dans les mains, mais ils chantent par cœur durant les concerts.»

M. Lagacé a eu à souffrir de plusieurs frustrations à cause de la polyvalence, mais, l'an prochain, son plus cher désir serait d'inclure le groupe choral dans ses cours réguliers d'art rythmique.

ENSEMBLE -- Les yeux rivés sur leur directeur, une partie du Chœur Marie-Victorin chante à plein poumon.

EXPLICATIONS -- Le directeur de la chorale, M. Claude Lagacé, explique à quelques étudiants un passage de la partition. De gauche à droite: Marc Duquet, M. Lagacé, Claire Picard et Richard Leblanc.

Les chorales scolaires, *Le Soleil*, le 21 octobre 1967

Le Chœur du Vallon (1966)

En 1966, on fait de nouveau appel à Claude Lagacé pour fonder et diriger le chœur Les chanteurs du Vallon à Sainte-Foy, en banlieue de Québec. Il dirigera cette chorale en 1966-1967. Claude, ce bâtisseur, s'exécute avec beaucoup d'enthousiasme. Le répertoire de cette chorale allie folklore et chant populaire. Malgré un horaire très chargé, Claude Lagacé insuffle à cet ensemble son dynamisme habituel. Il réalise pour les deux chœurs qu'il dirige de nombreux arrangements de chants populaires que Chantal Masson-Bourque fera d'ailleurs chanter à quelques occasions par le Chœur de l'Université Laval. Le Chœur du Vallon, aujourd'hui dirigé par Gisèle Pettigrew, a célébré son cinquantième anniversaire en 2016 au Palais Montcalm, en présence notamment de son fondateur.

Claude est également très actif au camp musical CAMMAC aux côtés de son ami George Little, et au Camp Accord-Parfait. Ses jeunes enfants l'y accompagnent et bénéficient de l'enseignement donné.

HISTOIRES DE CHŒUR
Le Chœur du Vallon célèbre ses cinquante premières années

CLAUDE LAGACÉ
(SAISON 1966-1967)

Organiste, philosophe et pédagogue, Claude Lagacé a été le chef fondateur des Chanteurs Du Vallon en 1966, avec l'appui du président-fondateur, Sylvio Bédard. Formé en piano par Germaine Malépart de Montréal et en orgue par Henri Gagnon à Québec et Clarence Watters aux États-Unis, Claude Lagacé s'est aussi spécialisé en chant grégorien. Ayant séjourné plusieurs années aux États-Unis, il fut organiste et maître de chapelle à la cathédrale de Toledo en Ohio de 1941 à 1961, ce qui lui a permis de travailler auprès d'excellents chœurs d'hommes et d'enfants. À son retour au Québec, il obtient le poste d'organiste à la basilique-cathédrale de Québec, poste qu'il conserva de 1961 à 1993. Parallèlement à cette fonction, il fut professeur d'orgue et de chant grégorien à la Faculté de Musique de l'Université Laval de 1961 à 1989 et directeur du programme collégial en musique. En 1966, il participa à la création des « Amis de l'orgue de Québec ». Il a réalisé de nombreux enregistrements tant à la radio que sur disque, effectué plusieurs tournées de récitals, écrit et traduit plusieurs ouvrages.

NAISSANCE DANS UNE VILLE EN PLEINE EXPANSION

Lorsque l'idée d'une chorale municipale prit naissance au cours de l'année 1966, la ville de Sainte-Foy était en pleine expansion. Sa population venait d'atteindre les quarante-huit mille habitants, alors qu'elle dépassait à peine cinq mille âmes en 1951. Dix nouvelles paroisses avaient été fondées pour accueillir les jeunes familles entre 1950 et 1965. L'organisation des loisirs était donc devenue une priorité.

Sur le plan culturel, chaque paroisse avait sa chorale rattachée à l'église. Mais dans l'esprit de certains, il y avait place pour une chorale différente, une chorale de loisir, pour le simple plaisir de chanter ensemble un répertoire varié. C'est dans cet esprit que s'est formé à l'automne 1966 l'ensemble vocal de Sainte-Foy, sous l'appellation « Les Chanteurs du Vallon ».

LES DÉBUTS DES CHANTEURS DU VALLON (1966-1968)

Les activités des Chanteurs du Vallon ont débuté à l'automne 1966, sous le patronage du service des loisirs de la Ville de Sainte-Foy. La direction musicale était assurée par Claude Lagacé. Le projet était sans doute porté par quelques personnes autour de Sylvio Bédard, qui en a été le premier président et est resté membre jusqu'au milieu des années 1980.

Durant sa première année d'activités, la chorale a donné deux concerts les 22 décembre et 28 avril. Selon les indices relevés dans les archives, il semble que son répertoire était essentiellement folklorique et populaire.

3

Le cinquantenaire du Chœur du Vallon, Palais Montcalm, le 23 avril 2016

CHAPITRE VII

La joie de vivre avec Anne

Claude partage pendant quarante ans sa vie avec Anne Rogier, musicienne et linguiste.

Lors d'un entretien émouvant, Anne me révèle des moments intimes de leur vie. Ensemble ils ont la chance de connaître une existence hors norme. « L'image précieuse que je garde de ma vie avec Claude est très poétique, me dit-elle, comme si elle avait échappé au prosaïsme du quotidien. »

Anne et Claude à l'île d'Orléans, 1985

Leur vie commune se déroule dans un climat de partage invariablement empreint de bonheur et de simple joie de vivre. Anne assiste Claude à sa console d'orgue en toutes circonstances, ainsi que dans la préparation des événements importants de sa vie professionnelle. Combien de soirées de travail passées ensemble à la tribune de l'orgue, Claude à ses claviers et mettant au point les registrations avec l'aide de sa fidèle assistante dans la pénombre de la cathédrale ! Réciproquement, Claude offre à Anne une collaboration très précieuse dans son métier de traductrice. Il l'accompagne souvent dans ses déplacements d'inter-

Anne et Claude, Québec, 1990

prête de conférence au Canada et à l'étranger, quitte à renoncer parfois à certaines activités lui tenant à cœur.

Après quelques années dans le Vieux-Québec, Claude et Anne passent 17 ans à l'île d'Orléans, face au fleuve et aux Laurentides. Ils y mènent une vie professionnelle intense, à laquelle viennent se greffer, entre leurs nombreux voyages, de fréquentes rencontres familiales et amicales, ainsi que quelques activités bucoliques — élevage de poules et même de deux cochons, culture de framboises, etc. — dont ils aiment faire profiter leur entourage. Les réunions familiales et amicales sont aussi fréquentes qu'animées, et recevoir vingt personnes à la fois ne leur fait pas peur. Une des filles de Claude vient aussi de France l'été avec sa famille et, pendant que les parents vont donner leurs concerts, Claude et Anne gardent les enfants. Ils passent la soirée à faire de la musique, du théâtre, de la cuisine, pour le bonheur de tous. La famille d'Anne vient aussi régulièrement animer la maisonnée : les neveux adolescents viennent tour à tour — dès l'âge de raison atteint ou presque… — passer plusieurs semaines de vacances à l'île d'Orléans, et font avec Anne et Claude de nombreuses excursions (New York, observation des baleines, etc.). En outre, des amis musiciens viennent souvent roder leurs concerts

Soirée de théâtre et musique en famille à l'île d'Orléans

et leurs concours chez eux. Ces artistes, tels Michel Franck ou ses élèves, Darren Lowe, Suzanne Beaubien, ont besoin d'un public; Claude et Anne se font un plaisir de remplir la maison pour les écouter.

Témoignage de Michel Franck, pianiste

Claude Lagacé, ami de longue date

Notre amitié remonte au printemps 1977 alors que je remportais à Montréal le Prix d'Europe de l'Académie de musique du Québec à l'âge de 19 ans. Quelques jours plus tard, Claude, qui était alors directeur adjoint à l'École de musique de l'Université Laval et responsable du Département de musique du Cégep de Sainte-Foy, me convoque à son bureau pour me demander de dresser une liste de mes amis qu'il veut inviter à célébrer mon succès chez lui. Quelle amabilité et quelle générosité envers un pur étranger! C'est l'événement qui a marqué le début de notre attachement mutuel.

Après mes études à Juilliard School (1977-1981), j'amorce ma carrière pédagogique comme chargé de cours en piano à l'École de musique de l'Université Laval, puis comme professeur de piano et accompagnateur au Département de musique du Cégep. À compter des années quatre-vingt, notre amitié, toujours stimulante et gratifiante, ne cesse de s'enrichir, tant sur le plan musical que personnel. Avec sa délicieuse épouse, Anne Rogier, Claude m'invite régulièrement à leur résidence de l'île d'Orléans et, plus récemment à leur maison de Sillery, lors de leurs réunions d'amis et même parfois de leurs réunions de famille. Là, l'esprit est toujours à la fête et aux échanges animés dans lesquels l'humour a toute sa place — Claude y est éclatant par son intelligence acérée et son admirable culture musicale, artistique et littéraire — et, évidemment, la musique ne saurait en aucune circonstance être laissée pour compte chez les Lagacé. Invariablement, je suis convié à m'asseoir au piano pour ajouter à cette ambiance baignant déjà dans la joie et la convivialité.

À quelques reprises, j'ai eu le plaisir de voyager avec Claude pour juger les examens d'élèves inscrits aux différents degrés de l'école préparatoire de l'Université Laval. Je me souviens de l'un de ces périples en particulier, dans le Bas-Saint-Laurent, où Lucien Brochu (alors directeur de l'ÉMUL et ami de très longue date de Claude) s'était joint à nous pour la tournée. Étant le benjamin du groupe, j'ai jugé bon de rester discret dans les circonstances; j'ai donc eu le bonheur d'assister aux échanges de mes valeureux collègues. Tous deux, si brillants et cultivés, discutaient et argumentaient sur un sujet ou un autre, et racontaient des histoires à n'en plus finir afin d'égayer le trajet. C'était un feu d'artifice et une escalade ininterrompue de traits d'esprit, d'imagination et d'humour. Quel vibrant souvenir je conserve de cette joute entre deux amis à l'intelligence vive, à la culture vaste et au cœur si bon!

Au cours de ces longues années, il est arrivé fréquemment qu'à ma demande, le couple Lagacé m'accueille dans son foyer pour me permettre de répéter divers programmes de concerts avant leur exécution en salle. Là encore, ils profitent de l'occasion pour inviter un groupe d'amis et des membres de leur famille, me constituant ainsi un auditoire fort sympathique, enthousiaste et, avouons-le, un peu gagné d'avance. Ces fêtes musicales étaient immanquablement suivies d'un cocktail ou encore d'un souper où les merveilleux dons culinaires de notre chère Anne étaient toujours unanimement louangés.

Depuis plus de trois ans déjà, Claude s'est absenté, mais le souvenir de ces soirées — pur produit de son amitié, de sa générosité et de l'accueil d'Anne — persiste encore et me réjouit. Pendant plus d'un siècle, il a répandu sur son entourage la joie de vivre, l'amour de la musique, le goût de la culture et un respect quasi religieux pour la langue, le tout invariablement agrémenté d'une répartie d'un humour irrésistible et d'une grande finesse d'esprit.

Un tournage de film à Sillery

**Impromptus — Musique et conversations
avec Claude Lagacé (septembre 2011)**

Cette vie heureuse se poursuit pendant 17 autres années à Sillery. Un jour, quelques amis expriment le désir de s'entretenir avec Claude et de l'interroger sur son art de vivre, sa conception de la vie et de la mort, et que sais-je encore. Pendant trois jours, sous la houlette du cinéaste d'animation bien connu, Jacques Drouin — décédé subitement le 28 août 2021 —, cette bande délurée s'amuse comme larrons en foire : l'instigatrice du projet, Marie-Christine Lussier, le journaliste Gilles Lesage, le peintre Pierre Lussier, entre autres, défilent alors pour s'entretenir avec leur ami. Claude au piano accompagne aussi sa fille Claudette, soprano, et son fils Martin au violoncelle, et joue aussi en solo ou en duo avec Anne. Quant à Suzanne Richer-Drouin, elle s'improvise pour la circonstance « stagiaire » auprès de son cher époux. Jacques déploie généreusement son talent dans une succession d'images quasi bergmaniennes, par la beauté de l'éclairage, sa façon de capter l'expression d'un visage ou de créer une atmosphère; Jacques Drouin sait aussi comment provoquer des réparties savoureuses ou encore faire concorder l'envol d'oiseaux au large de Kamouraska avec les notes qui glissent sous les doigts de Claude au piano. Bref, un grand cinéaste à l'œuvre, dans sa modestie légendaire qui n'avait d'égale que sa simplicité et sa générosité. Expérience inoubliable d'un tournage baignant dans la fantaisie, l'humour et l'amitié.

Quelques membres de l'équipe de tournage
De g. à dr. : Claude, Jacques Drouin, Anne, Marie-Christine Lussier ;

Claude, Claudette Des Longchamps-Lagacé, J. Drouin, Suzanne Richer-Drouin, M.-C. Lussier ;

« Autoportrait » de Jacques Drouin dans le bureau de Claude

Claude et Anne, Sillery, 2012

« Mitaine » et billets doux...

Durant 17 ans, Anne est organiste à Trinity Church; cette paroisse anglicane de Sainte-Foy à laquelle Anne est très attachée et que Claude appelle sa « mitaine[36] » est dotée d'un bel instrument à traction mécanique qu'elle affectionne. Après avoir joué son office dominical, Anne réussit presque invariablement à arriver à temps à la basilique pour entendre Claude et lui tourner ses pages à la sortie de la messe, moment privilégié qu'elle ne veut surtout pas rater.

36　« mitaine » : appellation québécoise familière, dérivée du terme anglais « meeting-house », qui désigne une paroisse anglicane (église et salle de réunion).

Anne et Claude, le jour de ses 101 ans. Photo : Fonds Daniel Abel

Ce quotidien heureux et joyeux comporte quelques rituels. Claude descend par exemple la nuit pour préparer le petit déjeuner de sa bien-aimée souvent appelée à se lever dès l'aube pour ses activités professionnelles. Dans la cuisine, un petit carnet leur sert à échanger tous les jours des billets — tantôt doux et amoureux, tantôt humoristiques — que Claude écrit la nuit. À titre d'exemple : « J'ai quelque chose d'important à te dire ce matin : Lorsque nous nous vîmes, vous me plûtes, et lorsque vous me parlâtes, vous m'épatâtes! Interdiction de me corriger, c'est du parfait français. ». Anne ne manque jamais de lui répondre avant de partir.

À la fois très sérieux dans son travail, Claude est de nature taquine et espiègle, tant avec Anne qu'avec sa famille et ses amis. Il aime jouer des tours, raconter des histoires et faire croire des choses complètement loufoques pour s'amuser de la naïveté de son entourage, d'Anne en particulier, et ce, presque jusqu'à son dernier souffle. Claude est certes né sous le signe de la félicité.

Claude, me confie-t-elle, entrevoyait la mort avec une sérénité impressionnante. Pour sa part, Anne ne pouvait envisager la vie sans lui. Claude n'avait pas peur de la mort en soi; ce qui le déchirait et l'inquiétait, c'était d'abandonner Anne. Par contre, profondément croyant, il croyait comme elle en la vie de l'âme.

CHAPITRE VIII

Retour à la plume

En 1995, à la retraite, Claude Lagacé se remet à l'écriture. Très jeune, il manifestait déjà un grand talent pour cette forme d'expression, comme en attestent les extraits de son journal personnel cités au chapitre III. Au point de le faire hésiter quant à l'orientation de son avenir, même si la musique l'a vite emporté sur la littérature. Son écriture s'est nourrie, au fil du temps, des divers horizons qui s'ouvraient devant lui. Son lien privilégié avec Anne Hébert à qui il a toujours voué une admiration sans borne n'est pas étranger à cet appel littéraire. La correspondance échangée entre la romancière et Claude illustre bien la qualité des liens qui les unissaient[37].

DE BACH À BANGKOK (2002)

En 2002, Claude Lagacé publie un premier livre, *De Bach à Bangkok*. Dans cet ouvrage, il relate les nombreux voyages au cours desquels il accompagne Anne à travers le monde. C'est le récit d'un vrai conteur. Dès le début de ces chroniques, ses impressions et réflexions nous plongent au cœur de ses pérégrinations. Ces périples nous révèlent tant les réactions du narrateur que les paysages qu'il observe avec finesse. Claude nous emmène de la France aux Philippines — en passant entre autres par le Rwanda, les Pays-Bas, l'Égypte et Washington — avec un souci du détail qui n'exclut pas une vue d'ensemble où tout nous captive. Voici l'allocution que Claude prononça lors du lancement de *De Bach à Bangkok* :

> Mes chers amis, réunis autour de moi aujourd'hui, excusez-moi, excusez-moi... de vous déranger autant, de vous avoir fait déplacer pour

---

37   Voir la correspondance avec Anne Hébert, pages 67 à 72.

ce premier livre, qui est peut-être une erreur de jeunesse longtemps différée… Vous voyez que j'évite soigneusement ce mot terrible qui rime avec jeunesse, mais situé à l'autre bout, que je n'ai pas le courage de prononcer…

Je me sens intimidé devant un auditoire aussi distingué. Je me suis adressé pendant des années de carrière comme professeur (au secondaire et à l'université) à des auditeurs que je dominais par l'autorité et le savoir, même la sagesse, du moins le croyais-je. Et là, devant vous, je manque d'audace, de toupet. Oui, vous voyez bien ce que je veux dire…

Non, mais sérieusement, je vous ai beaucoup dérangés pour ce premier livre… La prochaine fois, j'ai décidé de ne faire qu'un deuxième livre, et vous pourrez rester chez vous. Lancement de livre… curieuse expression… Lancement de disque, ça va quand même assez bien, si l'on pense aux Jeux olympiques. Mais lancer un livre, il faut que quelqu'un l'attrape, et quelquefois, celui qui l'attrape, disons-même qui l'achète, c'est peut-être lui qui est attrapé, en fin de compte. Et je vous le dis tout de suite avec fermeté, il n'y aura aucun remboursement.

Je vous sers toutes ces blagues parce que la divine pudeur m'arrête presque de vous dire tout simplement, tout uniment, que je vous remercie du fond du cœur d'être ici aujourd'hui. Et je veux dire ma très grande reconnaissance à monsieur Jean Dumont, la cheville ouvrière de ce bel événement, à Guy Cloutier, qui nous a aimablement prêté son talent pour la circonstance, et à Jacques Desautels qui a signé la belle préface de ce livre. Enfin un merci très senti à Anne, ma femme, qui n'a pu me cacher le surcroît d'activité à laquelle la préparation de ce beau jour l'a soumise. Et merci à Marc Thibault et à d'autres amis qui ont travaillé, mais dans le secret.

C'est un beau grand jour d'hiver, parce que je suis âgé, et de soleil pour moi.

Voici les termes dans lesquels Jacques Desautels[38] préface le livre de son ami Claude :

---

38 Professeur émérite de littérature classique, ancien doyen de la Faculté des lettres et vice-recteur à la recherche et à l'enseignement, Université Laval.

La chronique devient littérature

Il faut une bonne dose d'humilité et beaucoup d'humour pour donner à lire ses chroniques de voyage. Claude Lagacé ne manque ni de l'une, ni de l'autre. Mais il y a quelque chose de plus chez lui : l'homme qui vient de signer ce livre est un être doué pour le bonheur. Être heureux occupe tout son temps, dirait-on à la lecture de ces textes

De Bach à Bangkok

bien ciselés qui, d'un pays à l'autre, nous promènent sur des routes familières ou nous mènent vers des sentiers inattendus, où toujours l'on rencontrera ces immenses réalités que sont l'amitié, la musique, l'amour. Au détour de ces pages, des êtres surgissent qui nous deviennent vite familiers tant celui qui nous les présente les a intégrés dans son univers enchanté; résistant avec intelligence aux dangers qui guettent le récit de voyage, il a su donner à tous ces personnages un visage universel. Grâce à son talent, nous atteignons le stade où la chronique devient littérature.

Claude Lagacé
De Bach à Bangkok
Chronique de voyage

Organiste à la basilique de Québec et professeur à l'Université Laval pendant plus de trente ans après plusieurs années de vie professionnelle aux États-Unis, Claude Lagacé a voulu à sa retraite jeter un regard plus large sur le monde où nous vivons. Il a accompagné sa femme, traductrice et interprète, dans plusieurs de ses voyages professionnels à l'étranger. Il en a profité pour noter ses impressions sous les cieux nouveaux de quatre continents et de onze pays.

...L'homme qui vient de signer ce livre est un être doué pour le bonheur. Être heureux occupe tout son temps, dirait-on à la lecture de ces textes bien ciselés qui, d'un pays à l'autre, nous promènent sur des routes familières ou nous mènent vers des sentiers inattendus, où toujours l'on rencontrera ces immenses réalités que sont l'amitié, la musique, l'amour. Au détour de ces pages, des êtres surgissent qui nous deviennent vite familiers tant celui qui nous les présente les a intégrés dans son univers enchanté; résistant avec intelligence aux dangers qui guettent le récit de voyage, il a su donner à tous ces personnages un visage universel. Grâce à son talent, nous atteignons le stade où la chronique devient littérature...»

extrait de la préface de Jacques Desautels

Lancement

La Librairie Générale Française

vous invite à rencontrer

Monsieur Claude Lagacé

pour célébrer la parution de

De Bach à Bangkok

Monsieur Guy Cloutier
prêtera sa voix
pour vous donner un
avant-goût du recueil
dont il lira quelques extraits.

L'événement se tiendra à Québec,
au Bar L'EMPRISE de l'hôtel Le Clarendon
57, rue Sainte-Anne (Vieux-Québec)
le dimanche 8 décembre 2002
de 14h à 16h

Pour information: Librairie Générale Française
10, côte de la Fabrique, Québec 692-2442

Invitation au lancement de *De Bach à Bangkok*

En parcourant ce livre, je pensais tantôt au président Charles de Brosses des *Lettres familières écrites d'Italie à quelques amis* (posth., 1799), tantôt au *Journal* de Julien Green, tantôt au Nicolas Bouvier de *L'usage du monde*. Notre voyageur a le coup d'œil vif et la capacité d'émerveillement du premier à qui, hélas, il manquait la sensibilité du musicien et la bienveillance de l'honnête homme. Il pratique également, notre voyageur, une écriture aussi belle, aussi nette que celle du second, mais avec une plume beaucoup moins rigoriste, heureusement, et tout aussi experte à saisir la beauté de la vie humaine et à en décoder

Claude au lancement de son premier livre

l'inépuisable richesse. Au troisième, il ressemble également par ses dons d'observation et par ses talents de conteur, certes, mais aussi par l'art d'apporter tout à coup au lecteur une réflexion à laquelle celui-ci ne s'attendait pas et qui, de la manière la plus naturelle qui soit, vient souligner la splendeur de l'aventure humaine, parfois même dans les situations les plus cocasses.

Un patricien distingué

On ne s'étonnera pas dès lors que le livre se lise admirablement, dans sa simplicité; le ton y est souvent léger, l'anecdote amusante, la riposte empreinte d'esprit, quoi qu'en dise parfois l'auteur! Et pourtant, il court dans ces pages un attachement à la grandeur de l'homme, un hommage à sa capacité de croire, une indulgence pour sa fragilité, qui ne manqueront pas de laisser des traces dans la tête des lecteurs.

À l'heure où les voyages sont horizontaux, hâtifs et fébriles, comme le déplorait déjà un autre voyageur infatigable, Paul Morand, il est agréable de se laisser porter par l'eau de la montagne qu'évoque Claude Lagacé dans son mot d'introduction, une eau impatiente de raconter « ce qu'elle a vu, entendu et senti ». Quelle chance que d'y avoir pour guide cet homme curieux du monde, ce flâneur émerveillé, ce pèlerin toujours jeune et sans cesse ébahi, ce patricien distingué qui ne craint ni le sourire moqueur, ni non plus l'affirmation de sa foi et de l'amour de l'autre.

Après cette préface, Claude lui-même présente son œuvre, *De Bach à Bangkok* :

Un tel titre pourrait induire un lecteur distrait ou mal informé à prendre Bach pour un lieu ou Bangkok pour un compositeur! Je m'excuse, mais sans trop de conviction, aux âmes simples qui succomberaient à cet innocent traquenard. J'ai donné ce titre à mon récit de voyage, moi l'organiste depuis toujours accroché à Jean-Sébastien Bach, pour indiquer la tangente que j'ai prise, troquant le banc de l'orgue pour les ailes d'Icare.

La musique toute seule ouvre à celui qui s'y donne corps et âme un univers intérieur si riche que grande est pour lui la tentation de s'y confiner. Mal cependant lui en prendrait, car l'âme habite un corps et se nourrit de ce qui l'entoure extérieurement. L'artiste qui fermerait l'oreille

Claude au Rwanda, 1995

à cette rumeur du monde risquerait de dépérir jusqu'à l'assèchement. S'il est avisé, il regarde au dehors de lui-même luire le soleil et verdir les prés. Il s'immerge dans la nature et s'en inspire. Le peintre enrichit sa palette, le musicien écoute les bruissements qui chantent, l'architecte ennoblit ses lignes, et le poète retrouve des mots oubliés pour donner un visage à ses dernières trouvailles. Deux univers viennent à la rencontre l'un de l'autre, et tout l'homme s'en trouve grandi.

Rwanda (1995) : le génocide qui le hante

De Bach à Bangkok nous révèle, entre autres, la diversité de l'expérience de Claude en terre africaine : un safari au Kenya, la mort d'un éléphant[39], ses réflexions sur le génocide[40] qui le hante, une balade avec Anne sur l'Océan indien[41]. Il nous livre plus loin un intermède exquis, « Déliquescence — Court divertissement dans le mode mineur[42] » :

---

39 Claude Lagacé, *De Bach à Bangkok*, p. 27-30 (2002).

40 *Ibid*, p. 35-36.

41 *Ibid*, p. 104.

42 *Ibid*, p. 154.

Claude et Anne sur l'océan Indien (Kenya), 1995

Les années s'attaquent à la mémoire qui de servante dévouée se transforme en amante infidèle. Les mots s'en absentent sans avis, et ces mots perdus sont beaux de tout le regret de ne pouvoir les retrouver... Ils reparaîtront pourtant comme un visage aimé à la fenêtre, mais pour s'évanouir aussitôt. Il faut alors les harponner au passage de la pointe du stylo, et de son encre la plus noire, les « embastiller » dans un cahier à couverture cartonnée qui titrera : « Mots incarcérés pour délit de fuite ». Ils auront parfois droit à des sorties pour bonne conduite, mais seulement pour rendre visite à la mémoire qu'ils auront désertée, la mienne. Et voilà comment le temps, qui bouscule tout le monde à force de ne s'arrêter jamais, a pu métamorphoser un homme de paix (moi !) en garde-chiourme farouche.

Washington (1998) : inoubliable Georgetown !

Plus loin, Claude relatera un concert du pianiste de jazz McCoy Tyner[43] :

> ... En marchant, toujours dans Georgetown, nous avons aperçu à l'entrée du café le Blues Alley, le nom de McCoy Tyner, grand pianiste de jazz, ancien partenaire de John Coltrane, légendaire saxophoniste. Nous y apprenons qu'à 18 heures, nous pouvions y manger et entendre Tyner avec un orchestre de jazz. Nous avons tout de suite retenu nos places.
>
> À 18 heures, tout le monde est assis dans le restaurant bien rempli, sans une fumée de cigarette, les clients curieusement silencieux, dans l'attente d'un grand événement musical. Tyner est tout à coup apparu sur la tribune, un grand Noir d'une soixantaine d'années. Il joue un jazz savant, plein de surprises où l'on sent à travers la fantaisie une vraie culture musicale. J'ai félicité les artistes après le programme. Le contrebassiste qui avait joué de fabuleux solos, à qui je disais mon admiration pour sa connivence avec le pianiste qui leur permettait de toujours s'y retrouver au bon moment, après de longs solos de différents instruments, m'a simplement dit : « Yes, there is some sense in our madness ! » (Il reste de la raison dans toute notre frénésie). Inoubliable Georgetown !

---

43 *Ibid*, p. 208-209.

Thaïlande (1998) : Une espèce de choc

La même année, Claude et Anne sont en Asie. À Chiang-Maï, ancienne capitale de la Thaïlande, Claude nous parle de sa transplantation soudaine dans un autre univers. Il passe ensuite à une réflexion sur le christianisme et le bouddhisme en architecture[44] :

Chiang-Maï

C'est lorsque l'on s'apprête à visiter les lieux et les choses qui nous révèlent l'essence d'un pays que l'on perçoit comme une évidence que l'arrivée dans tout pays du monde se fait de la même manière. On descend d'un grand avion dans un grand aéroport d'où un taxi nous transporte rapidement à un grand hôtel de standing américain. Jusque-là, c'est du pareil au même, et cela parce que la mondialisation des moyens de transport s'est réalisée avec l'avènement des grandes lignes aériennes. Ce n'est qu'après que se produit l'immersion soudaine du voyageur dans le nouveau continent où il débarque. C'est soudain et presque brutal. Tout à coup, on a trop chaud pour la saison courante, les chauffeurs de taxi, les préposés aux hôtels parlent français ou anglais avec un accent étranger, les visages tant par leur structure que par l'expression n'ont plus rien de familier. J'imagine qu'au temps où l'on ne voyageait que par bateau et par train, on entrait plus graduellement dans l'univers étranger que l'on venait connaître. On y mettait le temps et c'est petit à petit que la nouveauté s'insinuait en nous. « Le temps ne respecte pas ce que l'on fait sans lui. » Maintenant, on voyage en exerçant sur le temps une trop grande compression. D'où une espèce de choc.

Georges Duhamel raconte quelque part qu'il a, au cours de ses années de jeunesse, parcouru toute l'Europe à pied! On est loin de ces cars bondés qui déversent leur cargaison humaine dans les musées, comme ce groupe de touristes allemands (c'est à moi que c'est arrivé) qui envahit tout à coup les salles du musée des Offices à Florence. Ils bousculent sans égard les visiteurs absorbés dans la contemplation des chefs-d'œuvre de la peinture italienne de la Renaissance, écoutent le boniment cacophonique de leur guide pendant trois minutes, et puis déguerpissent sans avoir vraiment rien regardé de ce qu'ils ont vu.

---

44 *Ibid*, p. 223-226.

Christianisme et bouddhisme en architecture

Pour les temples que nous avons visités ce dimanche matin, j'ai senti que je tombais tout à coup au sein d'un climat spirituel où les règles et l'atmosphère esthétique s'écartaient sérieusement de ce que l'on apprend à connaître quand on visite la France, l'Italie, l'Espagne ou l'Angleterre. En Thaïlande règne le bouddhisme, une philosophie de patience devant la douleur et les épreuves, et d'humilité dans les rapports avec autrui. Le disciple de Bouddha recherche la maîtrise de soi au moyen d'une forme d'ascèse qui vise à maîtriser les passions, et répudie tout esprit de domination. C'est pourquoi les temples de Bouddha n'atteignent jamais la hauteur des grandes cathédrales gothiques, dont les hautes flèches et arcs-boutants ne montent jamais assez haut dans le ciel, pour rejoindre le Tout-Puissant qu'elles exaltent et qui règne dans l'au-delà.

Le cintre et l'ogive de l'architecture européenne sont nés d'une collusion du bâtisseur avec son matériau. Pour construire en hauteur il fallait supporter des masses. Les lignes de l'ogive qui s'enflent vers l'extérieur reportent le poids de la voûte sur les arcs-boutants et les contreforts.

Dans les temples bouddhistes de la Thaïlande, on n'escalade pas les hauteurs, et la figure de base qui donne au temple (*wat*) son visage est l'opposé de l'ogive. Ses lignes ne s'enflent pas du pignon vers l'extérieur; bien au contraire, elles ne s'entrouvrent que progressivement en lignes courbes intérieures, comme deux rideaux, rassemblés à la tringle, descendent en pans de chaque côté de la fenêtre et s'y fixent. Je dois décrire faute d'un mot qui désigne cette forme. Elle est omniprésente dans les *wat* thaïlandais, et donne à la façade quelque chose d'accueillant.

Prague (2000) : Une architecture vivante

Deux ans plus tard, Anne est appelée à travailler en Allemagne. Nos deux voyageurs décident alors de commencer par quelques détours, en commençant par Prague, Claude réfléchit cette fois sur l'art gothique et l'art roman[45] :

---

45   *Ibid*, p. 263-264.

Qu'est-ce qui nous remue et nous touche tant dans une grande église gothique? Pour ma part, je crois que c'est la grandeur et la noblesse qu'elles évoquent. Peut-être les auteurs, consciemment ou non, ont-ils cherché à symboliser, par la hardiesse de leur conception, la grandeur et la puissance de Dieu.

Tout autre est le sentiment que m'inspirent les églises romanes, et je pense en ce moment au plus beau spécimen de roman à Prague, c'est-à-dire l'église Saint-Georges. Les murs y sont plus rapprochés, la voûte beaucoup moins haute que dans l'église gothique. L'homme s'y sent moins petit, et cette ambiance qui semble le protéger le rassure aussi. Cette église est à la mesure du chrétien moyen et ne lui demande rien au-dessus de ses forces. Le Dieu qu'on y prie est plus près de sa créature.

Tout est pierre dans la basilique romane de Saint-Georges, excepté la voûte qui est de bois et toute droite, apportant ainsi un brin de Renaissance dans l'intérieur de l'église. Le cintre, plus modeste que l'ogive, est partout présent. La voûte du sanctuaire est à fresques. On accède à l'autel surélevé par deux escaliers latéraux qui nous rappellent qu'il faut s'élever pour arriver jusqu'à Dieu; mais cette montée n'effraie pas car la côte est adoucie par des marches de petite élévation et peu nombreuses. La basilique Saint-Georges est belle, mais d'une beauté qui ne lève pas la voix. La théologie nouvelle dirait qu'elle n'est pas triomphaliste.

C'est dans les édifices et monuments baroques que s'exprime l'énergie vitale du peuple pragois. Sous l'autorité de son grand dôme et de sa haute tour, l'église Saint-Nicolas de la Mala Strana marque l'apogée de l'art baroque à Prague et en constitue le plus pur joyau. Ce dôme aux nervures surélevées, aux hautes fenêtres percées dans la pierre du corps central, aux frontons en lignes recourbées, aux pilastres à chapiteaux introduisent le mouvement dans cette imposante structure, toute de robustesse et de permanence.

Cette vivante architecture chante à mon oreille, car tous les arts se retrouvent au sommet. Toute cette effervescence architecturale me ramène à la musique de Jean-Sébastien Bach, point culminant de la musique baroque. Les yeux fixés sur Saint-Nicolas, j'entends chants et contrechants qui se croisent en de savants contrepoints. Je vois le cadre où s'inscrit l'œuvre d'art et y prend sa forme, comme deux rives qui endiguent le flot de l'inspiration, et définissent en la protégeant l'identité profonde de l'œuvre. On a paré de mille ornements l'intérieur et l'extérieur de l'église Saint-Nicolas, mais la nature profonde de ce temple dédié à la majesté du Dieu vivant, dans son infrangible unité, demeure.

Leipzig (2000) : Sur les traces de Bach

Au cours du même voyage, en cette année du 250ᵉ anniversaire de la mort de Bach, un pèlerinage sur les traces du Cantor dont Anne et Claude rêvaient depuis longtemps s'imposait[46] :

Bach et ses contemporains

Des écrivains éminents, des historiens et des penseurs ont dit des choses remarquables sur Sébastien. Et même des gens plus modestes comme Anna Magdalena, sa seconde épouse. Dans *La petite chronique d'Anna Magdalena Bach*, elle écrit sur son mari, son caractère, et même son génie, des choses émouvantes qu'aucun historien ne contredit, même si l'on croit que ce livre est peut-être apocryphe. Elle note en particulier qu'elle trouve un jour Sébastien en pleurs à sa table d'écriture. « Je suis dans la *Passion selon saint Mathieu* », explique-t-il. Gustave Thibon, philosophe, dit que l'artiste sent dans la mesure où il exprime, et c'est bien ici le cas. Goethe percevait en J.-S. Bach « l'harmonie préexistante à la création dans le sein de Dieu ». J. N. Forkel, premier biographe de Bach, au dernier paragraphe de son livre, dit : « Et cet homme, le plus grand orateur et le plus grand poète musical des temps passés et futurs, cet homme est un Allemand. Que l'Allemagne soit fière de lui ! Oui, qu'elle en soit fière, mais aussi qu'elle s'en montre digne. » Beau témoignage sans aucun doute, mais où crâne le nationalisme allemand, une menace permanente. Johann Mattheson, musicien contemporain de Bach, a dit de lui qu'il était le Shakespeare de la musique, et Ben Jonson, pour sa part, a dit de Shakespeare, son contemporain : « Il n'était pas d'une époque mais pour tous les temps. » Et combien vrai pour Jean-Sébastien ! Cioran, pour parler de Sébastien, ne craint pas l'hyperbole : « S'il y a quelqu'un qui doit tout à Bach, c'est bien Dieu. »

---

46   *Ibid*, p. 271-272; p. 279-280.

Pour terminer, je reviens au monument de Sébastien qui flanque la maison de son enfance à Eisenach. Sébastien y apparaît debout, la plume d'oie à la main, le visage concentré. Le monument est de bronze et, avec les années (il est de 1985), sa partie supérieure plus exposée aux intempéries, a changé de couleur; voilà que ce grand homme, né avec l'arrivée du printemps, le 21 mars 1685, se retrouve avec une chevelure toute verte, comme la ramure des arbres quand ils renaissent de l'hiver. Quel symbole pour son personnage! Toute sa musique jaillit, surgit, rebondit avec un essor toujours printanier. On ne saurait mieux dire l'éternelle jeunesse de l'œuvre musicale de Jean-Sébastien Bach.

Près de Weimar, détour plutôt grinçant mais incontournable pour Claude, hanté par l'Holocauste, la visite poignante du camp de Buchenwald[47] :

Il est difficile de retrouver les pas de Bach à Weimar. Bien sûr qu'il œuvra au palais du duc de Weimar pendant neuf ans, mais le château et la chapelle de l'époque ont été incendiés, il n'y a plus de duc, et Sébastien, même s'il avait été nommé organiste de la chapelle, fut à Weimar plus musicien de cour que d'église. Il n'en reste pas moins qu'une grande partie de son œuvre d'orgue fut écrite au cours de ces années, en outre des innombrables concertos pour violon, hautbois, clavecin et autres, ses suites pour orchestre, et que sais-je encore.

Weimar nous réserve quand même une surprise, et elle est de taille. L'univers entier connaît l'infamie attachée au nom de Buchenwald. Mais je ne savais pas, moi, que ce camp de la mort se situait à dix kilomètres de Weimar, et qu'il est ouvert aujourd'hui aux visiteurs du monde entier. Le circuit local d'autobus dessert Buchenwald et fait la navette entre le centre-ville et le camp. À bord d'un de ces autobus remplis d'Allemands, nous sommes les seuls étrangers. À l'entrée du camp, apparaît sur la grille l'aphorisme suivant : « À chacun son dû. » Cette visite nous met tout à coup en présence de six fours crématoires dont la simple vue nous glace. Les chambres à gaz ont été rasées, mais les quartiers des SS n'ont pas été touchés. C'étaient, en plein milieu du camp, des habitations confortables où les directeurs vivaient bien bourgeoisement, avec femmes et enfants. Mais on présente quand même en ces lieux un film documentaire

47   *Ibid*, p. 277-278.

où l'horreur, vraiment étalée, n'épargne personne. Il semble aberrant qu'en cherchant à Weimar J.-S. Bach, on tombe sur Buchenwald. On trouve, d'une part, l'une des plus grandes imaginations créatrices de l'histoire de l'humanité et, tout à côté, la répugnante effigie du génie de la destruction dans toute sa perversité. Plus de 50 000 personnes sont mortes à Buchenwald.

Égypte (2002) : Le Nil, c'est tout…

Concluons cette brève synthèse des périples d'Anne et Claude par les impressions de ce dernier sur l'Égypte, où il séjourna en 2002[48] :

Le mercredi 22 mai – Si l'on jette un coup d'œil attentif sur la géographie physique de l'Égypte, on voit le tronc d'un grand acacia rasé dont les branches, à son sommet, s'élancent vers l'azur de la Méditerranée. C'est le Nil qui coule longtemps dans son lit avant d'atteindre son delta, où de multiples courants se frayent un chemin vers la mer. Le Caire, capitale de l'Égypte, signale le point de jonction du grand fleuve avec son delta.

Je pense aussi au cobra, dieu protecteur du peuple égyptien dont le long corps, recroquevillé dans le haut Nil, dresse la tête (Le Caire) et crache son venin comme un delta empoisonné dans toutes les directions pour repousser les ennemis de la nation.

Le Nil, le plus long fleuve du monde, parcourt toute l'Égypte et la Somalie, et sa source se situe très loin au-delà même de l'Ouganda. Il court en Égypte sur une longueur de 1 200 kilomètres, et sa longueur totale de sa source à la Méditerranée est de 6 661 kilomètres.

Ce grand fleuve est si important que pour situer d'autres pays du continent africain, on parle d'Afrique du Nord, de l'Ouest, du Nord-Ouest et que sais-je encore. Mais quand il s'agit de l'Égypte, il suffit de parler de la vallée du Nil. Cet immense fleuve a été au fil des millénaires la mère nourricière de toutes les populations d'Égypte. Il inondait toutes les terres lors des grandes crues printanières par ses débordements, et lorsqu'il retournait dans son lit, il laissait sur le sol un riche limon qui

---

48   *Ibid*, p. 281-282.

engraissait les terres arides et sablonneuses de ce grand pays dont les terres cultivables n'occupent que quatre pour cent de son territoire.

Dans l'enthousiasme que je ressens pour ce grand cours d'eau, une pensée curieuse s'insinue en moi, reliquat perfide de mes études de latin classique. Le mot *nihil* en latin signifie *rien*; il pouvait être abrégé pour devenir *nil*. Et voilà bien l'irrévérencieuse ironie! *Nil* peut être rien pour les latinistes, mais pour l'Égypte et les Égyptiens, le *Nil, c'est tout!*

L'Égypte est à quatre heures d'avion de Paris. Au point où s'amorce la descente, je regarde bien sous l'avion, et comme il fait un temps clair, on voit un grand firmament bleu sans nuage, comme si l'on se couchait à terre pour regarder un ciel azuré. Jusqu'à sa descente, l'avion, suivant la courbe de la Terre, décrit une parfaite parabole; tout à coup, les moteurs s'assagissent et le grand aéronef s'engage dans la longue tangente qui, en une vingtaine de minutes, l'amènera au sol. Je sais que, pour un pilote compétent, l'atterrissage n'est qu'une manœuvre parmi d'autres qui requièrent assurément toute son attention, mais sont loin de lui causer la panique. Qu'au terme d'une longue descente, l'oiseau géant qui régnait en maître dans un ciel sans frontière, obéisse en petit garçon bien élevé et vienne sagement se poser au fin bout d'une piste étroite pour faire plaisir à son capitaine, moi, ça m'épate, j'en tombe à la renverse (heureusement que je suis bien sanglé!).

De la musique à la langue parlée (2014)

Basilique-cathédrale de Québec
Lancement de *Musique et musiciens* et de *J'écoute parler nos gens*
Le 17 juin 2014

Allocution de Jacques Boucher

… C'est à la Faculté de musique de l'Université Laval que j'ai connu Claude…. Déjà, je l'admirais. Il venait nourrir l'art du plain-chant, dont j'avais amorcé l'étude et l'accompagnement à l'orgue au collège de Sainte-Anne-de-la-Pocatière…

… Pour ma part, je ne puis aborder une page, même modeste, de grégorien, sans me rappeler cette classe qui m'a marqué.

… Le livre *Musique et musiciens* qui nous réunit aujourd'hui a bien des mérites. Sa première qualité, outre une remarquable écriture, sera d'éviter que des artistes qui ont apporté une exceptionnelle contribution à la vie musicale, à l'enseignement ou à la diffusion de l'art ne tombent dans l'oubli... Puis, il y a ce regard si personnel de Claude sur les gens, jamais nourri par l'envie mais toujours par une saine admiration. C'est une réelle chance que monsieur Lagacé ait conservé et porté ce regard juvénile, qui assure une réelle fraîcheur aux propos du conteur. Et lorsque ce regard devient critique, il s'exprime à la manière du recueil de critiques musicales de Claude Debussy qui, dans *Monsieur Croche antidilettante*, va toujours au cœur de l'œuvre musicale sans jamais abîmer le cœur des interprètes. Ce livre sera aussi utile aux générations futures. Non seulement il fournira une information privilégiée sur des aspects de la vie musicale d'ici mais son approche, son style, sa sincérité constitueront une sorte d'acte pédagogique de l'expression écrite. C'est sans doute là qu'on appréciera au plus haut point la générosité littéraire de Claude Lagacé.

Enfin, pour ma part, ces quelques étapes du cheminement de ce bel artiste, titulaire émérite de cette basilique à laquelle il a apporté rayonnement et prestige, me sont précieuses. En effet, elles se sont converties en une profonde amitié que ma femme, Anne Robert... et moi-même, avons le privilège de partager avec l'autre Anne, et Claude, que je salue avec admiration, gratitude et aussi avec une profonde affection.

Allocution de Claude Lagacé

Monseigneur, chers amis,

J'aimerais tout d'abord remercier plusieurs amis : Jean Dumont, libraire, qui n'en est pas à mon premier lancement, dont il est d'ailleurs encore une fois l'instigateur; Jacques Boucher qui m'a encouragé depuis le début de mon projet; et enfin, Claude Pelletier.

J'aimerais aussi souligner la présence et la participation de mon successeur, Marc d'Anjou, qui a très aimablement accepté de nous jouer ce beau récital.

Maintenant, Monseigneur Bélanger, au nom de tous, je vous remercie de nous avoir ouvert les portes de ce lieu qui m'est à la fois très cher et très familier, bien sûr. Je trouve à cet accueil le sens suivant : Ce n'est pas tant ma personne que vous honorez aujourd'hui, mais plutôt le représentant d'une lignée d'organistes — les trois Gagnon en particulier — qui ont su par leur talent établir dans cette cathédrale une tradition d'excellence musicale. Vous honorez aussi le doyen de deux ou trois

INVITATION

Dans le cadre des Fêtes du 350ᵉ anniversaire de Notre-Dame de Québec

Sous la présidence de Mᵍʳ Denis Bélanger, c.s.s.,
recteur de la Basilique-cathédrale, curé de Notre-Dame de Québec,

LANCEMENT

le mardi 17 juin 2014 à 19 h 30 à la Basilique-cathédrale

Musique et musiciens et *J'écoute parler nos gens*

de Claude Lagacé,
organiste émérite de la cathédrale
et professeur titulaire retraité de la Faculté de musique de l'Université Laval

Ces deux livres sont publiés aux éditions GID (Québec)

Précédé d'un bref récital d'orgue de Marc d'Anjou, titulaire actuel,
avec la participation de David Souza, ténor,
le lancement sera suivi d'une séance de signature et d'un vin d'honneur

R.S.V.P. avant le 10 juin 2014
Courriel : lancement.cl17@bell.net

Entrée : 20, rue Buade, Québec
Stationnement public : sous l'Hôtel de ville (en face de la Basilique)
ou dans la cour du Séminaire, rue des Remparts

Invitation au lancement des livres, basilique de Québec, le 17 juin 2014

Lancement à la basilique, le 17 juin 2014. Photos : Jacques Drouin
Claude et Anne avec Hubert Laforge;

Claude Pelletier et Jean Dumont;

Claude et Lucien Brochu (en arrière-plan : Suzanne Grenier-Lagacé et Madeleine Lesage)

L'organiste Claude Lagacé, 97 ans, vient de publier un livre, *J'écoute parler nos gens*, dans lequel il dénonce les sévices que les Québécois font subir à la langue française. — PHOTO LE SOLEIL, JEAN-MARIE VILLENEUVE

Point d'orgue

MYLÈNE MOISAN
CHRONIQUE

mmoisan@lesoleil.com

En musique, le point d'orgue est un espace de liberté qui laisse à l'interprète le loisir de prolonger une note ou un silence. La vie de Claude Lagacé est un point d'orgue, l'homme a 97 ans.

À l'âge honorable où il est rendu, il peut bien prolonger ce qu'il veut.

Je lui ai rendu visite chez lui, dans Sillery, par une des premières chaudes journées de ce frileux printemps. Sa femme, Anne Rogier-Lagacé, m'a accueillie comme le font les gens qui savent recevoir. M. Lagacé s'est approché lentement de nous, le dos aussi droit que possible.

Il s'est prêté au jeu du photographe, qui lui a fait prendre place derrière son orgue. Il ne lui avait pas touché depuis des lustres. Avant de planter ses doigts sur les touches, il s'est assuré que le photographe ne filmait pas.

M. Lagacé est fier.

Il a de très bonnes raisons de l'être. Ses cinq enfants d'abord, et puis la musique. Il a été organiste à la basilique Notre-Dame de Québec pendant 32 ans, a enseigné à l'Université Laval, y a été directeur adjoint de l'École de musique. Il a fait le tour du monde, une véritable chasse à l'orgue.

M. Lagacé est fier de sa langue aussi, il se fait un devoir de la parler correctement, trouve qu'elle est malmenée au Québec. «Je dois ça à mon père, qui nous reprenait chaque fois que nous faisions une erreur. À ma mère aussi, qui était bien découragée de nous entendre parler quand nous revenions du collège.»

Entre gamins, les conventions linguistiques prenaient le bord, pas plus ni moins qu'aujourd'hui. La langue a mal dans les cours d'école. Je reprends déjà mon gars de cinq ans, qui dit «fafa» au lieu de «facile», comme si c'était plus facile de dire «fafa». Il me répondra bientôt : «C'est *chill, mom*, pas de stress.»

Je ne trouve pas ça *chill.*

M. Lagacé non plus. Au fil des années, il a colligé les entorses, les coquilles, les barbarismes. «Pour les gens, l'important, c'est de se comprendre. On peut parler comme on veut, d'abord qu'on se comprend. Ça leur sert d'excuse pour toutes sortes de fautes, comme "le monde sont". Je m'attriste de voir la facilité avec laquelle les gens tombent dans les erreurs les plus vicieuses.»

L'homme vient tout juste de publier un livre, *J'écoute parler nos gens*, dans lequel il vide son sac. Le bouquin est rempli d'exemples, de réflexions sur la langue. M. Lagacé s'amuse aussi, il a toujours aimé s'amuser. Il joue avec le passé simple, c'est drôle, le passé simple, ça donne des trucs comme «quand nous nous vîmes, vous me plûtes, quand vous me parlâtes, vous m'épatâtes».

Il ne souhaite pas que nous parlions au passé simple.

Il suggère plutôt que nous apprenions l'anglais, pour mieux parler français. «Il est très important de connaître les deux langues et de les maîtriser très bien. La connaissance de l'anglais permet de détecter les anglicismes. Les gens instruits devraient bien connaître l'anglais pour protéger le français.»

M. Lagacé a vécu 15 ans aux États-Unis, a été organiste et directeur musical à la cathédrale de Toledo, a enseigné en anglais. Il a élevé ses enfants dans les deux langues, tous sont bilingues aujourd'hui. L'homme est catégorique : les Québécois doivent parler anglais, pas le baragouiner pour mieux parler français.

L'anglais n'est pas une menace, plutôt un allié.

Remarquez, il n'a pas de fleurs à lancer à nos cousins français, qui s'anglicisent à qui mieux mieux, qui se garent dans un *parking*, qui *collapsent* pendant qu'ils font la queue au *ticketing*. Mais le mal est moindre, «il s'agit de mots empruntés qui n'altèrent pas la structure». Au Québec, la structure est gangrenée.

L'homme montre du doigt les élites, les bien-pensants, trop souvent des mal-parlants. Il décoche une flèche aux médias, aux journaux. Il en lit chaque matin, trébuche souvent sur des formules empruntées à Shakespeare. Il trouve que ça pire que les fautes. «Ça me choque, ça m'attriste de voir ça.»

Il trouve le réconfort dans le piano, qu'il aime jouer en duo avec Anne. La musique a ceci qu'elle est un langage universel. Dans la cacophonique tour de Babel, si chacun avait saisi un instrument, le monde serait une polyphonie.

« Point d'orgue », Mylène Moisan, *Le Soleil*, le 20 juin 2014

générations d'artistes qui maintiennent et continueront de maintenir cette tradition.

Monseigneur, je vois aussi dans votre accueil un salut fraternel de reconnaissance à tous les organistes de ce diocèse qui apportent une contribution précieuse à la vie spirituelle de ces lieux. La région de Québec est particulièrement favorisée, grâce à la forte présence de la Faculté de musique de l'Université Laval et du Conservatoire de Québec qui produisent depuis quelques décennies une phalange d'organistes superbement formés. Ce sont souvent des virtuoses accomplis, qui ne demandent pas mieux que de servir l'Église diocésaine.

Je conclurai en souhaitant à tous mes amis organistes de connaître autant de satisfactions que j'en ai connues tout au long de ma carrière.

Chers amis, merci de votre présence.

Maintenant, nous allons tous lever un verre à la santé de l'orgue, des organistes et de la langue française.

Merci de votre présence et bonne soirée à tous !

Musique et musiciens (2014)

Dans la première partie de ce second livre, *Musique et musiciens*, que j'ai eu le bonheur de préfacer, Claude Lagacé présente une description juste et vivante d'artistes qu'il a fréquentés.

Lorsqu'il dépeint l'organiste de Québec Jean-Marie Bussières[49], nous sommes réellement en sa présence. Tel est l'art d'un vrai conteur. Que cet ami de Claude soit dans son église du Saint-Sacrement, ou dans les rues du Vieux-Québec en route vers les anciens locaux de l'École de musique de l'Université Laval, ou encore vers Beaupré pour y prodiguer son enseignement, la figure très pittoresque de cet artiste inspirant nous apparaît de manière très vivante.

Dans l'article consacré à Marius Cayouette[50], Claude évoque certains aspects de la vie de ce musicien raffiné. Il cite des réparties typiques de ce personnage cultivé. La défense par Cayouette de l'orgue à tuyaux au détriment de l'orgue Hammond illustre bien la langue colorée de cet

---

49   Claude Lagacé, *Musique et musiciens,* p. 21-24. Les Éditions GID, 2014.

50   *Ibid.,* p. 25-33.

Musique et musiciens, 2014

organiste enraciné dans la vie musicale de Québec.

Claude brosse ensuite un portrait émouvant du chanteur et pédagogue Jean-Paul Jeannotte[51], et se livre à une fine analyse de l'art vocal : 1) l'émission vocale; 2) l'insertion des paroles dans la trame mélodique; 3) l'interprétation. Pour la curiosité du lecteur, contentons-nous ici de citer la conclusion de ce portrait : « Jean-Paul Jeannotte

---

51   *Ibid.*, p. 57-67.

révèle ici, outre sa maîtrise souveraine de l'art vocal, sa sensibilité de poète. Anne Hébert, romancière, poète et grande prêtresse de l'art, a écrit que "tout art à un certain niveau est poésie". Ce récital Fauré met en branle une vibration auguste de l'âme qui reflète cette rencontre prédestinée de la musique avec la poésie. »

George Little[52], grand ami de Claude, figure bien sûr dans la liste des musiciens qu'il a bien connus et appréciés. Claude conclut cette série de portraits par celui de Christophe Mantoux[53].

Dans la deuxième partie du livre intitulée « Propos généraux », Claude Lagacé réfléchit sur la musique. Avec justesse, il nous révèle quelques pans de la vie musicale de chez nous ou d'Europe. Il relate par exemple le Congrès mondial des Jeunesses musicales internationales que j'avais organisé en 1999; Claude décrit avec finesse cet évènement auquel il assista à Chicoutimi, en compagnie d'Anne qui y assurait les services d'interprétation simultanée.

Enfin, lors des obsèques du Premier ministre du Québec Jean Lesage, Claude vit des « instants d'éternité », et nous fait découvrir avec humour et humeur son univers d'organiste d'église lors d'une grande cérémonie d'État[54].

Pour conclure, je ne peux résister à l'envie de reproduire ce petit joyau de deux pages serti dans cet ouvrage[55] :

RÉMINISCENCES EN LITTÉRATURE ET EN MUSIQUE

Gustave Thibon, philosophe chrétien auteur de nombreux ouvrages, est aussi un homme de lettres qui s'est passionné pour l'œuvre de Victor Hugo. Au cours d'une conférence sur ce grand poète, il citait de lui un poème appelé *La prière* dont il extrayait les lignes suivantes :

Un fantôme blanc se dressa devant moi
Et ce fantôme avait la forme d'une larme
*Il ressemblait au lys **que sa blancheur défend.***

Thibon s'interrompit tout à coup pour nous confier la réflexion suivante : « On a beaucoup encensé ce vers de Mallarmé : "Le vide-papier

---

52 *Ibid.*, p. 81-88.

53 *Ibid.*, p. 93-96.

54 *Ibid.*, p. 159-161.

55 *Ibid.*, p. 147-148.

que sa blancheur défend", mais on oublie que cet hémistiche était déjà chez Hugo. Réminiscence ? Sans doute. »

Pour ma part, j'ai eu il y a quelques jours en relisant *La Nuit de Décembre* d'Alfred de Musset un choc analogue. À propos du pauvre enfant vêtu de noir qui lui ressemblait comme un frère, le poète écrit le vers suivant :

Son visage était triste et beau.

Un temps d'arrêt.

Je reconnais cet assemblage de mots parce qu'on le retrouve quelque part. Il s'agit du *Clair de Lune* de Paul Verlaine.

*Au calme clair de lune **triste et beau***

Qui fait rêver les oiseaux dans les arbres

Et sangloter d'extase les jets d'eau

Les grands jets d'eau sveltes parmi les marbres.

Il s'agit de « triste et beau » bien sûr, que Verlaine avait peut-être lu chez Musset et qui est revenu sous sa plume à son insu très probablement. Il faut dire quand même que Verlaine a plus que Musset mis en valeur la sonorité de ces deux vocables qu'il a sertis dans un vers d'une écriture toute parnassienne. Pas étonnant que Verlaine ait inspiré à Fauré une musique à la mesure de ce petit chef-d'œuvre.

En musique ce phénomène peut aussi se produire. J'écoutais un jour le Concerto nº 1 de Brahms et, dans le mouvement lent, une suite d'accords assez brève me fait presque sursauter. Je me dis : « Mais ce n'est pas du Brahms, ça, c'est du pur Rachmaninoff ! » Brahms n'avait sûrement pas pillé Rachmaninoff, né quarante ans après lui. Certainement pas. Il faut plutôt se dire qu'il l'avait anticipé. Ou bien on peut aussi prétendre que Rachmaninoff aura pris chez Brahms le procédé harmonique de cette courte séquence pour en systématiser l'usage dans sa propre écriture. Ce sont là des hypothèses sans prétention, mais qui peuvent orienter une réflexion sur les correspondances inconscientes d'un esprit créateur à l'autre, tant en lettres qu'en musique.

J'ÉCOUTE PARLER NOS GENS (2014)

Dans la foulée, Claude publie *J'écoute parler nos gens*. Ce titre laisse croire qu'il accordera sa bienveillance à nos gens. C'est du moins ma perception.

J'écoute parler nos gens, 2014

Avant de s'attaquer à la rédaction de ce troisième livre, Claude colligeait depuis nombre d'années des articles de journaux sur la question du français, entre autres sujets qui composent ses nombreux spécilèges (*scrapbooks*). Il ne se gênait pas pour écrire aux journalistes qui faisaient des fautes et les corrigeait à sa manière, avec fermeté, indignation parfois, mais toujours avec un brin d'humour. Son exemple intéressa et influença les membres de l'ASULF (Association pour le soutien et l'usage de la langue française) qui adressaient des remarques semblables aux médias depuis les années 1980. L'ASULF annonça le livre *J'écoute parler nos gens* lors de sa parution (*L'Expression juste,* septembre 2014).

Claude avait connu aux États-Unis Jean Darbelnet, linguiste réputé qui était un ardent défenseur de la langue française au Québec. Anne se remémore avec émotion les longues soirées passées à l'île d'Orléans en sa compagnie où les deux amis réfléchissaient ensemble à l'avenir du français en Amérique. Que de bons souvenirs aussi des repas partagés avec Louis-Edmond Hamelin, géographe et linguiste, et sa femme autour du même thème !

Compte tenu des connaissances linguistiques de Claude, on pourrait s'attendre à une certaine sévérité dans son analyse du français. Mais non. Il préfère expliquer avec toutes les nuances du pédagogue qu'il était. Il s'intéresse autant à la langue parlée qu'écrite.

Dans son livre, Claude Lagacé s'interroge d'abord sur l'avenir du français au Québec. Avec optimisme. Alors que le linguiste distingué, Claude Duneton, évoque la disparition éventuelle de la langue française en France, notre auteur trouve ce présage « trop sombre ». Les niveaux de langue que Claude propose « sont bien davantage une hypothèse de travail qu'un oukase linguistique », précise-t-il.

Claude décrit les pièges de la langue française avec souplesse et

Québec, 24 avril 2006

Monsieur Claude Lagacé,
cher musicien et écrivain

Bien en retard, je vous remercie de votre DDD et J'écoute parler nos gens. Ce dernier rejoint une certain nombre de corpus vocabulairiques et je le consulterai souvent; vos suggestions corrigeraient mes faiblesses! Il serait utile que vos propos et votre glossaire circulent, peut-être au prochain salon du livre de Québec; d'autres témoignages et entrées pourraient être ajoutés.

La citation de Rivarol est bien accueillie car j'ai l'édition commentée de 1930 dans mon bureau. Je ne suis pas un vrai linguiste, tout au plus une espèce de terminologue ayant ce que Voltaire appelait la "maladie de la néologie". Je m'intéresse aussi à la sémantique, comme l'indique l'histoire du mot *batture* (pp. 105-107) dans L'âme de la terre que vous m'avez fait l'honneur d'acquérir.

Au plaisir de vous revoir afin de continuer d'agréables conversations.

Louis-Edmond H.

Voici deux petits textes, l'un concernant mon néologisme de Moyen Nord dont on peut bien vivre sans lui, l'autre pour vous amuser de Jos Chibougamau.

Lettre de Louis-Edmond Hamelin à Claude Lagacé, le 24 avril 2006

respect. Qu'il s'agisse du passé composé ou des pronoms relatifs, il les aborde avec pédagogie.

Il en vient plus loin aux anglicismes et, là encore, son analyse nous convainc.

À l'époque où il est professeur à la Faculté de musique de l'Université Laval, Claude est hanté par la nécessité d'améliorer la langue parlée des étudiants. Il suggère alors au recteur, Michel Gervais, d'instaurer un cours de français oral obligatoire pour les futurs enseignants, idée qui fut d'ailleurs retenue.

Enfin, Claude Lagacé nous propose un glossaire très instructif qui se révèle riche matière à réflexion.

Voici comment l'auteur présente cette fois son œuvre :

Prologue

L'attachement des Québécois à la langue française est une réalité indubitable qui s'appuie sur l'histoire de notre peuple. Nous tenons à notre langue, et nous nous sommes battus sans trêve ni relâche pour conserver ce précieux héritage légué par la France il y a quatre siècles, avant que l'Angleterre ait mis la main sur la colonie française pour s'en faire une possession.

D'aucuns s'inquiètent de la piètre qualité de notre langue parlée, et tiennent des propos souvent pessimistes sur son avenir.

[...]

La langue française des Québécois est moins sûre d'elle-même que la langue parlée en France, parce qu'elle est plus récente dans l'histoire, parce qu'elle est la voix d'un petit peuple isolé, éloigné des grands centres de la culture française. Il faudra bien qu'un jour nos valeurs franco-québécoises se confirment afin que notre voix puisse se faire entendre à l'égal de tout autre, sans référence obligée à l'extérieur. Ce temps n'est pas encore venu, mais il viendra un jour, j'en ai la conviction. Ce sera un temps de maturité et de fécondité, encore plus manifeste pour notre peuple, qui grandit d'année en année, et cette affirmation passera inévitablement par la qualité de la langue; les professionnels de la communication devront alors fournir l'effort qui permettra d'atteindre un haut niveau de correction et d'expression orale à la radio, dans les discours politiques, dans le commerce, et aux réunions publiques de toutes espèces. Gardons pour les contacts familiers une langue où la

ÉCOLE DE MUSIQUE

UNIVERSITÉ LAVAL
PAVILLON CASAULT
CITÉ UNIVERSITAIRE
QUÉBEC, CANADA
G1K 7P4

Le 22 novembre 1983

Monsieur Jean-Claude Moisan
Doyen
Faculté des lettres
Pavillon De Koninck
Université Laval

Monsieur le Doyen,

Je suis allé rencontrer monsieur le vice-recteur Michel Gervais le 23 août dernier et je suis allé vous voir à votre bureau le 9 septembre avec le même objectif en tête: celui de vous exposer le problème des étudiants du programme d'éducation musicale dont le français écrit ou parlé manifeste des carences sérieuses. Je faisais aussi des démarches en ce sens auprès du directeur du département de linguistique, monsieur André Boudreau, le 8 juin dernier.

Je m'empresse de souligner ici que je dirige un programme de formation d'enseignants, et à ce titre je connais au moins deux bonnes raisons pour lesquelles tant la langue parlée qu'écrite de nos diplômés devrait être de qualité. Je dirai premièrement que la langue parlée d'un enseignant est son principal outil pédagogique. S'il la maîtrise, il retiendra plus facilement l'attention générale, sa pensée s'articulera avec plus de clarté, et ses explications seront plus aptes à éclairer la classe d'élèves qui l'écoutent. - La dernière raison part de l'hypothèse suivante qui est peut-être sombre: si le maître parle mal, non seulement il se fera difficilement comprendre, mais il transmettra par le phénomène du mimétisme, fort de tout son impact sur les jeunes intelligences s'ouvrant au savoir, ses propres lacunes linguistiques à ceux qu'il tente d'éduquer. Il introduira ainsi un processus de dégradation de la langue qui ~~se situe à l'antipode de~~ nos objectifs d'enseignement. ~~Une telle démarche me paraît en contradiction avec les objectifs de~~ la grande entreprise d'éducation dans laquelle nous sommes tous engagés.

Au cours de cette visite, vous m'aviez dit que l'Université n'avait pas pour mission de donner des cours de niveau collégial et qu'elle n'en avait pas non plus les budgets. Je suis assez d'accord avec vous sur ce point qui place toutefois l'Université devant l'alternative suivante: ou bien l'Université

Lettre à M. J.-C. Moisan, doyen de la Faculté des lettres, Université Laval, le 22 novembre 1983

convivialité congédiera gaiement le besoin de rigueur et un trop grand souci de correction.

Il faudrait que le grand public en vienne à récuser l'attitude à laquelle on a trop souvent recours quand il s'agit de bon langage. On dit « perler bien », « se mettre le bec en cul-de-poule », etc. pour se moquer des personnes qui aiment à bien s'exprimer. Je crois par ailleurs que certaines

accepte de donner des cours correctifs de langue aux étudiants qui en ont un besoin manifeste, ou bien elle refuse l'admission aux candidats incapables de faire la preuve qu'ils ont une connaissance suffisante de leur langue maternelle, et les renvoie au collégial qui verra à combler cette lacune.

Il n'est pas non plus inopportun de vous rappeler que le ministère de l'Education a imparti à l'Université la tâche d'évaluer la connaissance du français des diplômés qui sollicitent l'autorisation légale d'enseigner, et aussi que la maîtrise de la langue d'enseignement est dans l'ordre d'importance le deuxième élément de compétence exigé par lui pour la délivrance du brevet d'enseignement. - Compte tenu de ces exigences, je ne vois pas très bien comment l'Université peut se soustraire à l'obligation d'offrir des cours correctifs de français aux étudiants qui en ont besoin.

S'il est nécessaire de demander au Ministère des fonds spéciaux pour assurer ce service essentiel, je crois personnellement qu'il faudrait aller jusque là. Une des faiblesses de la Loi 101 est, à mon avis, son côté défensif qui veut surtout freiner l'anglicisation sans pour autant imprimer dans les maisons d'enseignement un dynamisme authentique vers une valorisation plus grande de la langue maternelle correctement écrite et parlée.

Pour ma part, à titre de directeur de programme, je vous avouerai que lorsque j'entends le français débraillé de certains de nos étudiants, et qu'en corrigeant des textes, je trébuche sur des solécismes criards et des épellations saugrenues et quand, de plus, je n'entrevois à l'horizon aucun remède à cette situation critique, j'éprouve, en participant à la diplômation de ces maîtres inadéquatement préparés, des tiraillements de conscience devant ce qui pour un peu frôlerait pour moi l'abus de confiance.

Je vous demande donc, Monsieur le Doyen, de mettre en oeuvre tous les mécanismes qui sont de votre ressort pour créer dans les plus brefs délais des cours correctifs de français pour les étudiants qui en feront la demande.

Veuillez agréer, Monsieur le Doyen, mes salutations cordiales et distinguées.

Le directeur du Programme
d'éducation musicale,

Claude Lagacé

Claude Lagacé, professeur titulaire

:mar

c.c.: MM. Michel Gervais, vice-recteur à l'enseignement et à la recherche
Pierre Thibault, directeur - Ecole de musique
Jean-Charles Blouin, doyen - Faculté des arts
Patrice Turcotte, directeur d'ensemble des
programmes de formation d'enseignants

gens s'exposent à la moquerie quand un souci excessif du beau langage les mène à imiter les accents français, parisien ou autre, qui sonneront faux ou artificiels parce que trop étrangers au parler de chez nous, surtout quand ils sortent de la bouche de gens qui, après un court séjour en France, se mettent à parler à la française… avec les inévitables gaucheries habituelles!

La langue est un héritage précieux

Pourquoi ai-je assumé, moi, la responsabilité de chercher des réponses aux questions que pose cette fondamentale quête ? Pour mille raisons, et il ne faudrait pas croire un seul instant que je vais les exposer toutes ! Mais voici celles qui ont motivé la décision que j'ai prise de faire entendre ma voix dans ce grand débat. Bien sûr, je ne suis pas linguiste, et ne tente en aucune manière de m'insinuer dans le champ spécialisé de la linguistique. Le côté théorique des aspects savants de la langue m'intéresse moins, d'ailleurs, que sa vivante incarnation dans des phrases d'une belle frappe, et dans la bonne écriture en général. Mais ce qui sollicite encore davantage mon attention, c'est la langue qui vit, celle qui sort de la bouche des gens, la langue parlée, qui est ontologiquement antérieure à l'écrite. Donc, qu'en est-il de la langue française telle qu'on la parle au Québec ? Les jugements divergent quant à sa qualité et ses potentialités de survivance. On va de l'extrême sévérité de Georges Dor jusqu'à l'infinie tolérance des propagandistes d'un total laisser-faire. Le titre que j'ai donné à ce livre n'est pas vain, et en aucune manière ; oui, j'écoute véritablement et intensément parler nos gens.

[…]

Et puis, la langue est tout autant un bien individuel que collectif. Tout le monde peut en débattre, et je dirais sans forfanterie ni fausse modestie que si ce que j'écris peut apporter quelque éclairage personnel sur le sujet et contribuer ainsi à une meilleure santé de la langue, j'aurai conscience d'avoir agi en bon citoyen.

Et pour encore mieux asseoir la crédibilité de mon projet, j'ajouterai que, depuis toujours, je lis et collige sur le sujet tous les articles sérieux qui me tombent sous les yeux dans les journaux, revues et magazines ; plusieurs fois la semaine, je me plonge avec ivresse dans le dictionnaire, je fouille et farfouille dans moult livres de stylistique et j'ai parcouru d'innombrables « Ne dites pas… mais dites… ». Et je fais mienne cette profession de foi de Jules Renard : « J'aime passionnément la langue française, je crois tout ce que la grammaire me dit, et je savoure les exceptions. »

Introduction — La langue est la première victime de l'égalitarisme de pacotille!

Le grand philosophe Charles de Koninck avait, dès son premier cours à l'Université Laval, formulé la différence fondamentale qui sépare les sciences spéculatives des sciences pratiques. Il fallait retenir la supériorité des sciences spéculatives ou inutiles sur les sciences pratiques ou appliquées. Celles-ci, disait-il, sont assujetties à une fin qui leur est étrangère, tandis que celles-là sont une fin en soi; elles constituent leur propre finalité.

Arguties que tout cela, dirait-on… mais pas tout à fait. Je pense à une application de ce principe au sujet qui m'occupe, et il me paraît porteur de conséquences non négligeables. La langue populaire, comme je l'ai dit plus haut, ne vise qu'un but, être comprise. Pour elle, la fin première est utilitaire ou pratique, et elle ne se prête guère à la réforme dans le sens d'une plus grande correction. C'est précisément cet assujettissement de la langue populaire qui cause son manque d'aspiration à un progrès quelconque vers une plus grande perfection.

Si, par ailleurs, la langue se hausse à un palier supérieur pour traduire des idées ou exprimer des sentiments, elle recherche la pureté et une plus grande perfection de forme. Elle s'affranchit alors de l'asservissement où on l'avait réduite en ne lui assignant que des tâches subalternes, comme l'expression des besoins fondamentaux : j'ai faim, je suis malade, je pars travailler… Dès lors, on soignera sa langue, on la raffinera pour la transformer en un véhicule de notions artistiques ou intellectuelles qui lui conféreront beauté et noblesse. Elle devient alors un objectif en elle-même et passe à un autre niveau, celui de la connaissance spéculative, supérieure en qualité à la connaissance pratique. L'égalitarisme de pacotille auquel semble tant aspirer notre société contemporaine, et qui tente d'introduire des éléments faussement démocratiques dans notre société fait une première victime : la langue.

Avec la publication de ses trois livres, un autre chapitre de la vie de Claude se ferme. Pas tout à fait, cependant : Au lendemain du lancement à la basilique, Claude, qui a 97 ans, dit à Anne d'un ton décidé : « Bon, maintenant, je vais écrire un quatrième livre, qui aura pour sujet la musique et l'amour. » Ce livre ne sera pas édité mais il a été écrit et vécu jour après jour d'une autre manière.

CHAPITRE IX

La retraite

UNE RÉCOMPENSE POUR CLAUDE

Claude a toujours été animé par des projets, des objectifs à atteindre. Lorsqu'il troque le banc d'orgue pour le pupitre... et les ailes d'Icare, pour reprendre ses propres termes, le désœuvrement lui est complètement étranger : écriture, pratique assidue du piano, enseignement du piano à ses petits-enfants ou à d'autres enfants, collaboration soutenue avec Anne en traduction, nombreux voyages, etc.

Et surtout pas une épreuve !

Claude, Washington, mai 1998

Cette lettre publiée dans la revue de l'Association des retraités de l'Université Laval illustre bien l'esprit dans lequel il envisage cette étape de la vie :

Les retraités témoignent...

Plaidoyer pour la retraite

Frères et sœurs à la retraite, réjouissez-vous ! Après de longues années de servage journalier, la liberté vous est enfin rendue. Le retraité est libre de son temps, libre de ses mouvements. Vous pouvez vous abonner à toutes les activités qui vous faisaient envie quand vous deviez tous les jours sacrifier au dieu inexorable de la vie professionnelle ·r à ses impérieux diktats...

— ous avez désormais un large éventail de choix, e᠊ vous pouvez opter pour une multitude d'activités. Les journaux! Passez-y plus de temps, et il vous tiendront au courant de toutes les questions brûlantes de l'actualité. Vous aimez les livres? ne vous en privez pas! plongez-vous-y à corps perdu! Les bibliothèques vous sont ouvertes et elles ne coûtent rien. La télévision vous procurera de bien bons moments si vous savez bien choisir des émissions de qualité. Sachez aussi faire taire cette encombrante voix capable d'émietter votre temps en des millions de secondes perdues. Resserrez les liens de familles que vous avez peut-être laissé se distendre par manque de disponibilité. Rien de tout cela? Eh bien ! avez-vous songé au bénévolat? Tant de belles causes ne demandent qu'à être épousées. Et puis, si votre portefeuille (et votre santé) vous le permet, pensez aux voyages qui vous apporteront, outre de belles distractions, une abondance de connaissances nouvelles et une curiosité accrue. Et que dire des sports... pas trop violents, bien sûr! Les promenades à pied vous apporteront une belle détente. Il ne faut surtout pas s'en priver, car c'est un placement qui s'inscrit ·᠊uiours aux profits, jamais aux pertes.

J'ai connu un comptable qui, à deux ans de sa retraite, s'arrachait les cheveux à se poser un insoluble problème : Que vais-je faire de moi quand je ne travaillerai plus cinq jours par semaine de neuf à cinq?

Mon ami, ma chère amie, si, comme à ce comptable, la retraite vous pèse, je vous dirai en toute amitié que votre malaise provient d'une erreur profonde, une erreur philosophique pour tout dire. Vous avez, hélas; cru que l'on pouvait définir tout l'homme par son seul métier ou profession. Vous avez besoin d'aide. Un homme n'est pas que comptable, médecin, boutiquier ou chauffeur de taxi. C'est bien plus que ça, un homme... c'est un être vivant, intelligent, sensible, doué de cinq sens braqués sur un univers qui grille d'être connu de ceux qui l'habitent. Mon ami, seriez-vous indifférent à la féerie des arbres enneigés? Voyez sur le visage de vos petits-enfants leur joli sourire, observez pour le plaisir de vos yeux les chatons, si mignons, si agiles dans tous leurs jeux. Il y a dans la nature des couleurs et des chants qui charmeront vos yeux et vos oreilles. Et pauvre enfant, qu'avez-vous fait de votre imagination? des esprits malfaisants l'ont appelée la folle du logis, mais croyez-moi, elle est bien plus sage qu'on ne le dit. Interrogez-la, elle vous fournira des tonnes d'idées. C'est elle, en fait, qui m'a inspiré ce petit écrit, geste modeste de compassion pour ceux à qui la retraite est une épreuve au lieu d'une récompense.

Allez, mon amie, mon cher ami, commandez à votre imagination de ne plus vous quitter d'une semelle. Vous verrez que vous ferez bon ménage et je vous le dis en toute confiance : bonne chance !

Claude Lagacé
Retraité et content de l'être

« Plaidoyer pour la retraite », *Trait d'union,* mars 2003

Retour à un seul clavier

Avant l'orgue, Claude Lagacé avait étudié le piano avec Henri Gagnon. Il se perfectionna ensuite chez Germaine Malépart, à Montréal. Avant son départ pour le Nouveau-Brunswick en 1941, il se produisait régulièrement en concert à Québec ou à la radio. Son intérêt pour cet instrument se manifestera sa vie durant. Par exemple, à Toledo, il dirige aussi de nombreux concerts du chœur de la cathédrale; il lui arrive alors parfois de confier la direction de l'ensemble à son assistant pour assurer lui-même l'accompagnement au piano et se produire en pianiste soliste.

À sa retraite, il prépare un récital de piano en vue de le graver sur disque. Mais l'indisponibilité du preneur de son met hélas fin à ce projet.

Voici le programme imaginé, qu'il joue cette fois-là sur son Steinway, chez lui, à Sillery, devant ses deux grands amis Clarke Lyon, du Massachussets, et Marc-Aurèle Thibault, ancien président des Amis de l'orgue de Québec, ainsi que son frère Maurice, grand mélomane et critique implacable…

Programme de piano

Le 5 décembre 2001

1.	Rêverie, opus 34, n° 5	E. Schütt
2.	Petit prélude en ré mineur	J.-S. Bach
3.	Trois inventions à deux voix (n° 1, n° 13, n° 8)	J.-S. Bach
4.	Trois sinfonias (n° 6, n° 13, n° 11)	J.-S. Bach
5.	Impromptu en la bémol, opus 142, n° 2	F. Schubert
6.	Romance, opus 28, n° 2	R. Schumann
7.	Arabesque, opus 18	R. Schumann
8.	Trois romances sans paroles	F. Mendelssohn
9.	La fille aux cheveux de lin	C. Debussy
10.	Première arabesque	C. Debussy
11.	Clair de lune	C. Debussy
12.	Intermezzo en mi bémol, opus 117, n° 1	J. Brahms
13.	Intermezzo en si bémol mineur, opus 117, n° 2	J. Brahms

Le pianiste à l'œuvre chez lui. De haut en bas : Claude seul ;
avec Anne au piano ; avec Martin au violoncelle. Photos : Jacques Drouin

En haut : Claude avec sa fille Claudette. Photo : Jacques Drouin
Au milieu : Claude et ses deux petits-enfants, Vincent et Marie-Pierre Thibault
En bas, de gauche à droite : avec son élève, François Brouillet ; avec sa petite-fille
Marie-Pierre

L'ART DE VIVRE « URBI ET ORBI »

Claude profite de sa retraite de la basilique de Québec et de l'Université Laval pour cultiver ce loisir qui lui est cher : voyager. Après une préparation très minutieuse, il tient, une fois en route, son journal quotidien qui, dès 1994, alimentera l'écriture de sa chronique de voyages et de séjours à l'étranger avec Anne, *De Bach à Bangkok.*

Il aborde la culture et l'histoire de chaque pays avec curiosité, sans préjugé mais sans jamais pour autant perdre son sens critique ni son humour. Claude noue facilement des liens heureux avec ces peuples qu'il découvre et sait s'adapter avec souplesse à chacun. Pendant qu'Anne travaille, il dose savamment ses moments de promenade, de rencontres, de visites, de repos, de solitude, de méditation, de lecture, et que sais-je encore… Elle n'a jamais à se faire de souci pour lui. Elle a même parfois du mal à le suivre, tout comme dans la vie quotidienne ! À la fin de la journée, infatigable, il ne manque pas de lui raconter ses découvertes et de l'inviter à les partager ou à en faire d'autres encore. Par exemple, alors qu'elle travaille pour une conférence de dix jours à Istanbul, Claude rencontre un violoniste à la terrasse où il prend son petit déjeuner tous les matins, face au Bosphore. Ce musicien, professeur au conservatoire, dirige un ensemble baroque et ne tarde pas à inviter Claude à ses répétitions dans des lieux historiques inaccessibles autrement; ce violoniste l'invite à les écouter d'une oreille critique. Devenu un ami de nos deux voyageurs, il leur présente sa famille; ensemble, ils feront un jour une balade inoubliable le long du Bosphore, entre la mer de Marmara et la mer Noire.

La conférence terminée pour Anne, Claude et elle profitent presque immanquablement de l'occasion pour découvrir le pays. Toujours en Turquie, alors qu'une vague soudaine d'attentats annule la quasi-totalité des voyages de groupe, nos deux aventuriers ne renoncent pas pour autant à retourner dans la fabuleuse Cappadoce aux cheminées de fées. L'absence notoire de touristes leur vaut un accueil privilégié, alors que les établissements hôteliers s'arrachent littéralement les rares clients audacieux. Comme d'habitude, périple sans la moindre anicroche.

En 2008, à l'âge de 91 ans, Claude accompagne Anne pour la dernière fois dans ses longs déplacements professionnels. C'est à Varsovie. Là encore, Claude n'hésite pas à s'aventurer seul, pour visiter par exemple la maison de Chopin dans la périphérie de cette ville à l'histoire musicale si riche.

Cent ans de plénitude

Près de dix ans plus tard, le centenaire de Claude est souligné avec faste. Dans un premier temps, le 2 avril 2017, les Amis de l'orgue de Québec dédient à Claude le concert donné par Benjamin Waterhouse pour commémorer la fondation de cette société. Puis, le jour même de ses cent ans, le 30 avril 2017, Claude réunit sa famille et ses amis

Chers parents et amis,

J'aurai cent ans le dimanche 30 avril 2017.
C'est avec un immense plaisir que je vous invite tous à
célébrer avec moi cette étape marquante de ma vie.
Salle Henri-Gagnon
Faculté de musique, pavillon Louis-Jacques-Casault
Université Laval, Québec

Dimanche 30 avril 2017, de 14 heures à 17 heures.
Le concert qui ouvrira notre réunion commencera
à 14 heures précises.

Grenade, *huile sur bois, tableau réalisé par la petite-fille de Claude,*
Élodie Loiseleur des Longchamps.
La grenade éclatée, avec ses grains répandus,
est l'allégorie de la charité et des dons de l'amour généreux
(Dictionnaire des symboles).

Invitation au centenaire, avril 2017

proches sur les lieux de son Alma mater. Assis dans une Rolls-Royce, il fait une arrivée remarquée devant la Faculté de musique où les invités l'attendent. Michel Franck, pianiste réputé et ami de longue date de Claude, s'associe pour l'occasion à Stéphane Fontaine (clarinettiste solo de l'Orchestre symphonique de Québec et professeur au Conservatoire de musique de Québec) pour offrir à Claude une interprétation magistrale de la Sonate n° 2 en mi bémol majeur, opus 120 de Brahms. Cet événement est aussi agrémenté par la projection d'une version adaptée à la circonstance du film de Jacques Drouin et Marie-Christine Lussier, *Impromptus : musique et conversations avec Claude Lagacé*, présentée par le cinéaste lui-même. Ne pouvant assister à cet événement, j'avais préparé un hommage qui est visionné sur place, et mon émission d'une heure, *Récit au grand orgue*, diffusée sur les ondes de Radio-Ville-Marie (Montréal), est ce jour-là consacrée à mon ami Claude.

La vie est bonne pour moi…

Pour cette occasion, Claude a préparé un texte très touchant :

Mes chers amis,

J'ai cent ans aujourd'hui.
En fait, je vous souhaite à tous la même chose.
Pourquoi ?
La vie est bonne pour moi. Je sais que j'ai de la chance. D'être entouré, d'être aidé et d'avoir Anne à mes côtés.
Tout cela me rend très serein. Tout va si bien.
Je fais avec les souvenirs. Les bons, je les cultive.
Les moins bons, je les redore ou les estompe.
Je vis au présent et savoure chaque instant qui passe.
Aujourd'hui, je serais d'avis de remettre le compteur à zéro, et de repartir de la même façon.
Toutefois, il est dur de perdre ses proches et ses amis, ou de les voir malades, alors que j'ai l'immense chance de ne pas savoir ce que c'est que d'être malade.
Je n'ai pas l'impression d'avoir cent ans. Aurais-je rêvé ?
Je suis pourtant né un an avant la fin de la Première Guerre mondiale.

Arrivée de Claude en Rolls-Royce le jour de ses cent ans à l'Université Laval

Centenaire de Claude, concert de Michel Franck, piano, et Stéphane Fontaine, clarinette, le 30 avril 2017

En 1941, en pleine Deuxième Guerre, je suis parti pour le Nouveau-Brunswick, puis pour les États-Unis, pour ne revenir au Québec que vingt ans plus tard.

Nous étions une famille peu conventionnelle, sans le vouloir. Nous avions de si bons parents. Nous étions tous un peu éparpillés, à l'exception de mes deux frères, plus sédentaires. Mes deux sœurs aînées étaient l'une à Washington, l'autre à New York. Mes deux autres sœurs, les deux petites dernières, d'ailleurs présentes aujourd'hui pour mon plus grand bonheur, étaient établies l'une à Paris (Suzanne), l'autre à Toronto (Claire).

J'avais dix ans quand Lindbergh survola notre maison pour ensuite traverser l'Atlantique en trente-cinq heures.

Quarante-deux ans plus tard, en 1969, le Concorde effectuait le même parcours en trois heures.

Le pont de Québec est centenaire en même temps que moi. J'espère toutefois être un peu moins rouillé que lui…

J'ai toujours suivi avec intérêt et fascination les progrès scientifiques et techniques, les inventions.

Mais je suis attristé par le constat suivant : l'humanité semble avoir du mal à suivre.

J'ai pendant un siècle connu trop de guerres, phénomène qui semble, hélas, une constante dans l'histoire de l'humanité et qui ne semble pas prêt de disparaître.

Alors, à chacun de semer sa graine de paix.

Pour ma part, c'est ce que j'essaie de faire jour après jour, aussi humblement que modestement.

Anne lit alors ce texte délicieux de Claude qui constitue l'introduction de son livre *De Bach à Bangkok*. Elle précède cette lecture du commentaire suivant : « … En guise de témoignage pour tes cent ans, je vais lire un texte signé de ta main qui illustre parfaitement la vie quotidienne que j'ai l'immense bonheur de mener à tes côtés depuis près de quarante ans. » :

> « Marguerite Yourcenar a écrit un livre dont le titre *Comme l'eau qui coule* est si beau que l'on pourrait s'en contenter. Mais j'ai lu ce livre, et c'eût été une erreur de ne pas le faire : Ce titre m'inspire une petite métaphore que je vous propose à l'instant.
>
> L'eau qui coule du sommet des montagnes après de lourdes pluies s'achemine en une longue descente vers les grandes eaux de la rivière ou de la mer. Elle se fraye un chemin à travers les pousses de toutes sortes, contourne les arbres, pénètre les taillis, glisse sur les pentes moussues, goûte à tous les champignons, se fait un lit ici (petite sieste !), en sort là, poursuit sa course, pénètre l'humus et s'en imprègne, recueille toutes les bonnes odeurs de la terre trempée, cherche de l'œil les coins du ciel bleu qui se révèlent entre les branches des arbres, roucoule en ruisselets avec le chant des oiseaux, et rejoint après mille autres détours les grandes eaux de la rivière. L'eau de la montagne arrive tout émue de son long voyage et elle est avide de raconter tout ce qu'elle a vu, entendu et senti.
>
> L'eau de la montagne espère que la rivière y trouvera du plaisir.
>
> Sillery, le 20 octobre 2002 »

À l'automne 2017, le grand organiste français Christophe Mantoux viendra donner deux récitals d'orgue en l'honneur de son ami Claude. Christophe lui disait depuis longtemps : « Claude, lorsque tu auras cent ans, je viendrai te voir. » Il a en effet tenu parole et traversé l'océan spécialement pour célébrer cet anniversaire hors du commun à la chapelle du Séminaire devenue chapelle du Musée de l'Amérique francophone; il y joua un récital mémorable sur les deux instruments de cette chapelle : la réplique du premier orgue installé dans la basilique, et l'orgue sur lequel Claude fit ses débuts avec Henri Gagnon; deux jours plus tard, Christophe était aux grandes orgues de la basilique Notre-Dame de Québec lors d'un office particulièrement émouvant.

INVITATION À TOUS

Me voilà centenaire !

Le Musée de l'Amérique francophone et le Fonds-Hubert-et-Florence-Laforge, d'une part, et la basilique-cathédrale Notre-Dame de Québec, d'autre part, souligneront prochainement cette occasion.
Votre présence me ferait un immense plaisir.

Claude Lagacé

Jeudi 9 novembre à 17 h 30 – CONCERT *Les Cent ans de Claude LAGACÉ :* Christophe MANTOUX, organiste titulaire de l'église historique Saint-Séverin, viendra de Paris pour souligner, en présence du jubilaire, le 100e anniversaire de son ami Claude LAGACÉ, organiste émérite de la basilique Notre-Dame de Québec. Christophe MANTOUX offrira un répertoire à la fois ancien et plus moderne en touchant les orgues Juget-Sinclair « 1753 » et Casavant « 1930 » de la **Chapelle du Musée de l'Amérique francophone** (2, côte de la Fabrique, Québec; jouxtant la basilique Notre-Dame de Québec).
Informations : site Web du Musée : https://www.mcq.org/fr/activite?id=589387

Dimanche 12 novembre à 9 h 30 – MESSE DU CHAPITRE à la **basilique Notre-Dame de Québec**. Christophe MANTOUX tiendra les grandes orgues pendant la messe. Prélude à 9 h 15 et récital de 30 minutes vers 10 h 30, à l'issue de la messe.
Informations à venir : bulletin paroissial et site Web de la cathédrale : https://www.notre-dame-de-quebec.org

Jeudi 9 novembre 2017 à 17 h 30

Récital d'orgue
Christophe Mantoux

En hommage à Claude Lagacé à l'occasion de son centenaire.

Chapelle de l'Amérique francophone, 2 rue de la Fabrique (jouxtant la Basilique de Québec)

—— Programme ——

Orgue Casavant
-César FRANCK (1822 - 1890)
•Choral I, en mi majeur

Orgue Juget-Sinclair

- **J.S. BACH** (1685 - 1750)
  Allabreve (BWV 589)

- **Hans Leo HASSLER** (1564 – 1612)
  Extrait du "Lustgarten Neuer Teutscher Gesäng" (tabl. de Turin)
  Mit deinen lieblichen Augen
  All Lust und Frewdt
  Ach Schatz ich sing und lache
  Ach Frewlein zart

- **Georg MUFFAT** (1653 – 1704)
  Toccata septima

- **Dietrich BUXTEHUDE** (1637 – 1707)
  Passacaille en ré mineur (BuxWV 161)
  Wie schön leuchtet der Morgenstern (BuxWV 223)
  Praeludium en ré majeur (BuxWV 139)

Récital de Christophe Mantoux, le 9 novembre 2017

Christophe Mantoux, chapelle du Musée de l'Amérique francophone, le 9 novembre 2017. Photo : Fonds Daniel Abel

L'étoile du matin…

Voici l'hommage que Christophe rend à Claude en prélude à son récital aux deux orgues de la chapelle du Musée de l'Amérique francophone :

Cher Claude,

Ce programme c'est toi qui l'as choisi, ou presque : tu étais comme un enfant devant un magasin de confiseries et tout était permis : du Franck sur un orgue d'esthétique plutôt américaine (que tu connais bien, puisque c'était ton instrument de travail quand tu étudiais avec Henri Gagnon, il y a … 80 ans!!!), du Buxtehude et du Bach sur un instrument à l'accent plus que français, … j'ai reçu une pluie de propositions : des préludes en ré majeur, des toccatas, des allegros de symphonies, des Litanies; au bout d'un moment, Anne m'a écrit : « Ça manque tout de même un peu de pièces calmes, non ? » C'est comme ça! Claude, tu aimes la lumière, la joie, les Ferrari et les Rolls Royce. Comme tout le monde, tu connais les joies et les peines, mais tu ne retiens que les joies, et tu les fais rayonner autour de toi d'une façon peu commune.

Parmi ces pièces, il y en a une qui est à ton image : *Wie schön leuchtet der Morgenstern*, de Buxtehude. Une pièce tout entière en sol majeur, quasiment sans modulation; ça devrait être très ennuyeux, eh bien non, c'est un miracle de grâce et de lumière! Quelqu'un qui te connaît particulièrement bien m'a dit que chaque matin, lorsque tu ouvres les yeux à ton réveil, il y a dans ton regard un éclat de lumière, une lueur extraordinaires. Cette étoile du matin, il semble qu'elle guide toute ta vie, dédiée à la joie et au bonheur, les tiens et ceux qui ont la très grande chance de te croiser.

Alors, pour cela, du fond du cœur un très grand merci, cher Claude, et très, très joyeux centième anniversaire (anniversaire et demi déjà!!)!

**Centenaire de M. Claude Lagacé,
organiste émérite de Notre-Dame de Québec (1961-1993)**

À l'orgue, M. Christophe Mantoux,
organiste titulaire de Saint-Séverin, Paris

Prélude :
Passacaille et fugue en ut mineur BWV 582
- J.-S. Bach (1685-1750)
Offertoire :
Tierce en taille, *Messe pour les couvents*
- François Couperin (1668-1733)
Sortie :
- *Ave Maria*
  - Claude Lagacé (Jean-Claude Picard, ténor)
- Grand dialogue en ut majeur
  - Louis Marchand (1669-1732)
- Sonate en trio n° 3, 1er mouvement, BWV 527
  - J.-S. Bach
- Litanies
  - Jehan Alain (1911-1940)

Programme musical de la messe à la basilique, le 12 novembre 2017

Christophe Mantoux aux grandes orgues de la basilique,
messe du 12 novembre 2017. Photo : Fonds Daniel Abel

Mᵍʳ Denis Bélanger accueillant Claude à la basilique de Québec,
le 12 novembre 2017. Photo : Fonds Daniel Abel

Jean-Claude Picard, maître de chapelle, et Claude,
basilique de Québec, le 12 novembre 2017.
Photo : Fonds Daniel Abel

Hubert Laforge et Claude Lagacé à la fin de la messe du centenaire, basilique de Québec, le 12 novembre 2017

HOMMAGE À UN MEMBRE D'EXCEPTION, CLAUDE LAGACÉ

Permettez-moi, au nom de l'ARUL, de rendre hommage à un homme que j'ai rencontré trop brièvement le mois dernier, un homme qui transcende les générations, un homme épanoui qui se moque de son âge – il fête ses 100 ans cette année – et qui vit toujours à fond sa passion pour la musique sacrée... et les belles autos. Il fait partie de ce qu'on appelle depuis peu les pérenniaux[1], c'est-à-dire des gens curieux, conscients, qui ne cessent de s'informer et d'apprendre, peu importe leur âge.

Sa carrière à l'Université Laval commence en 1961 lorsqu'il revient à Québec pour prendre la relève de son maître d'antan, Henri Gagnon, comme titulaire des grandes orgues de la cathédrale de Québec, poste qu'il occupera pendant 32 ans, et comme professeur à l'École de musique[2] de l'Université Laval jusqu'en 1989. À la suite du Rapport Parent en 1960, l'École de musique étend alors son activité, d'un côté vers la formation de professeurs d'éducation musicale dans les écoles et, d'un autre côté, vers les disciplines traditionnellement universitaires et, enfin, vers les études instrumentales. Ainsi, M. Lagacé, qui y enseigne l'harmonie, l'orgue, le chant et la philosophie musicale, est également directeur adjoint pendant nombre d'années. Il dirige aussi le programme d'éducation musicale et participe à la revue sur la recherche dans cette discipline. Dans ses temps « libres », il fonde et dirige le Chœur du Vallon et il est l'un des fondateurs des Amis de l'orgue du Québec dont il sera longtemps vice-président.

Voilà pour ce qui le lie à l'Université, mais encore...

Claude Lagacé est né à Sorel le 30 avril 1917. Son père y est le gérant de la Banque Molson qui, dans les années 20, fusionnera avec la Banque de Montréal. Il sera muté plusieurs fois avant de s'installer définitivement à Québec. Le jeune Claude commence à apprendre le piano à l'âge de sept ans à Pierreville, ensuite à La Pocatière et, à 14 ans, il est pensionnaire au Petit Séminaire de Québec afin de poursuivre ses études classiques et musicales – piano et orgue – auprès d'Henri Gagnon, entre autres. La famille, qui compte sept enfants, est entourée de musique, en fait,

on se chamaille régulièrement pour avoir accès au piano. Sa mère chante merveilleusement, deux de ses sœurs sont musiciennes, un de ses oncles, Albert Chamberland, est violoniste et, l'été, à la maison de campagne de Pierreville, il pratique son art en soirée; c'est ainsi que très tôt les enfants sont initiés à la musique de Jean-Sébastien Bach. Je reviendrai plus loin à sa relation avec Bach.

Il termine son cours classique en 1939 au Petit Séminaire de Québec et obtient son baccalauréat en musique de l'École de musique de l'Université Laval en 1954. Cependant, dès 1941, il se dirige vers le Nouveau-Brunswick pour devenir organiste et maître de chapelle de la cathédrale de Saint-Jean. De 1944 à 1961, il séjournera aux États-Unis où il perfectionnera son art et occupera plusieurs tribunes comme maître de chapelle. Il est également professeur au Gregorian Institute of America d'où il obtient un diplôme, en 1960, après avoir écrit un traité pédagogique sur la polyphonie classique.

Il est alors père de cinq enfants, tous nés aux États-Unis. Il en est venu à occuper des postes importants qui lui permettaient de faire de la bonne musique et de bien faire vivre sa famille. Mais, il s'est vite rendu compte que ses enfants s'anglicisaient et perdaient tout contact avec leurs racines québécoises. C'est le décès de son bien-aimé mentor, Henri Gagnon, qui le ramènera à Québec.

Un homme d'aujourd'hui

Les nombreux témoignages publiés en cette année de son 100e anniversaire soulignent sa sensibilité musicale, sa ferveur religieuse, sa générosité et sa simplicité. Depuis sa retraite, il a publié quelques livres[3]; son style de grande qualité est empreint d'humour, il manie l'ironie à la perfection. J'ai lu avec plaisir son *De Bach à Bangkok*, une chronique de

1 Un néologisme créé par Gina Pell, <https://medium.com/the-what/meet-the-perennials-e91a7cd9f65f>.
2 L'École de musique de l'Université Laval est fondée en 1922, elle accèdera au rang de Faculté en mai 1997. <http://www.mus.ulaval.ca/historique.htm>.
3 De Bach à Bangkok (2002), Musique et musiciens et J'écoute parler nos gens (2014).

« Hommage à un homme d'exception, Claude Lagacé »,
Trait d'union, septembre 2017˙

voyage publiée en 2002, et lors de notre rencontre, j'avais l'impression de déjà le connaître.

Comme il le dit lui-même tout au début de cet ouvrage, « la musique toute seule ouvre à celui qui s'y donne corps et âme un univers intérieur si riche que grande est pour lui la tentation de s'y confiner ». Cependant, ajoute-t-il, l'artiste ne doit pas fermer l'oreille à la rumeur du monde, car il « risquerait de dépérir ». Et il a de la chance; son épouse, traductrice et interprète, est souvent appelée à voyager à l'extérieur dans le cadre de son travail et, dès qu'il prend sa retraite, M. Lagacé l'accompagne, profitant du déplacement pour vivre des expériences inusitées – en Europe, en Afrique, dans le Sud-Est asiatique et en Égypte – qui nourrissent sa réflexion encore aujourd'hui.

J'ai retenu quelques passages de ce livre qui révèle sa personnalité et son humanisme. Il évoque, entre autres, sa rencontre à Paris avec son frère Henri au cours de laquelle de nombreux souvenirs d'enfance remontent à la surface. Par exemple, alors qu'il était pensionnaire, il était allé faire un tour en ville sans la permission du directeur du Petit Séminaire. Sortie risquée, mais partagée lorsqu'il rencontre un copain qui, lui aussi, est coupable de la même ruse. Cette « débauche » partagée scelle la nouvelle amitié et la culpabilité devient moins lourde à porter! Heureusement que la famille sera réunie l'année suivante lorsque le papa est muté à Québec et qu'il sera enfin libéré du pensionnat. Il reprend, surtout avec ses deux frères, la vie turbulente propre aux jeunes de 15 ans.

En 1995, le couple se rend à Kigali, son épouse travaille au Tribunal pénal international pour le Rwanda mis sur pied par l'Organisation des Nations unies (ONU). Lors de leur séjour, M. Lagacé a beaucoup de temps libre. Il lit, rencontre des gens et essaie de comprendre comment un peuple peut arriver à s'autodétruire de façon si brutale. Il est profondément troublé et ose même faire un parallèle avec ce qui se passait alors aux États-Unis, et qui se passe malheureusement encore aujourd'hui. Au bout du compte, il en arrive à penser que les radicaux se sont retrouvés entre eux et que la question ethnique n'est qu'un prétexte; une conclusion partagée par l'ethnologue Pierre Erny[4] ainsi que par d'autres spécialistes qui se sont penchés sur cet évènement infiniment complexe.

Pour apporter une connaissance plus accessible et plus immédiate de cette réalité, et peut-être un peu de baume sur les plaies encore vives, il souhaite alors qu'un cinéaste fasse un film sur cette terrible tragédie. Son souhait sera réalisé en 2006 alors que Robert Favreau tourne *Un dimanche à Kigali*[5], un film qui dépeint avec lucidité et compassion, une humanité capable du meilleur comme du pire. Pour terminer, comme promis ci-dessus, un retour sur sa relation avec

son ami Sébastien — sous-entendre J. -S. Bach — à qui il rend visite en 2000 lors d'un « pèlerinage » en Allemagne. Si Leipzig et Weimar le déçoivent un peu, quand il arrive à Eisenach, devant la maison où Sébastien est né et a grandi, il vit « ce beau moment avec plénitude ». À côté de cette maison, la ville a érigé un monument de bronze en 1985 pour souligner le troisième centenaire de la naissance du célèbre compositeur. Avec le temps, sa partie supérieure s'est oxydée tant et si bien que sa chevelure est devenue verte, tout à fait à l'image du printemps. M. Lagacé y voit là un symbole de « l'éternelle jeunesse de l'œuvre musicale » de Sébastien, son fidèle ami depuis toujours.

M. Lagacé, je vous souhaite longue vie et vous remercie d'avoir enrichi la scène musicale de Québec, et ce, depuis de nombreuses années.

Jeanne Valois

---

4 Pierre Erny, *Rwanda 1994*: clés pour comprendre le calvaire d'un peuple, L'Harmattan, 1994.
5 Ce film est l'adaptation à l'écran du roman *Un dimanche à la piscine à Kigali* du journaliste et écrivain québécois Gil Courtemanche publié en 2002.

L'organiste centenaire et la Ferrari

Au récent Salon de l'auto de Québec, arrivée d'un visiteur fasciné depuis toujours par les belles mécaniques et leur sonorité. En effet toute sa vie, à l'étranger comme ici, en particulier à la cathédrale-basilique de Québec, il a été pendant des décennies aux commandes (les doigts aux quatre claviers, les pieds tout aussi agiles au pédalier et à l'action des jeux) des 6000 tuyaux de l'orgue.

Car cet artiste-prestidigitateur s'enthousiasme aussi pour d'autres mécaniques (oublions pour le moment ses publications, encore récemment, sur la langue d'ici, ses beautés, ses lacunes), dont les voitures comme œuvres d'art, de raffinement, de performance. Pendant des années, à son anniversaire, il s'offrait la fantaisie d'aller chez un représentant et d'y faire l'essai routier d'un véhicule de rêve. Il y a quelques jours, c'est au Salon de l'auto de Québec qu'il se rendait. Pour au moins voir, toucher, humer. Question au représentant: «Pourrais-je, s'il vous plaît, m'asseoir au volant d'une Rolls-Royce?» Réponse peu amène à notre visiteur en fauteuil roulant: «N'en avons pas, mais vous pouvez voir là une Bentley». Trouvant le geste peu invitant, celui-ci s'éloigne silencieusement et va un peu plus loin s'installer au volant d'une... Ferrari. Ce visiteur n'était autre que notre merveilleux, de finesse et d'humour, Claude Lagacé. Doyen, mondial sans doute, des organistes. Dont on marquera bientôt, au son des tuyaux d'orgue et peut-être de quelques klaxons de R-R ou Ferrari, l'arrivée du «centième» anniversaire.

P' Hubert Laforge
Ex-doyen et recteur, ayant récemment dirigé la reconstruction de l'orgue de 1753 offert à la Chapelle du Musée de l'Amérique francophone

Article d'Hubert Laforge, *Le Soleil*, le 18 mars 2017

VILLE DE QUÉBEC

SÉANCE DU CONSEIL DE LA VILLE

Extrait du procès-verbal de la séance ordinaire du conseil de la Ville de Québec, tenue le 1er mai 2017 à 17 heures, à l'hôtel de ville de Québec, 2, rue des Jardins, Québec.

CV-2017-0370   **Félicitations à monsieur Claude Lagacé pour l'ensemble de son oeuvre à titre d'organiste, d'auteur et de directeur musical et meilleurs vœux pour son 100e anniversaire de naissance**

Attendu que le 30 avril 2017, monsieur Claude Lagacé, organiste de Québec célébrait son centième anniversaire de naissance;

Attendu que monsieur Claude Lagacé fut organiste de la basilique-cathédrale *Notre-Dame de Québec* pendant 32 ans;

Attendu qu'il a enseigné la musique à l'*Université Laval* et qu'il a été directeur adjoint de l'école de musique;

Attendu qu'il a vécu pendant 15 ans aux États-Unis où il a pu transmettre sa passion en étant organiste et directeur musical de la cathédral de Toledo;

Attendu qu'il est considéré par ses pairs comme l'un des piliers de la communauté des organistes au Québec, mais également au niveau international;

Attendu que monsieur Claude Lagacé a contribué par son œuvre au rayonnement international de la Ville de Québec et à la promotion de la vie musicale de la Capitale-Nationale;

Attendu que monsieur Claude Lagacé est un homme d'exception qui réside toujours dans la ville de Québec et que cette dernière a à cœur de souligner le travail passionné de ses citoyens;

En conséquence, sur la proposition de monsieur le conseiller Paul Shoiry,

appuyée par madame la conseillère Anne Guérette,

il est résolu que les membres du conseil de la ville soulignent le 100e anniversaire de naissance de monsieur Claude Lagacé et le félicitent pour l'ensemble de son œuvre à titre d'organiste, d'auteur et de directeur musical.

Adoptée à l'unanimité

(Signé)   Geneviève Hamelin   (Signé)   Line Trudel
           Présidente   Assistante-greffière

Félicitations à Claude Lagacé, extrait du procès-verbal, Ville de Québec, le 1er mai 2017

Monsieur Lagacé,

En ce jour de votre 100e anniversaire, c'est avec plaisir que je me joins à votre famille et à vos amis pour souligner de façon toute spéciale cette importante journée. Je suis impressionné par vos grandes réalisations et l'ensemble de votre œuvre à titre d'auteur, d'organiste et de directeur musical et vous félicite chaleureusement. Vous avez su traverser le temps en préservant et en transmettant toute votre passion pour la musique tout en prenant soin avec fierté de vos cinq enfants au côté de votre épouse, Anne Rogier-Lagacé.

Vous êtes une personne d'exception, vous qui avez participé si activement à la vie artistique et culturelle de la ville de Québec, tout en étant un pilier dans la communauté des organistes, comme en témoignent vos 32 années passées à la basilique Notre-Dame-de-Québec. Par votre implication, vous avez grandement contribué au rayonnement international de votre ville et démontré tout le talent des organistes d'ici. Votre amour de la musique et votre fierté pour notre langue sont contagieux et marqueront les esprits pour les siècles à venir.

Mes meilleurs vœux vous accompagnent!

Paul Shoiry
Conseiller municipal
District électoral de Saint-Louis–Sillery

VILLE DE
QUÉBEC
Arrondissement de
Sainte-Foy–Sillery–Cap-Rouge

l'accent
d'Amérique

Message de M. Paul Shoiry, avril 2017

ARCHIDIOCÈSE
DE QUÉBEC

Monsieur Claude Lagacé

Félicitations et vœux de bonheur

à l'occasion de votre

100ᵉ anniversaire de naissance.

Au nom de l'Église catholique de Québec
je demande au Seigneur de vous bénir.

+ Gérald C. Card. Lacroix

Archevêque de Québec

Le 30 avril 2017

Message de l'Archevêque de Québec, Mᵍʳ Lacroix, avril 2017

*Le lieutenant-gouverneur du Québec
présente ses meilleurs voeux et ses hommages à*

Monsieur Claude Lagacé

Organiste émérite de la basilique-cathédrale Notre-Dame de Québec

*- né le 30 avril 1917 -
à l'occasion des célébrations soulignant son*

100ᵉ anniversaire de naissance.

Québec, novembre 2017

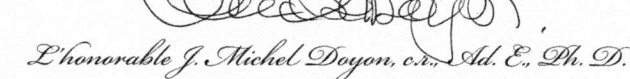

L'honorable J. Michel Doyon, c.r., Ad. E., Ph. D.

Message de l'honorable J. Michel Doyon, lieutenant-gouverneur du Québec, avril 2017

CHAPITRE X

Une vie en mouvement

ÉCLECTIQUE ET CURIEUX

Claude avait de nombreux intérêts, et c'est là un euphémisme.

Prenons la musique. Bien sûr, l'orgue est son instrument de prédilection autour duquel sa vie de musicien gravite. Par la force des choses et parce qu'il est animé d'une foi profonde, sa carrière l'oriente beaucoup vers la fonction liturgique. Le nombre des offices qu'il lui incombe de jouer, outre sa charge professorale à l'Université Laval et sa famille de cinq enfants, lui laisse peu de temps libre.

Mais Claude Lagacé a des goûts musicaux très variés. Ainsi, le piano lui procure de grandes joies. À titre d'exemple, le récital de piano qu'il voulait graver sur disque à sa retraite. Après avoir quitté la basilique en 1993, il renoue avec l'instrument au seul clavier, et consacre aussi bien des moments à jouer à quatre mains avec sa tendre épouse Anne. Tous les deux y prennent un grand plaisir.

Il aime bien l'opéra mais en salle. Tous les ans, en janvier, avec Anne, il rejoint à New York ses amis de Holyoke, Mass., Clarke et Helena Lyon, auxquels il est lié depuis une cinquantaine d'années. Au programme : Lincoln Center, Carnegie Hall, entre autres salles de concert et clubs de jazz, orgues et chœurs dans les églises, musées, magasins de partitions musicales, bons restaurants. Ce joyeux quatuor s'en donne à cœur joie pendant quatre jours.

C'est vous dire l'éclectisme de Claude !

Il accorde aussi dans sa vie une grande place à la religion, à la spiritualité et, en parallèle, à la philosophie et aux sciences.

Compte tenu de son long séjour aux États-Unis, il va de soi qu'il est féru de politique américaine. Mais il suit aussi de près la politique canadienne ; son adhésion au fédéralisme ne l'a pas empêché d'admirer profondément René Lévesque, chef indépendantiste.

L'histoire le passionne, tout comme le hantent l'Holocauste et les génocides, notamment celui du Rwanda où il séjourne plusieurs mois en 1995 avec Anne.

Il collige de manière quasi quotidienne dans sa série de spécilèges divers articles, réflexions, lettres, messages, caricatures, photos, illustrations et textes de tous genres. Ces immenses cahiers révèlent la grande diversité des intérêts qui l'animent.

Enfin, Claude a toujours été passionné de poésie et de littérature, tant en français qu'en anglais. Il récitait de mémoire des poèmes, même quelques jours avant sa mort; quand Anne lui en faisait lecture, il l'interrompait parfois pour les réciter lui-même.

Il bénéficie vers la fin de sa vie de la présence de Raphaël Dubé, envoyé chez Claude à la demande d'Anne par Godelieve de Koninck[56] dans le cadre du merveilleux programme qu'elle a créé, Liratoutâge[57]. Ce jeune violoncelliste des Violons du Roy à la voix particulièrement expressive, qui partage avec Claude cet amour de la littérature et de la poésie en particulier, vient lui rendre visite régulièrement; pendant les trois derniers mois de la vie de Claude au service de soins palliatifs, Raphaël continuera de venir fidèlement lui lire des œuvres qu'il aime. Pour Claude qui est demeuré avide de lecture jusqu'à son dernier souffle, ce sont des moments privilégiés et l'occasion d'une belle rencontre.

CLAUDE AIMAIT LE MOUVEMENT... PERPÉTUEL

Pendant des années, Claude va, le jour de son anniversaire, essayer une voiture qu'il n'achètera jamais, autant par plaisir que par curiosité. Il décide un an à l'avance quelle sera la prochaine. Le jour arrivé, il se rend chez un concessionnaire, invariablement amusé par ce client peu ordinaire.

Son intérêt est tout aussi vif pour les trains, les avions et les bateaux.

---

56 Godelieve de Koninck est la fille de Charles de Koninck, qui fut le professeur de philosophie de Claude à l'Université Laval.

57 Liratoutâge est une équipe formée de bénévoles qui offrent des séances de lecture à voix haute aux personnes vivant dans des milieux d'hébergement pour aînés. Ce service personnalisé s'adapte aux intérêts et capacités de chacune des personnes ainsi rencontrées.

Salon de l'auto de Québec, Claude au volant d'une Mazerati, avril 2017

Chaque été, il affiche dans son bureau le programme des bateaux de croisière qui vont jeter ou lever l'ancre dans le port de Québec, et l'horaire de ces événements à ne pas manquer est inscrit dans son agenda. En septembre 2018, alors qu'il a 101 ans bien sonnés, Anne le conduit en fauteuil roulant sur le traversier pour assister depuis Lévis, sur la rive sud du Saint-Laurent, au départ du paquebot *Queen Mary II*. La circulation des traversiers, qui ont l'air de deux petits moustiques au pied du géant, est interrompue quelques heures pour l'occasion; il aurait de toute façon été impensable d'arracher Claude à ce spectacle, qu'il fixe des yeux comme le Marius de Pagnol regardait un bateau prendre la mer.

Lorsqu'il est en voiture sur l'autoroute et qu'un train roule en parallèle, il mesure la vitesse du train, compte le nombre de wagons. S'il n'est pas au volant, il demande à Anne d'accélérer ou de ralentir pour qu'il puisse calculer la vitesse de son rival. S'il double une semi-remorque, il compte avec attention le nombre de roues du monstre roulant.

Anne, qui se prête volontiers aux caprices de son cher époux sans pour autant partager cet intérêt, lui demande un jour de lui expliquer cette passion. La réponse est claire : « J'aime le mouvement. »

In Memoriam

En septembre 2018, Claude passe encore des vacances heureuses à Kamouraska, longue tradition à laquelle il est très attaché. Quelques semaines plus tard, les trois derniers mois de sa vie vont se dérouler à l'hôpital, aux soins palliatifs. Anne comme Claude auraient pourtant souhaité une fin de vie plus heureuse, chez eux. Cette période se passe en dents de scie. À telle enseigne qu'un jour, il est à peine conscient et ne peut presque rien ingurgiter mais, le lendemain, il réclame avec vigueur son whisky et un steak-frites qu'il digère sans la moindre difficulté !

Durant ce séjour à l'hôpital, il écoute beaucoup de musique. Il choisit lui-même ce qu'il veut entendre. Un soir, après une journée passée dans un état de semi-conscience qui est de bien mauvais augure, il s'anime tout à coup en réclamant la *Passacaille et fugue en do mineur* de Bach jouée par Marie-Claire Alain, dont il ne manque pas une note.

Anne installe à l'hôpital un équipement de fortune qui lui permet de répondre aux demandes du maître. Il écoute son répertoire favori plusieurs fois par jour.

De temps à autre, il se plaît à regarder des DVD de concerts ou d'opéras, des entrevues de musiciens, des films, la trilogie de Marcel Pagnol étant l'un de ses favoris. Un beau matin, un préposé raconte à Anne que Claude a veillé tard dans la nuit et réclamé le changement de DVD chaque fois que nécessaire pour poursuivre très attentivement son écoute jusqu'à trois heures du matin : ce soir-là, c'était la *Tétralogie* de Wagner au programme, qui dure six heures.

Occasionnellement, sa chère Anne lui lit de la poésie. Il aime aussi qu'elle lui fasse lecture des actualités.

Anne me raconte que, malgré quelques « soubresauts », ces trois mois sont d'une grande richesse pour eux deux. Ce sont des moments de dialogue et d'intimité ineffables et inoubliables.

La veille de son décès, il écoute, sans doute avec une grande émotion teintée de surprise, un enregistrement inédit d'un récital qu'il avait donné à la cathédrale de Toledo lorsqu'il y était organiste titulaire; son fils Martin vient de le lui apporter au retour d'un voyage en Ohio.

Claude est alors d'une grande sérénité. Cette attitude face à la mort était sienne depuis longtemps, comme en atteste ce magnifique extrait de son journal personnel écrit à la mort de son grand-père paternel, alors que Claude avait à peine 20 ans :

Le 11 janvier 1938 — Jour des funérailles du grand-père Lagacé — Requiescat in pace.

Poète, sors ton luth, car il ne faut jamais rimer malgré Minerve.

La gloire ? Pourquoi pas ? Mais c'est une grande vanité. — Que m'importe un monument qui se dresse haut dans le ciel si je suis en-dessous ! — L'Amour plutôt. Mais qu'est-ce que l'amour ? Pourquoi l'énervement, le trouble de la passion ? Où est le repos ?... Là … seulement ? Oui, c'est bien cela, je pense à la mort… — Pour un instant, grand-père, je prends votre place; mes traits se détendent, mes yeux se ferment, je sommeille au tombeau, je descends dans la fosse. La glèbe est glacée, mais je n'ai pas froid. Il n'y a plus de froid, plus de chaud, plus de désir, de déception, d'incertitude; le même niveau s'étend partout, la marée ne monte plus, les oiseaux se taisent, la lune ferme l'œil. Tout repose, et moi plus que tout. — Il faut songer à cela, sans emphase, avec simplicité. Il faut regarder que tout cela finira, voir le monde comme il est, y poser les yeux, les en détourner avec aisance, ne rien mépriser, aimer par-delà la terre, <u>à travers la terre</u>, mais pas la terre elle-même. — Il faut prier, bien vivre, demander à Dieu qu'il nous inonde de lui.

Cultiver ces pensées tous les jours, vivre avec elles, mais en souriant, dans la joie quand même… Rejeter l'angoisse et l'inquiétude, la tristesse aussi comme des tentations… les plus dangereuses, car elles peuvent engendrer le plaisir sadique de se mépriser. — Qu'est-ce que l'angoisse pascalienne ? Il faudra que je lise Pascal.

Les obsèques de Claude, dans une basilique bien remplie, suscitent un grand recueillement empreint de sobriété, selon ses volontés. Nous étions cinq organistes à nous partager un long prélude musical. Claude, qui aimait beaucoup les cordes, avait demandé la participation du quatuor Arthur-Leblanc. Étaient également à la tribune la soprano Marie-Andrée Mathieu et le quatuor vocal dirigé par Jean-Claude Picard, maître de chapelle de la basilique et ami de longue date de Claude. Très belle cérémonie, mémorable et émouvante, dont nous reproduisons ici le programme.

CLAUDE LAGACÉ
30 avril 1917 – 7 février 2019

Organiste émérite de la
Basilique-Cathédrale Notre-Dame de Québec (1961-1993)

OBSÈQUES
Célébrées par Mgr Denis Bélanger,
Curé de Notre-Dame de Québec
Le samedi 2 mars 2019
Basilique-Cathédrale Notre-Dame de Québec

Livret de la messe des funérailles

Organiste émérite de la Basilique-Cathédrale de Québec (1961-1993), Claude Lagacé était également professeur titulaire et directeur adjoint de la Faculté de musique de l'Université Laval, membre honoraire de la Fédération des Amis de l'orgue du Québec et membre fondateur des Amis de l'orgue de Québec. Il avait auparavant mené sa carrière d'organiste et de maître de chapelle aux États-Unis, séjour qu'il conclut à la cathédrale de Toledo (Ohio) pour succéder ici même à Henri Gagnon, son maître et ami, en 1961. Dans le cadre de ses fonctions d'organiste, Claude Lagacé s'est toujours intéressé activement à la musique liturgique, tant sur le plan paroissial que diocésain. Comme interprète, il s'est fait entendre en récital aux États-Unis et au Canada, et s'est produit régulièrement sur les ondes de Radio-Canada. À titre de pédagogue, il a surtout enseigné le chant grégorien, l'orgue et la philosophie de l'éducation musicale. Au cours de sa retraite, Claude Lagacé a troqué le banc de l'orgue pour le pupitre, publiant ainsi *De Bach à Bangkok* (2002), *Musique et musiciens* (2014) et *J'écoute parler nos gens* (2014).

- - - - - - - - - - - - - - - - - -

Mon souhait aujourd'hui? Recommencer!
Claude Lagacé, le 31 janvier 2019

La musique suffit à une existence, mais une existence ne suffit pas à la musique.
Rachmaninov

- - - - - - - - - - - - - - - - - -

À 16 h 30, à la salle paroissiale de l'église Saint-Charles-Garnier, vous êtes tous cordialement invités à un goûter après l'inhumation au cimetière Notre-Dame de Belmont.

Nous tenons à remercier très vivement toutes les personnes qui nous ont exprimé leur sympathie et leur soutien dans ces moments difficiles.

Livret de la messe des funérailles

RÉCITAL D'ORGUE – 12 h 30

Organiste : JEAN-CHARLES CASTILLOUX
Choral : *Vater unser im Himmelreich*, BWV 737   J. S. BACH

Organiste : JACQUES BOUCHER
Choral : *Vor deinen Thron tret ich hiermit*, BWV 668   J. S. BACH
Choral : Liebster Jesus, wir sind hier, BWV 731   J. S. BACH

Organiste : ROBERT GIRARD
« Sheep may safely graze », cantate BWV 208,
transcription R. P. Girard   J. S. BACH

Organiste : YVES PRÉFONTAINE
Choral : Schmücke dich o liebe Seele, BWV 654   J. S. BACH

Organiste : DANNY BELISLE
Partita : Sei Gegrübet, Jesu gütig, variation X, BWV 768   J. S. BACH

CÉLÉBRATION EUCHARISTIQUE

Entrée : *Jésus que ma joie demeure* : extrait : Cantate BWV 147
(J. S. Bach) : Quatuor du Chœur du Chapitre, direction : Jean-Claude
Picard; orgue : D. Belisle
Hommages : Jacques Boucher, Raphaël Dubé, Laurent Grenier
Kyrie : *Messe XI*, « Orbis factor » : quatuor a capella
Première lecture : Livre de Job 19, 1.23-27 a
Psaume : *Les âmes des justes* (Mgr E. Fortier) : quatuor a capella
Acclamation à l'évangile : *Alleluia irlandais* : quatuor a capella;
verset : J.-C. Picard
Évangile de Jésus Christ selon saint Jean 12, 24-28
Homélie : Mgr Denis Bélanger
Offertoire : « Es ist vollbracht », *Passion selon saint Jean*
(J. S. Bach) : mezzo-soprano Marie-Andrée Mathieu; orgue :
R. Girard; alto : J.-L. Plourde)
Sanctus : *Messe XI*, « Orbis factor » : quatuor a capella
Notre Père : *Notre Père* (Claude Lagacé) : M.-A. Mathieu, D. Belisle
Agnus Dei : *Messe XI*, « Orbis factor » : quatuor a capella
Communion : *Der Tod und das Mädchen*, Andante con moto
(F. Schubert) : Quatuor Arthur-Leblanc
Absoute : « When I am laid in earth », *Dido and Aeneas* (H. Purcell) :
M.-A. Mathieu, R. Girard, Quatuor Arthur-Leblanc
Signature : *In manus tuas,* extrait : Messe de Requiem, grégorien :
quatuor a capella
Sortie : Prélude et fugue en sol majeur, BWV 541 (J. S. Bach) :
Y. Préfontaine, orgue

Livret de la messe des funérailles

L'année suivante, la basilique célèbre la messe du premier anniversaire du décès de Claude. L'organiste titulaire, Marc D'Anjou, accompagne pour l'occasion la Maîtrise des Petits Chanteurs de Québec, sous la direction de Céline Binet. Une fois encore, belle cérémonie, chargée d'émotions.

CLAUDE LAGACÉ
30 avril 1917 – 7 février 2019

Organiste émérite de la
Basilique-Cathédrale Notre-Dame de Québec (1961-1993)

MESSE-ANNIVERSAIRE
Le dimanche 19 janvier 2020 à 11 h 30
Basilique-Cathédrale Notre-Dame de Québec
Célébrée par Mgr Denis Bélanger,
recteur de la cathédrale,
curé de la paroisse Notre-Dame

Livret de la messe d'anniversaire

Claude Lagacé et le chœur de la cathédrale de Toledo (Ohio), 1957

L'idée de faire participer, sous la direction de Mme Céline Binet, la Maîtrise des Petits Chanteurs de Québec à cet office est particulièrement heureuse en cette circonstance de la commémoration du décès de l'organiste Claude Lagacé (7 février 2019, à la veille de ses 102 ans).

En effet, avant d'accéder à cette tribune en 1961, notre ami était – selon la tradition qui prévalait aux États-Unis, calquée entre autres sur le modèle des célèbres collèges d'Angleterre – non seulement organiste mais aussi maître de chapelle. Il y faisait travailler tous les jours le chœur d'enfants qu'il dirigeait lors des cérémonies ou en concert. A titre d'exemple, il a ainsi dirigé et accompagné de 1954 à 1961 un chœur d'hommes et d'enfants à la cathédrale de Toledo (Ohio). Puis, à son arrivée à Québec, jusqu'à ce que la Maîtrise du Chapitre soit intégrée à la Commission scolaire, il accompagnait régulièrement cet ensemble à la Basilique.

Certaines des pièces qui seront entendues aujourd'hui sont tirées du répertoire que Claude Lagacé accompagnait ou faisait exécuter par ces chœurs d'enfants aux États-Unis, ou par le Chœur du Vallon (dont il fut cofondateur et directeur). La lecture des programmes de concerts ou de célébrations qu'il élabora et exécuta dans ce contexte, et l'évocation de ses propres souvenirs révèlent un amour particulier pour la polyphonie de la Renaissance.

Organiste émérite de la Basilique-Cathédrale de Québec (1961-1993), Claude Lagacé était également professeur titulaire et directeur adjoint de la Faculté de musique de l'Université Laval, membre honoraire de la Fédération des Amis de l'orgue du Québec et membre fondateur des Amis de l'orgue de Québec. Il avait auparavant mené sa carrière d'organiste et de maître de chapelle aux États-Unis, séjour qu'il conclut à la cathédrale de Toledo (Ohio) pour succéder ici même à Henri Gagnon, son maître et ami, en 1961. Dans le cadre de ses fonctions d'organiste, Claude Lagacé s'est toujours intéressé activement à la musique liturgique, tant sur le plan paroissial que diocésain. Comme interprète, il s'est fait entendre en récital aux États-Unis et au Canada, et s'est produit régulièrement sur les ondes de Radio-Canada. À titre de pédagogue, il a surtout enseigné le chant grégorien, l'orgue et la philosophie de l'éducation musicale. Au cours de sa retraite, Claude Lagacé a troqué le banc de l'orgue pour le pupitre, publiant ainsi *De Bach à Bangkok* (2002), *Musique et musiciens* (2014) et *J'écoute parler nos gens* (2014).

MEMENTO

C'est à la Faculté de musique de l'Université Laval que j'ai connu Claude. Il m'enseigna le chant grégorien. Il était plus maître que professeur, ce qui pour les jeunes étudiants que nous étions était un privilège. Évidemment, la musique grégorienne était au cœur de ce cursus. Mais il y avait plus. Il y avait l'homme de profonde culture qui s'adressait à notre intelligence. Il partageait son savoir autant qu'il le communiquait. Déjà, je l'admirais. Dans ces cours de grégorien, Claude Lagacé nous a amenés dans un univers millénaire. Pour ma part, je ne puis aborder une page, même modeste, de grégorien, sans me rappeler cette classe qui m'a marqué.

Puis, c'est à la Société Radio-Canada, comme réalisateur d'émissions musicales – à l'époque où il y en avait –, que j'ai connu plus intimement monsieur Lagacé. Je fus alors son réalisateur pour des diffusions d'orgue enregistrées en itinérance. J'ai souvenir d'une séance à l'orgue jubilaire de Saint-Pascal de Kamouraska. Nous enregistrâmes aussi à la Basilique-Cathédrale Notre-Dame de Québec, au petit orgue de Saint-Germain de Kamouraska, et ailleurs. Claude fut remarquable de préparation, de concentration, et surtout d'abandon. Les réalisateurs savent à quel point sont exigeants ces enregistrements où le micro est un véritable filtre, non seulement de l'acte musical mais aussi des tensions, des angoisses, des peurs légitimement liées à ce travail. Là, Claude Lagacé afficha quiétude, sérénité et surtout confiance envers son ancien étudiant, devenu pour quelques heures son réalisateur qui devait le guider dans cet itinéraire sonore.

J'eus ensuite l'occasion de réaliser un magnifique disque à son orgue de la Basilique. Les qualités citées sont une réelle référence pour des organistes et des mélomanes de tous horizons. Il illustre le style de l'artiste, son vaste répertoire, et surtout sa pensée musicale. Les témoignages reçus ici au Québec, comme ailleurs grâce à sa diffusion sur le réseau Internet *Organlive* appuient mon affirmation.

Pour ma part, ces quelques étapes du cheminement de ce bel artiste, titulaire émérite de cette basilique à laquelle il a apporté rayonnement et prestige, me sont précieuses. En effet, elles se sont converties en une profonde amitié que ma femme, Anne Robert, et moi-même, avons eu le privilège de nouer avec l'autre Anne, et Claude, que je salue avec admiration, gratitude et aussi avec une profonde affection.

Jacques Boucher
Titulaire du grand-orgue de Saint-Jean-Baptiste de Montréal
Ex-doyen de la Faculté de musique, Université de Montréal

En guise d'épilogue, voici une anecdote que Claude me raconta lors d'une entrevue sur les ondes de Radio-Canada : « À la cathédrale de Toledo, je dirigeais un chœur de 50 enfants et de 28 hommes… Je me souviens de *O Magnum mysterium* de Vittoria. A la fin du morceau – ils chantaient a capella –, j'avais placé discrètement un bourdon sur l'orgue et j'ai joué le mi bémol: ils étaient restés parfaitement dans le ton jusqu'au bout. À part du fait qu'ils chantaient d'une façon très expressive. Ce qui était beau avec les enfants, c'est que les hommes ont tendance à baisser ; les enfants, quand ils sont un peu excités, ont tendance à remonter. Ils détonnent légèrement, mais ça donne un brillant, et ça tient les basses en place. Alors, c'étaient pour moi des expériences merveilleuses. »

PROGRAMME MUSICAL

**Maîtrise des Petits Chanteurs de Québec, sous la direction de Céline Binet
Marc D'Anjou, organiste titulaire**

Prélude:
ORGUE: Adagio, Troisième Symphonie   L. Vierne (1870-1937)
         Choral: *Allein Gott in der Höh sei Ehr,* BWV 662   J. S. Bach
Pie Jesu   A. L. Webber (1948-)

Entrée: *Ombra mai fu*   G. F. Haendel (1685-1759)

Kyrie: Messe brève   C. Gounod (1818-1893)

Psaume: Prions du dimanche

Acclamation: Psaume de la loi

Offertoire: *Popule meus*   T. L. de Vittoria (1548-1611)

Sanctus: Messe brève   C. Gounod

Agnus Dei: Messe brève   C. Gounod

Communion:
ORGUE: Final, 6e sonate pour orgue   F. Mendelssohn (1809-1847)
Man that is borne of a woman   H. Purcell (1659-1695)

Sortie:
ORGUE: Prélude en la mineur, BWV 543   J. S. Bach (1685-1750)

Au cimetière Belmont, à Sillery, où Claude repose non loin de ses parents et des trois musiciens Gustave, Ernest et Henri Gagnon, sa stèle est gravée d'un bas-relief inspiré d'un dessin offert par le facteur d'orgues Casavant. À l'endos est gravé un poème de Marguerite Yourcenar, à qui Claude vouait une véritable vénération.

Cimetière Belmont, Québec. Photo : Fonds Daniel Abel

Vous ne saurez jamais

Vous ne saurez jamais que votre âme voyage
Comme au fond de mon cœur un doux cœur adopté;
Et que rien, ni le temps, d'autres amours, ni l'âge,
N'empêcheront jamais que vous ayez été.

Que la beauté du monde a pris votre visage,
Vit de votre douceur, luit de votre clarté,
Et que ce lac pensif au fond du paysage
Me redit seulement votre sérénité.

Vous ne saurez jamais que j'emporte votre âme
Comme une lampe d'or qui m'éclaire en marchant;
Qu'un peu de votre voix a passé dans mon chant.

Doux flambeau, vos rayons, doux brasier, votre flamme,
M'instruisent des sentiers que vous avez suivis,
Et vous vivez un peu puisque je vous survis.

« Sept poèmes pour une morte », *Les Charités d'Alcippe* (1929)

Marguerite Yourcenar

Postlude

Ainsi s'achève l'histoire d'un grand monsieur.

Un personnage qui a su m'émouvoir et m'apporter de grandes joies. Sa vie pleine de ressources m'a plongé dans des souvenirs qui remontent à l'admirable professeur que j'ai connu en 1966 et à l'organiste qui a su enluminer la liturgie de sa cathédrale. Homme de foi, il a apporté à la basilique une présence rayonnante. Un phare !

Une qualité inestimable de Claude Lagacé fut d'admirer sans juger.

L'homme a exprimé sa vie durant une joie de vivre tellement communicative ! Il émanait de lui une bonté sereine et un altruisme sans égal.

Sa vie aux États-Unis lui a permis de parfaire son métier de musicien et de pédagogue et favorisa chez lui un apprentissage rigoureux de la langue anglaise.

Que demander de plus ?

Claude Lagacé a souri à la vie et elle le lui a bien rendu ; il avait l'art d'accueillir les autres avec un sourire généreux qui suscitait un attachement immédiat, des relations chaleureuses et des amitiés durables.

Adieu, cher Monsieur.

Hommage
d'un journaliste
à son ami organiste

« Un ami, c'est un refuge assuré.
Celui qui le trouve a trouvé un trésor. »
D'un lointain ancêtre :
Ben Sirac Le sage, *l'Ecclésiaste*

« L'amour et la musique sont les deux ailes de l'âme. »
Berlioz

« Heureux qui, comme Claude, a fait un beau voyage. »

Le poète du Bellay (l'Ovide français, selon Claude) évoquait ainsi l'extraordinaire odyssée d'Ulysse.

J'attribue la même béatitude à un organiste émérite et ami hors pair, Claude Lagacé (décédé à Québec le 7 février 2019, deux mois avant ses 102 ans).

J'ai eu le privilège d'être le premier lecteur du présent ouvrage consacré à son professeur et ami depuis plusieurs décennies par un autre organiste illustre, Jacques Boucher.

Titulaire de grandes orgues et animateur de la musique d'orgue au Canada, Jacques Boucher a créé et réalisé pendant plus de vingt ans deux excellentes émissions radiophoniques hebdomadaires, *Récital d'orgue* et *Tribune de l'orgue,* à Radio-Canada qui avait alors des ambitions culturelles. Avec des invités passionnants (dont le célèbre et mordant Antoine Reboulot), il ravissait les mélomanes de tous horizons. Le Roi des instruments fascinait le scribe curieux et néophyte que j'étais. Quand ? le dimanche après-midi, tandis que je préparais une nouvelle semaine intense à une Tribune fort différente, celle de la presse parlementaire à Québec.

Kamouraska, été 2014

Un trésor joyeux et partagé

Essayiste au verbe chaleureux, Claude Lagacé publie en 2002 une fabuleuse chronique de grands voyages intercontinentaux. Sous le titre intriguant *De Bach à Bangkok*, il associe deux grandes passions : la musique céleste de JSB (et de la brillante cohorte de ses semblables) et la curiosité insatiable de l'artiste voyageur (accompagnant sa chère muse et épouse, Anne Rogier, traductrice-interprète, dans ses périples professionnels à l'étranger).

Dans sa magnifique préface de *De Bach à Bangkok*, le professeur Jacques Desautels, autre ami fort regretté, qualifiait ainsi l'artiste Claude Lagacé :

« ... l'homme qui vient de signer ce livre est un être doué pour le bonheur. Être heureux occupe tout son temps, dirait-on, à la lecture de ces textes bien ciselés... Grâce à son talent, nous atteignons le stade où la chronique devient littérature...

« ... Quelle chance d'avoir pour guide cet homme curieux du monde, ce flâneur émerveillé, pèlerin toujours jeune et sans cesse ébahi, ce patricien distingué qui ne craint ni le sourire moqueur, ni non plus l'affirmation de sa foi et de l'amour de l'autre. »

En effet, sourire en coin, tendresse et bonhomie, humour, ironie parfois mais sans malice, aucune amertume ou aigreur chez cet ami des plus attachants qui chantonnait en douceur. En latin…

Organiste émérite, professeur de musique polyvalent, père de cinq enfants (tous nés aux États-Unis durant son « exil » volontaire d'une vingtaine d'années pour y occuper ses premiers postes de titulaire d'un orgue), Claude Lagacé a contribué à la formation de nombreux musiciens, tant à l'Université Laval qu'au Cégep de Sainte-Foy. Il a même trouvé le temps et l'énergie de fonder trois œuvres durables :

- L'association des Amis de l'orgue de Québec (qui, si la pandémie ne l'en avait empêchée, aurait fêté en 2021 ses nobles 55 ans) a été créée par Claude avec quelques amis, dont le chanteur Pierre Boutet qui en fut le premier président, l'abbé Antoine Bouchard, organiste également professeur à la Faculté de musique de l'Université Laval, Claude Beaudry, musicien averti et dévoué, et quelques autres passionnés.
- Le Chœur Marie-Victorin (1964).
- Le Chœur du Vallon, qui chante et enchante aussi depuis 55 ans et que Claude a dirigé pendant quelques années.

Quel tour de force !

— Que nenni ! répond le vaillant fondateur. À la Faculté de musique, on aménageait mon horaire en fonction de mes obligations à la cathédrale; et j'avais encore du temps libre pour les Amis de l'orgue et les chœurs. J'ai toujours été débrouillard et j'avais la discipline voulue pour m'acquitter de toutes ces fonctions.

La voix de Dieu sur terre

Pour Claude, l'orgue est la voix de Dieu qui parle sur terre. Le trésor inestimable dont il était l'heureux dépositaire, il le partageait volontiers, à tous vents, tel un dictionnaire généreux, infatigable, compatissant, empathique et candide. Les chroniques de ses pérégrinations sur quatre continents continuent d'émerveiller. Œil vif et répartie impayable.

Jamais il ne perdit son âme d'enfant. Que du bonheur pour tous, partout et toujours.

Novembre 1993 : Heureux hasard pour nous. Presque invisible du haut de la tribune de la basilique-cathédrale de Québec, il nous fait vibrer, mon épouse Madeleine et moi, au son d'un Final d'une symphonie de Louis Vierne.

— Qui joue?

— Vous ne le connaissez pas? s'étonne le sacristain. Mais c'est monsieur Lagacé. Hélas pour vous. C'est sa coda finale, lui qui est ici depuis plus de trente ans. Un homme extra, simple, cordial, souriant, farceur, taquin. Il domine avec aisance son orgue, le jubé et la nef. On l'aime énormément. Il va bien nous manquer.

En 1995, Claude et Anne sont de retour du Rwanda déchiré. Au hasard d'une tournée des galeries d'art dans le Vieux-Port de Québec, Anne est éblouie par une statue onirique de Madeleine, céramiste hors pair. C'est ainsi que nous faisons la connaissance du couple Lagacé. Au fil des vingt-cinq années qui suivront, nous avons nourri une amitié chaleureuse, assortie d'excursions aussi agréables que divertissantes.

Amoureux, féru de poèmes et de mots d'esprit, Claude irradiait la bonne humeur et la joie de vivre.

Il a toujours honoré son noble instrument avec ardeur et piété. Il a chanté, psalmodié, prié, médité, accompagné mariages et obsèques, dirigé solistes et chorales. Sans manquer un seul voyage avec sa muse, dans Charlevoix, à Kamouraska, dans le Maine chaque été, et dans le vaste monde qu'ils découvraient sans cesse.

Il a aussi écrit sur notre langue française, si chère et pourtant si malmenée. Dans *J'écoute parler nos gens*[58], il fait notamment sien un précieux rappel de Fernand Dumont : « À tout prendre, pour être un bon citoyen, deux savoirs sont indispensables, la langue et l'histoire. » Les deux auteurs se joignent au cri d'alarme de Gilles Vigneault : « Si la langue française est assiégée quelque part, il faut la sauver. »

Une générosité contagieuse

Dans la préface de *Musique et musiciens*[59], également publié par Claude en 2014, Jacques Boucher souligne combien les pages de notre ami sont « ... passionnées, d'une fine observation, déclamées avec élégance et, surtout, d'une touchante sincérité ».

---

58 Les Éditions GID, 2014.

59 Les Éditions GID, 2014.

Les deux amis au Jardin de Métis, juin 2010

Certes, Claude était doué pour le bonheur. Mais il a aussi protégé et nourri ce don du ciel. Jamais tendu ni fatigué, il était toujours d'une générosité contagieuse envers qui voulait profiter de cette richesse rare et précieuse : son goût de vivre pleinement. Sourires espiègles et pirouettes en prime, pour atténuer les inévitables vicissitudes et difficultés de notre court passage sur terre.

Un jour de 2001, il écrit avec légèreté un « Dialogue d'un homme avec son cœur » désopilant qu'il nous dédicacera :

« À Gilles et Madeleine qui ont le bon goût (!) d'aimer ce que j'écris. Avec amitié, Claude. »

Un autre jour, photo de nous deux près de sa piscine, signée :

« Jeunesse de cœur et d'esprit...pour le reste, motus et bouche cousue... »

Grand lecteur, il ne se gênait pas, selon son humeur du moment, pour fustiger certains personnages qui faisaient les manchettes des journaux.

Ainsi, il s'en prend avec emphase à la rhétorique de Bernard Landry, ministre des Finances en 2002, l'incitant à changer de ton : « Sinon, au lieu d'assurer le triomphe de son option politique, comme il se propose de le faire, il pourrait devenir l'un de ses plus bruyants fossoyeurs. »

Et vlan ! Il laisse au Petit Prince le mot de la fin : « On peut commander au soleil de se lever, et il obéira si l'on choisit la bonne heure... »

Ni accusé de réception, ni réplique de l'intéressé. Même silence du bouillant Pierre Foglia de *La Presse* en réaction à la lettre de notre organiste. Peu de succès pour ses envolées, voire indifférence envers ses missives vibrantes et riches de matière à réflexion.

Claude est plus chanceux avec *Le Devoir* : ce quotidien publie le 27 février 2002, sous le titre « Abus de liberté », une diatribe de Claude contre une école qui se donne un petit air messianique en prônant aux adolescents « la liberté comme outil de réussite ».

Mystère et boule de gomme...

Comme nous très attaché à Québec, à ses merveilles et à ses écrivains, Claude ne cessait de me taquiner au sujet de Saint-Denys Garneau, mon poète préféré, et de sa célèbre cousine Anne Hébert. D'elle, Claude garde d'ailleurs des lettres personnelles. Il finit par m'en lire une à mi-voix, esquivant une question brûlante : y eut-il romance avec la belle Anne, du même quartier Montcalm, et du même âge que lui ?

On trouve aussi dans les archives de l'organiste un exemplaire de *Regards et jeux dans l'espace* dudit poète, dédicacé à Claude en 1937. Dans les deux cas, discrétion absolue et épreuve douloureuse pour moi, vieux journaliste curieux. Quant à Anne, l'aimable muse, que fit-elle de cette énigme... ? Claude tournait gentiment mes indiscrétions en dérision, surtout quand il les suscitait lui-même.

Qui est malade : Claude ou son médecin ?

Des bobos, des malaises ? Il les gardait pour lui et pour sa super aidante naturelle et ... surnaturelle.

Même son ami médecin, le Dr Jean Drouin, s'exclamait à son sujet :

« Quand Claude arrive à mon bureau en souriant, je me demande toujours si c'est moi qui le soigne, ou si c'est lui qui vient me soigner... ».

Gilles Lesage et Claude lors du tournage du film de Jacques Drouin, septembre 2011. Photo : Jacques Drouin

La fragile musique de la vie...

Quelques jours avant son décès à l'hôpital Jeffery Hale de Québec, une consultante aux soins palliatifs lui demande : « Quel est votre souhait aujourd'hui, monsieur Lagacé ? »

— « RECOMMENCER ! », répond-il sans hésiter.

Recommencer ? Un nouveau voyage pour et avec Claude ? C'est là l'immense cadeau que Claude nous laisse, sous forme d'invitation à la fois personnelle et collective, avec tendresse, sagesse et espérance.

> « Quelqu'un meurt, et c'est comme un silence qui hurle...
> Et s'il nous aidait à entendre la fragile musique de la vie ? »
> Question poignante d'un poète anonyme.
> Comment aimeriez-vous mourir ? a-t-on demandé à Proust ?
> Meilleur et aimé.

Un beau matin, chez lui à Sillery, devant la caméra du cinéaste Jacques Drouin, nous nous sommes tous deux amusés avec « Le questionnaire de Proust » (édition NRF Gallimard).

Questions directes, réponses incisives de Claude. En voici un échantillon savoureux :

— La qualité que tu préfères ? La droiture.

— Ce que tu apprécies le plus chez tes amis ? L'humour. Il faut être sérieux, avec un sourire.

— Ton occupation préférée ? Taquiner Anne et mes amis.

— Ta principale qualité ? La recherche du beau.

— Le pays où tu désires vivre ? Au Canada, « mon pays, mes amours ».

— Ta couleur préférée ? Le rouge, quand j'étais jeune... Taureau; maintenant, le bleu, qui est plus doux.

— L'oiseau que tu préfères ? Le rossignol, parce qu'il chante si bien.

— Un héros ? Jean-Sébastien Bach, un homme qui a eu une vie ordinaire, difficile, avec des obligations de tous ordres, mais qui a composé de la musique extraordinaire. Comme dit Cioran : « S'il y a quelqu'un à qui Dieu doit tout, c'est Bach. »

— Une héroïne ? Jeanne d'Arc.

— Qu'espères-tu que Dieu te dise quand tu te présenteras devant lui ?

— Quel était votre métier, mon ami ?

— J'étais musicien.

— Entrez, Monsieur, vous êtes chez vous.

De fait, le 7 février 2019, jour du décès de Claude, un émissaire de saint Pierre nous a transmis le message suivant :

Claude : « Bonjour, y a-t-il de la place pour moi dans votre Royaume ? »

— Que faisiez-vous en bas ?

— J'étais musicien et...

Claude n'a pas le temps de s'expliquer.

Goguenard, Pierre lui lance : « Entrez, entrez. Vous êtes ici chez vous et vous êtes attendu... »

— Ah oui ?

— Bach, Brahms, Buxtehude et tous du premier au dernier sont en grande répétition, et ils ont besoin d'un organiste super, comme vous l'êtes, pour l'éternité. Entrez mon ami.

La paix soit avec vous. Shalom ! AMEN !

Gilles Lesage
Journaliste

Bibliographie

ŒUVRES DE CLAUDE LAGACÉ

Écrits

De Bach à Bangkok, 2002. Publication à compte d'auteur. 306 pages.

J'écoute parler nos gens, Les Éditions GID, 2014. 134 pages.

Musique et musiciens, Les Éditions GID, 2014. 177 pages.

Anthologie de poésie, inédit.

Journal personnel (1936-1939), inédit.

Sixteenth Century Counterpoint, Gregorian Institute of America Publications, 1954.

Traductions

Grout, Donald J. & Palisca, Claude V. *Histoire de la musique occidentale*, Faculté de musique, Université Laval, 1994. Traduction française de *History of Western Music* (Norton, 4e éd., 1988), 910 p.

Leonhard, Charles & House, Robert. *Fondements et principes d'éducation musicale.* Québec, Presses de l'Université Laval, 1988, 489 p. Traduction française de *Foundations and Principles of Music Education* (McGraw-Hill, 1959) : Anne Rogier; révision technique : Claude Lagacé et Raymond Ringuette.

Meyer, Leonard. Émotion et signification en musique. Québec, Faculté de musique, Université Laval, Québec, 1980. Traduction française de *Emotion and Meaning in Music* (University of Chicago Press, 1970), 315 p.

Discographie

Claude Lagacé aux grandes orgues de la basilique de Québec. Œuvres de Walond, Corrette, Bach, Franck, Saint-Saëns, Dubois, Langlais, Letondal, Gagnon et Matton. S-13102, 1993. 1 disque compact. Durée : 71 min 38 s.

Hommage à Henri Gagnon. Œuvres d'Antoine Bouchard, Marius Cayouette, Louis Couperin, L. Claude Daquin, Henri Gagnon, Antoine Reboulot et Louis Vierne. *Antoine Bouchard, Sylvain Doyon, Claude Lagacé et Antoine Reboulot, organistes.* ALPEC A-75008, 1974. 1 disque 33 rpm.

La Maîtrise du Chapitre de Québec. 50e anniversaire. Direction : Chanoine Georges Marchand. Orgue : Claude Lagacé. 1965. 1 disque 33 rpm.

Compositions

Ave Maria, pour voix et orgue. Composé à Holyoke, Massachussets, 1947. Édité en 1999 par Claude Beaudry. Enregistrement : Benoît Le Blanc, baryton, Jacques Boucher, orgue. Orgue Casavant de la cathédrale de Saint-Hyacinthe (Québec), Société métropolitaine du disque, Montréal. 2012.

Notre Père, pour voix et orgue. Composé à Holyoke, Massachussets, 1947. Édité en 1999 par Claude Beaudry. Enregistrement : Benoît Le Blanc, baryton, Jacques Boucher, orgue. Orgue Casavant de la cathédrale de Saint-Hyacinthe (Québec), Société métropolitaine du disque, Montréal. 2012.

Harmonisations de chants populaires et liturgiques; messes et motets divers.

SOURCES DOCUMENTAIRES

Amis de l'orgue de Québec, bulletins et site Web.

Archives de l'Archidiocèse de Québec.

Archives de l'Université Laval.

Archives de la paroisse Notre-Dame du Perpétuel Secours, Holyoke, Massachussets (États-Unis).

Archives de la paroisse du Précieux-Sang, Woonsocket, Rhode Island (États-Unis).

Archives de la paroisse Notre-Dame de Québec.

Archives de Trinity College, School of Music, Hartford, Connecticut (États-Unis).

Archives du diocèse de Saint-Jean, Nouveau-Brunswick.

Archives du diocèse de Toledo, Ohio (États-Unis).

Archives personnelles de Claude Lagacé.

BAnQ numérique, revues et journaux.

Bouchard, Antoine, « L'état de la musique religieuse au Québec », entrevue avec J. Boulay, *Sonances*, vol. 4, n° 1, octobre 1984. p. 28-32.

Cadrin, Paul. *La musique au service de la liturgie*, (Québec : Médiaspaul, 2017). 238 p.

Drouin, Jacques et Marie-Christine Lussier, *Impromptus : Musique et conversations avec Claude Lagacé*, film, 1 h 16 mn. 2011.

Encyclopédie canadienne
(édition en ligne : https ://www.thecanadianencyclopedia.ca/fr)

Fonds d'archives Claude Lagacé, BAnQ.

Fonds Daniel Abel (photographies).

FQAO, *Mixtures,* n° 28, 2008.

FQAO, *Mixtures,* « Claude Lagacé », tiré-à-part n° 5, 2017.

Hébert, Anne. Correspondance privée, écrits inédits.

Kallmann, Helmut, POTVIN, Gilles, sous la dir., *Encyclopédie de la musique au Canada*, Fides (1993).

Lagacé, Claude, *De Bach à Bangkok*, 2002. 306 p.

Lagacé, Claude, *Musique et musiciens* (Québec : Les Éditions GID, 2014). 180 p.

Lagacé, Claude, *J'écoute parler nos gens* (Québec : Les Éditions GID, 2014). 134 p.

Lamontagne, M.-A., *Anne Hébert : vivre pour écrire* (Montréal : Éditions Boréal, 2019). 556 p.

Ribordy, Geneviève, *La Maîtrise des petits chanteurs de Québec : 100 ans de chant et de tradition* (Québec : Les Éditions GID, 2015). 151 p.

Roy, Jacqueline, « *Laudate pueri Dominum*, La maîtrise de Québec », Cap-aux-Diamants, vol. 5, n° 2, été 1989.

Saint-Denys Garneau, Hector. *Regards et jeux dans l'espace* (Éditions Fides, 1937).

Annexes

COMPOSITION D'INSTRUMENTS

COMPOSITIONS RESPECTIVES DE L'ORGUE DE TRIBUNE DE LA BASILIQUE DE QUÉBEC					
1927-1985-2022					

CASAVANT 1927 · **GUILBAULT-THÉRIEN 1985** · **CASAVANT 2022**

Grand-Orgue		**Grand-Orgue**		**Grand-Orgue**	
1. Montre	16′	1. Montre	16′	1. Bourdon	32′
2. Montre	8′	2. Montre	8′	2. Montre	16′
3. Principal	8′	3. Flûte harmonique	8′	3. Bourdon	16′
4. Flûte double	8′	4. Bourdon	8′	4. Montre	8′
5. Salicional	8′	5. Prestant	4′*	5. Principal	8′
6. Bourdon	8′	6. Flûte	4′	6. Flûte harmonique	8′
7. Prestant	4′	7. Quinte	2 2/3′	7. Flûte double	8′
8. Flûte harmonique	4′	8. Doublette	2′	8. Bourdon	8′
9. Principal	4′	9. Cornet	V	9. Gambe	8′
10. Nasard	2 2/3′	10. Grande Fourniture	IV	10. Prestant	4′
11. Doublette	2′	11. Fourniture	V*	11. Flûte conique	4′
12. Fourniture	IV	12. Cymbale	IV*	12. Quinte	2 2/3′
13. Cornet	III	13. Bombarde	16′*	13. Doublette	2′
14. Trompette	8′	14. Trompette	8′*	14. Tierce	1 3/5′
15. Clairon	4′	15. Clairon	4′	15. Cornet	V
				16. Grande Fourniture	II-III
				17. Fourniture	V
				18. Bombarde	16′
				19. Trompette	8′
				20. Clairon	4′
				21. Tuba Magna	16′
				22. Tuba Mirabilis	8′
				23. Tuba Clairon	4′
Positif		**Positif**		**Positif expressif**	
16. Dulciane	16′	16. Montre	8′	24. Principal	8′
17. Principal	8′	17. Bourdon	8′	25. Cor de nuit	8′
18. Mélodie	8′	18. Prestant	4′*	26. Salicional	8′
19. Gemshorn	8′	19. Flûte	4′	27. Unda Maris	8′
20. Cor de nuit	8′	20. Nasard	2 2/3′	28. Prestant	4′
21. Quintaton	8′	21. Doublette	2′*	29. Flûte d'amour	4′
22. Prestant	4′	22. Tierce	1 3/5′	30. Nasard	2 2/3′
23. Flûte d'amour	4′	23. Larigot	1 1/3′	31. Doublette	2′
24. Quinte	2 2/3′	24. Plein-jeu	IV*	32. Tierce	1 3/5′
25. Flageolet	2′	25. Cymbale	III*	33. Plein-jeu	III-IV
26. Tierce	1 3/5′	26. Trompette	8′	34. Douçaine	16′
27. Clarinette	8′	27. Cromorne	8′	35. Trompette	8′
28. Cor anglais	8′	28. Clairon	4′	36. Cromorne	8′
				37. Cor anglais	8′
				38. Tuba Magna	16′
				39. Tuba Mirabilis	8′
				40. Tuba Clairon	4′
Récit		**Récit**		**Récit**	
29. Bourdon	16′	29. Bourdon	16′	41. Bourdon	16′
30. Principal	8′	30. Principal	8′	42. Principal	8′
31. Clarabelle	8′	31. Viole de gambe	8′	43. Flûte traversière	8′
32. Flûte harmonique	8′	32. Voix céleste	8′	44. Flûte à cheminée	8′
33. Flûte à cheminée	8′	33. Bourdon à cheminée	8′	45. Viole de gambe	8′

Composition de l'orgue de tribune, basilique de Québec (Casavant, 1927 ; Guilbaut-Thérien, 1985 ; Casavant : 2022)

Récit		Récit		Récit	
34. Viole de gambe	8′	34. Prestant	4′	46. Voix céleste	8′
35. Voix céleste	8′	35. Flûte octaviante	4′	47. Octave	4′
36. Éoline	8′	36. Nazard	2²/₃′	48. Flûte octaviante	4′
37. Principal	4′	37. Flûte	2′	49. Nasard harmonique	2²/₃′
38. Flûte octaviante	4′	38. Tierce	1³/₅′	50. Octavin	2′
39. Violon	4′	39. Sesquialtera	II	51. Piccolo harmonique	1′
40. Piccolo	2′	40. Mixture	IV*	52. Plein jeu harmonique	II-V
41. Sesquialtera	IV	41. Cymbale	III*	53. Trompette	16′
42. Trompette	16′	42. Bombarde	16′	54. Trompette	8′
43. Cor	8′	43. Trompette	8′	55. Hautbois	8′
44. Hautbois	8′	44. Hautbois	8′	56. Voix humaine	8′
45. Voix humaine	8′	45. Voix humaine	8′	57. Clairon	4′
46. Clairon	4′	46. Clairon	4′	58. Tuba Magna	16′
				59. Tuba Mirabilis	8′
				60. Tuba Clairon	4′

Solo		Résonance		Grand-Chœur	
47. Quintaton	16′	47. Bourdon	16′	61. Bourdon	16′
48. Stentorphone	8′	48. Flûte	8′	62. Flûte majeure	8′
49. Flûte ouverte	8′	49. Bourdon	8′	63. Bourdon	8′
50. Grosse gambe	8′	50. Gros nasard	5¹/₃′	64. Gros nasard	5¹/₃′
51. Gambe céleste	8′	51. Prestant	4′	65. Principal	4′
52. Flûte harmonique	4′	52. Flûte	4′	66. Flûte	4′
53. Cornet	IV	53. Grosse tierce	3¹/₅′	67. Grosse tierce	3¹/₅′
54. Tuba Magna	16′	54. Nasard	2²/₃′	68. Nasard	2²/₃′
55. Tuba Mirabilis	8′	55. Flûte	2′*	69. Septième	2²/₇′
56. Tuba Clairon	4′	56. Tierce	1³/₅	70. Quarte de nasard	2′
				71. Tuba Magna	16′
				72. Tuba Mirabilis	8′
				73. Tuba Clairon	4′
				74. Cromorne	8′

Pédale					
57. Flûte	32′	57. Flûte résultante	32′	75. Flûte	32′
58. Flûte	16′	58. Montre	16′	76. Soubasse	32′
59. Bourdon	16′	59. Flûte	16′	77. Bourdon	32′
60. Principal	16′	60. Bourdon	16′	78. Contrebasse	16′
61. Violon	16′	61. Montre	8′	79. Montre	16′
62. Dulciane	16′	62. Flûte	8′	80. Flûte ouverte	16′
63. Flûte	8′	63. Bourdon	8′	81. Soubasse	16′
64. Bourdon	8′	64. Prestant	4′	82. Bourdon	16′
65. Violoncelle	8′	65. Flûte	4′	83. Quinte	10²/₃′
66. Flûte	4′	66. Fourniture	IV	84. Montre	8′
67. Bombarde	16′	67. Trombone	16′	85. Flûte	8′
68. Trompette	8′	68. Bombarde	16′	86. Bourdon	8′
69. Clairon	4′	69. Trompette	8′	87. Bourdon doux	8′
		70. Clairon	4′	88. Basse choral	4′
				89. Flûte	4′
				90. Fourniture	IV
				91. Contre Bombarde	32′
				92. Bombarde	16′
				93. Trompette	16′
				94. Douçaine	16′
				95. Tuba Magna	16′
				96. Trompette	8′
				97. Tuba Mirabilis	8′
				98. Basson	8′
				99. Cromorne	8′
				100. Clairon	4′
				101. Tuba Clairon	4′
				102. Basson	4′
				103. Chalumeau	4′

* L'astérisque indique les jeux neufs pour la restauration de 1985.

Orgue du sanctuaire / *Chancel Organ*

Grand-Orgue		Récit (expressif / *enclosed*)	
Bourdon	16'	Quintaton	16'
Montre	8'	Principal	8'
Flûte harmonique	8'	Mélodie	8'
Bourdon	8'	Viole de gambe	8'
Salicional	8'	Voix céleste (TC)	8'
Prestant	4'	Flûte douce	4'
Quinte	2 2/3'	Violon	4'
Doublette	2'	Nazard	2 2/3'
[5]Fourniture 1 1/3'	III	Octavin	2'
[5]Trompette	8'	Tierce	1 3/5'
		Trompette	8'
		Hautbois	8'
		Voix humaine	8'
		Tremolo	

Pédale	
Flûte (res)	32'
Flûte ouverte	16'
Bourdon	16'
[2]Flûte (ext)	8'
[3]Bourdon (ext)	8'
[2]Flûte (ext)	4'
[4]Bombarde (ext)	16'
Trompette (GO)	8'

Composition de l'orgue du sanctuaire, basilique de Québec
(Casavant, 1924; Létourneau, 2015)

Orgue de la chapelle / *Chapel Organ*

Grand-Orgue		Récit (expressif / *enclosed*)	
Montre	8'	Salicional	8'
Flûte à cheminée	8'	[1]Dulciane	8'
[2]Prestant	4'	Hautbois	8'
		Tremolo	

Pédale	
Bourdon	16'

Composition de l'orgue de la chapelle Saint-Louis, basilique de Québec
(Casavant, 1924)

```
Toledo, Ohio
Cathedral Church of Our Lady, Queen of the Holy Rosary, R.C.

Skinner Organ Company    Opus 820    1930        4 manuals, 60 stops, 76 ranks
------------------------------------------------------------------------------

        GREAT ORGAN (6" wind)                 SWELL ORGAN (6" wind)
 16' Double Diapason      61            16' Melodia              73
  8' First Diapason       61             8' Diapason             73 (10")
  8' Second Diapason      61             8' Rohrflöte            73
  8' Third Diapason       61 a           8' Salicional           73
  8' Harmonic Flute       61             8' Voix Celeste         73
  8' Viola                61 a           8' Flute Celeste II    134
  8' Gedeckt              61 a           8' Echo Gamba           73
  8' Erzähler             61 a           4' Octave               73 (10")
  4' Octave               61             4' Flute Triangulaire   73
  4' Flute                61 a           2' Flautino             61 (10")
2 2/3' Twelfth            61             V  Mixture             305 (10")
  2' Fifteenth            61 (10")      16' Waldhorn             73 (10")
 IV  Harmonics          244             8' Trumpet              73 (10")
 IV  Chorus Mixture     244 (10")       8' Oboe d'Amore         73
 16' Trumpet              61 (10")       8' Vox Humana           73
  8' Tromba               61 (10")       4' Clarion              73 (10")
  4' Clarion              61 (10")          Tremolo
                                         8' Harp                 CH
        CHOIR ORGAN (6" wind)            4' Celesta              CH
 16' Gamba                73
  8' Diapason             73                 PEDAL ORGAN (6" wind)
  8' Concert Flute        73            32' Major Bass           32
  8' Gamba                73            16' Diapason             12
  8' Kleine Erzähler      73            16' Metal Diapason       GT
  8' Kleine Celeste (TC)  61            16' Bourdon              32
  4' Gemshorn             73            16' Gamba                CH
  4' Flute                73            16' Melodia              SW
2 2/3' Nazard             61            16' Dulciana             32
  2' Piccolo              61             8' Octave               12
 III Carillon            183             8' Gedeckt              12
 16' Fagotto              73             8' Cello                12
  8' Flügel Horn          73 b           8' Still Gedeckt        SW
  8' Clarinet             73             4' Super Octave         12
     Tremolo                            IV  Mixture             128 (5")
  8' Harp (TC)            --            32' Fagotto              12 CH (15")
  4' Celesta              61 bars       16' Trombone             32 (15")
                                        16' Waldhorn             SW
        SOLO ORGAN (10" wind)           16' Fagotto              CH
  8' Flauto Mirabilis     73             8' Tromba               12 (15")
  8' Gamba                73
  8' Gamba Celeste        73
  4' Orchestral Flute     73
 16' Corno di Bassetto    12 (6")
  8' Tuba Mirabilis       73 (20")
  8' French Horn          73 (20")      a  enclosed with Choir
  8' Corno di Bassetto    73 (6")       b  installed by Aeolian-Skinner
  8' English Horn         73               in 1933, replacing original
     Tremolo                               Orchestral Oboe


[Received from Steven E. Lawson  August 18, 2014]
```

Composition de l'orgue, cathédrale de Toledo

Récitals de Claude Lagacé sur les ondes de Radio-Canada*

Titre de l'émission	Date de diffusion	Plateforme originale	Résumé
RECITAL D'ORGUE	1975-03-31	Radio	À L'ORGUE DE LA BASILIQUE NOTRE-DAME DE QUÉBEC, RÉCITAL DE CLAUDE LAGACÉ Au programme : Dietrich BUXTEHUDE Prélude et fugue en sol m. Louis VIERNE Extr. De la Symphonie n° 3 Jean-Sébastien BACH Fantaisie et fugue en do m., BWV. 537
RECITAL D'ORGUE	1976-08-02	Radio	INVITÉ : CLAUDE LAGACÉ, À L'ORGUE CASAVANT DE LA BASILIQUE NOTRE-DAME-DU-CAP Au programme : BACH Chorale BWV 654 FRANCK Prélude, fugue et variations WIDOR Extrait de la Symphonie n° 5
RECITAL D'ORGUE	1977-12-26	Radio	INVITÉ : CLAUDE LAGACÉ, À L'ORGUE KARL WILHELM DE L'ÉGLISE ST-AMBROISE DE LORETTEVILLE Au programme : Jean-Sébastien BACH : Fantaisie en sol M, BWV 527 Chorals, BWV et BWV 663 Maurice DURUFLE : Choral varié sur le Veini Creator
RECITAL D'ORGUE	1979-07-06	Radio	INVITÉ: CLAUDE LAGACÉ, À L'ORGUE DERY-CASAVANT-CAVALIER DE L'ÉGLISE ST-JEAN-BAPTISTE DE QUÉBEC Au programme : CAYOUETTE, MARIUS : « Hymne pascal » MENDELSSOHN, Félix Bartholdy : Extrait de la Sonate n° 2 : « Grave » et « Adagio » MULLET, HENRI : Extrait de « Esquisses byzantines » : « Chapelle des morts » « Vitrail » DUPRE, MARCEL : « Ave Maris Stella » Musique d'appoint et identification
RECITAL D'ORGUE	1981-07-03	Radio	INVITÉ : CLAUDE LAGACÉ Au programme : Adalbert GYROWETZ Grand chœur Jean-Sébastien BACH Chorals : Nous croyons tous en un seul Dieu En toi, est la joie Samuel SCHEIDT Variation sur la chanson Von der Fortuna
RECITAL D'ORGUE	1983-05-25	Radio	INVITÉ: CLAUDE LAGACÉ, À L'ORGUE CASAVANT DE L'ÉGLISE DE SAINT-PASCAL-DE- KAMOURASKA Au programme : RAISON, André : Offertoire « Vive le Roy » du 5e ton VAUGHAN WILLIAMS, Ralph : « Rhosymèdre » (Prélude) ARCHER : « Ibant Megi » Prélude sur un choral VIERNE, Louis : « Symphonie n° 1en ré mineur », op. 14 « Le prélude » LETONDAL, Arthur : « Toccata » Crédits de fermeture, quelques notes et identification

Titre de l'émission	Date de diffusion	Plateforme originale	Résumé
RECITAL D'ORGUE	1984-02-01	Radio	INVITÉ : CLAUDE LAGACÉ, À L'ORGUE CASAVANT DE L'ÉGLISE SAINT-GERMAIN DE KAMOURASKA Au programme : PACHEBEL, Johann : Petite fugue TITCOMB, Everett : « Regina Coeli » BACH, Johann : « Canzona » en ré mineur LANGLAIS, Jean : « Pièce modale » n° 1 sur le mode de ré « Canzona » FRANCK, César : « Cantabile » Musique d'appoint et identification
RECITAL D'ORGUE	1986-03-05	Radio	Récital de l'organiste Claude Lagacé sur l'orgue Casavant de la Basilique de Québec 1975-1989 Au programme : des œuvres de François Couperin, Louis Vierne et le « Tu es Petrus » de Roger Matton que Claude Lagacé a exécuté une première fois à l'occasion de la visite du pape Jean-Paul II à Québec en septembre 1984.
TRIBUNE DE L'ORGUE	1987-12-13	Radio	Enregistré le 22 novembre, ce concert présenté par Les Amis de l'orgue de Québec souligne le 100ᵉ anniversaire de naissance de Henri Gagnon, organiste à la basilique de Québec, et la publication du recueil « Le tombeau de Henri Gagnon ». Quatre organistes se succèdent au grand orgue de la basilique de Québec : Claude Lagacé, Michelle Quintal, Lucien Poirier et Antoine Reboulot. Le concert est composé de pièces de Marius Cayouette, Antoine Bouchard, Claude Champagne, Joseph-Antonio Thompson, Henri Gagnon, François Brassard et Antoine Reboulot. Ces compositions se retrouvent dans le recueil « Le tombeau de Henri Gagnon ». Entrevues avec Claude Lagacé, Lucien Poirier et Antoine Reboulot. Lagacé se souvient de Henri Gagnon. Poirier raconte son travail dans le cadre de la publication « Le tombeau de Henri Gagnon » aux éditions Jacques Ostiguy. Reboulot raconte sa rencontre avec l'organiste.
RECITAL D'ORGUE	1988-08-20	Radio	Récital enregistré à la Basilique Notre-Dame du Cap-de-la-Madeleine. Claude Lagacé (orgue) Programme : 000:12 Saint-Saëns, Camille : MESSE, OP 4 : - O SALUTARIS 003:18 Guilmant, Alexandre : GRAND CHOEUR EN RÉ MAJEUR, OP 18 N° ? 007:27 Bonnet, Joseph : MATIN PROVENÇAL (titre non confirmé) 013:12 Dubois, Théodore : FIAT LUX (titre non confirmé) 017:38 Dubois, Théodore : CHANT PASTORAL (titre non confirmé) 021:54 Dubois, Théodore : LAUS DEO (titre non confirmé)
RECITAL D'ORGUE	1989-06-10	Radio	Récital de Claude Lagacé, orgue Casavant, église Saint-Jean-Baptiste de Montréal Au programme : BOELLMANN, Leon, Suite gothique, Op. 25 FRANCK, Cesar, Choral n° 2 en si mineur

* Entrevues à Radio-Canada : Marius Cayouette (1986); *Le Tombeau de Henri Gagnon* (1987); la retraite (1993). Séries d'entrevues à Radio-Galilée : Bach (2000); la carrière et la retraite (1993); la langue française. Récitals et entrevues de Claude Lagacé, Radio-Canada (1975-1993)

Articles de Claude Lagacé

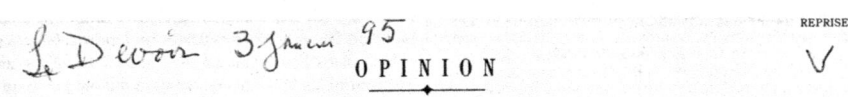

O P I N I O N

Musique tonale et musique d'aujourd'hui

CLAUDE LAGACÉ
Organiste

Monsieur Michel Gonneville, compositeur, se plaint, dans un article substantiel au *Devoir*, des réactions négatives du public à la musique d'aujourd'hui. Il trouve même dans ce public des «opposants» et des esprits «réfractaires». Il me semble que c'est beaucoup dire, et que parler de la relative indifférence d'une bonne partie des mélomanes serait plus dans la note. Mme Bissonnette parle pour sa part, dans un article antérieur, d'une musique de la «rupture». Le terme n'est pas trop fort, car il m'apparaît que la musique «contemporaine» est autre chose qu'une forte greffe au tronc de la musique tonale, et plus qu'un écart majeur de la voie déjà tracée; il me tourne carrément le dos à la tradition tonale, et la rupture amorcée avec la dodécaphonie de Schoenberg dans les années 20 est consommée depuis plusieurs décennies déjà.

Musique tonale et langage

On répète à satiété que la musique est un langage. Elle l'est indubitablement, mais par analogie seulement, et forcément dans un sens restreint. La musique tonale se comporte comme la langue en ce qu'elle se dévide et se déroule dans le temps. Le discours langagier et le discours musical ont leurs symboles propres, leur vocabulaire, leur syntaxe et même leur rhétorique. La musique enchaîne ses périodes, ses phrases, ses cadences, comme la langue ses propositions principales, ses subordonnées avec virgules, points et toute la ponctuation. Mais il ne faut pas pousser trop l'analogie. Aucune musique n'est capable de faire savoir, comme la langue à un auditeur, que «Charlemagne a été couronné empereur des Francs en l'an 800». La signification musicale est d'un autre ordre. La musique prend son sens quand l'auditeur relie ce qu'il entend

à ce qui suit en y décelant des rapports (Leonard B. Meyer). C'est la mémoire qui crée la continuité. D'où l'importance de la répétition dans la présentation et le développement du matériel musical.

Depuis trois siècles, la langue musicale a évolué au sein du cadre défini mais souple de la tonalité. Musiciens et mélomanes s'y retrouvent sans peine dans la musique qui va de Monteverdi à Stravinski. L'habitude de jouer ou d'écouter permet de reconnaître chaque compositeur à son style, c'est-à-dire à sa manière propre de traiter le matériel mélodique, les successions d'accords, les rythmes qui s'entrechoquent et toute cette rhétorique musicale qui permet l'expression des sentiments les plus dramatiques comme des plus envoûtantes extases. C'est l'organisation logique de tout ce matériel sonore par le compositeur qui produit chez l'auditeur l'expérience esthétique, finalité ultime de toute œuvre d'art, selon le philosophe américain John Dewey.

À tous ces sentiers balisés que fournit la syntaxe tonale s'ajoute un autre repère, celui des genres musicaux par lesquels l'on peut reconnaître surtout les pièces courtes, et de la forme sonate qui dans les œuvres d'haleine régit l'organisation interne du matériel sonore dans les mouvements de symphonies, de quatuors à cordes, de trios instrumentaux, etc.

Un langage?

En sabrant les conventions de la tonalité, en supprimant les attractions tonales sous toutes leurs formes, la musique contemporaine s'est libérée d'un nombre de contraintes. Les agrégats de sonorités (notes, bruits ou grincements) qu'elle présente sont indépendants, donc sans lien prévisible les uns avec les autres, le vocabulaire employé varie à l'infini, et les formes empruntées ne sont soumises à aucune règle facilement identifiable pour l'auditeur. L'analogie de la mu-

sique avec le langage ne tient visiblement plus.

Et nous voilà bien au cœur du problème. Ce qui est en cause, c'est l'intelligibilité même de la musique contemporaine. Comment l'auditeur peut-il suivre les mouvements de cette trame où règne le disparate et s'insinuer dans sa marche? Que le grand public mélomane y perde son latin, ce n'est pas miracle! Des réflexes acquis au cours de plusieurs siècles ne peuvent, en 15, 25 et même 60 ans, s'effacer pour faire place à des décodeurs qu'il faut à mesure créer de toutes pièces. La musique contemporaine propose des matériaux sonores toujours réinventés, une organisation de ce matériau qui défie toutes les règles traditionnelles, et une esthétique dont les canons restent peut-être à définir.

Les buts de la musique contemporaine sont peut-être aussi différents en regard de la tradition que les techniques de construction et d'expression qu'elle propose. On peut aussi se demander si cette musique, peu ouverte vers la communication, veut d'un public, ou si elle se suffit à elle-même. Le compositeur se contente-t-il du sentiment très subjectif d'avoir dit ce qu'il avait à dire, comme il voulait le dire? Ou croit-il qu'il faudrait en outre penser à l'auditeur qui y prêtera oreille et qui cherche à savoir de quoi il retourne dans cette saga d'événements sonores qui lui paraissent bien hétéroclites?

Il est grand temps que les penseurs de la musique contemporaine se mettent à l'œuvre pour élaborer une esthétique de cette forme d'art devant laquelle tous les critères anciens se sont vidés de leurs sens. Dans cet univers nouveau où nous introduit la musique contemporaine, que faut-il chercher? seulement l'étonnement sonore? Ce qui étonne trop souvent, et à répétition, finit par lasser l'attention pour s'enliser dans la monotonie. Les esthéticiens de la musique contemporaine ont la parole.

« Musique tonale et musique d'aujourd'hui »,
Le Devoir, le 5 janvier 1995

Abus de liberté

CLAUDE LAGACÉ
Organiste et professeur à la retraite

La photo frontispice du *Devoir* du samedi 26 janvier, montrant des jeunes à l'école Le Vitrail, est bien réussie. Elle nous transporte loin de ces saints en extase transpercés de soleil dans les verrières rouges et bleues de nos cathédrales. Ce vitrail tire si bien l'œil qu'on le voit même avant le titre qui le coiffe...

Mais que fiche ce solide gaillard assis sur l'appui d'une fenêtre, les bottes grimpées sur un dossier de chaise? Surtout qu'on en manque dans ce lieu étroit puisque l'autre fenêtre aussi est occupée par une jeune fille assise. À l'extrême gauche, un jeune visage féminin, mèche de cheveux pendant jusque sous le menton, grands cerceaux aux oreilles, ajoute un certain charme à ce désordre concerté.

Où sommes-nous, exactement? Dans une école où l'on prend très au sérieux *«la liberté comme outil de réussite»*, plus précisément une salle d'apprentissage scolaire. Toute cette présentation, photo, titre et texte assorti, me secoue assez, moi, l'enseignant qui a pratiqué son métier aux niveaux primaire, secondaire et universitaire.

Dans une salle de classe, il faut tout d'abord respecter un minimum de bons usages, à commencer par le respect des aménagements d'un lieu en les utilisant à bon escient. La confusion, dans ce cas-ci, est totale.

Pourquoi encourager les mauvaises manières d'un jeune rustre au lieu de l'aider à comprendre que la société civilisée à laquelle il appartient exige une certaine tenue de ses membres, surtout quand ceux-ci s'apprêtent à recevoir un enseignement qui enrichira leur esprit?

Et ce code social, si les enfants ne l'ont pas appris à la maison, il incombe à l'école de le leur enseigner.

Et puis, permettre en un lieu d'apprentissage l'usage grotesque d'une chose au lieu d'une autre blesse le sens commun qui est le fondement même de la logique; c'est introduire des éléments d'erreur dans la perception et la définition du monde qui nous entoure, et cette confusion est pernicieuse, quel que soit le niveau d'enseignement où on la tolère.

Qu'une école assouplisse les barèmes trop exigeants de l'école traditionnelle dans le but d'aider les handicapés et les décrocheurs en puissance me paraît être une idée bien généreuse, mais comment espérer aboutir à quelque chose de concret comme résultat si l'on accepte de partir d'aussi loin?

L'en-tête *La liberté comme outil de réussite* accuse déjà une confusion. La liberté dont témoigne cette photo est le parfait exemple de l'abus de la liberté, pour ne pas dire sa caricature, pour lequel la langue française a un nom: la licence.

J'ai voulu aller plus loin pour essayer de comprendre, et j'ai lu avec attention le long article qui explique et commente la photo grande manchette du *Devoir*. On parle beaucoup de la merveilleuse accessibilité des professeurs, on y cite de nombreux témoignages d'élèves: *«J'ai de merveilleuses notes, car j'apprends en m'amusant... »* Hum... On ne peut pas toujours s'amuser en travaillant; quelquefois, il faut piocher. Autre citation: *«Les adultes ont l'illusion que les jeunes apprennent plus quand ils sont assis devant un enseignant qui leur transmet le savoir.»*

C'est une condamnation de l'enseignement magistral pour lequel on n'a pas encore trouvé de substitut quand il s'agit d'enseigner les secrets des mathématiques ou de la grammaire française. Un bon cours magistral donné à 30 élèves à la fois aura plus de substance et vaudra mieux que de répondre aux questions de chacun de ces élèves qui viendront à tour de rôle consulter le maître. Plus loin, on écrit: *«Ici, les jeunes apprennent à parler et à se respecter.»* Fort bien, mais le but essentiel, la vocation irréductible de l'école, c'est d'instruire les enfants; le bienfait du contact quotidien en milieu scolaire est réel mais il faut le considérer comme un simple avantage marginal.

L'école du quartier Villeray emploie visiblement un bon nombre de professeurs pour assez peu d'élèves. Le secteur public ne pourrait se permettre un luxe pareil, dont le coût serait astronomique. Le Vitrail fait apparemment partie d'une école de handicapés et cette école est sans doute l'objet de généreuses subventions.

Au terme de cette brève réflexion, il faut avouer que ce qui m'atteint le plus dans cette présentation, comme professeur de carrière, c'est le petit air messianique qu'elle se donne. Cette assurance mal déguisée où l'on nous décrit ici l'école de l'avenir pour tout le monde, un progrès énorme sur celle du passé.

Si cette interprétation est la bonne, je m'inscris en faux et d'une façon absolue devant cette prétention. S'il ne s'agit que d'idées nouvelles pour des cas ponctuels, je reconnais qu'il s'y trouve des points à retenir, mais il aurait fallu trouver une plus juste présentation.

« Abus de liberté », *Le Devoir*, le 27 février 2002

Art et science

Nuit de samedi-dimanche 18-19 septembre 2004

La recherche en toute matière peut être purement scientifique mais ceci ne garantit pas que l'exercice par les hommes des applications de cette recherche revêtiront la même rigueur que la recherche elle-même. La médecine, par exemple, est pour celui qui l'étudie une science à laquelle les méthodes de recherche obéissent aux plus hauts critères scientifiques. Mais le médecin, avec toutes les subjectivités de son état d'homme, fragile par moments, exposé à toutes sortes d'états d'âme, vulnérable tout comme son patient, ne peut qu'appliquer les solutions qu'il croit être les plus propres à soulager et guérir le patient. C'est la notion d'art qui s'applique le mieux aux gestes qu'il pose parce que n'est pas loin l'idée de l'artisan qui fait, qui fabrique et qui peut être artiste dans sa tentative d'exécuter avec perfection les gestes faillibles qu'il pose. Les mathématiques sont plus aisément science pure que le médecin, je crois.

Pour étudier la langue, la linguistique projette un éclairage purement scientifique, mais l'usage de cette langue par un écrivain tirera profit de toute la recherche accomplie; cependant, elle obéira surtout aux critères de l'art en ce que l'écrivain veut faire avec elle. D'où il ressort que les discussions sur la langue peuvent se permettre, tenant compte des multiples allégeances de celle-ci, d'être légitimes même si la méthode employée pour en parler ne recourt pas à tous les mécanismes d'une analyse purement scientifique.

Art et science

ÉCOLE DE MUSIQUE

UNIVERSITÉ LAVAL

PAVILLON CASAULT
CITÉ UNIVERSITAIRE
QUÉBEC, CANADA
G1K 7P4

le jeudi 24 mars 1983

Chère Denise Bombardier,

Je vous ai souvent vue frapper d'estoc et de taille dans vos intervious, surtout des figures politiques, en rude jouteuse que vous savez être... Et bravo pour l'émission Charbonneau, la cuistrerie faite homme, à qui vous avez drôlement rivé son clou!

Mais, pour ce qui est de Claude Gingras, qui, à travers de vraies et profondes perceptions musicales, ne cesse de distribuer de droit et de gauche des coups bas à des gens qui le valent cent fois, je trouve que vous avez ménagé un vrai Sacripant.

Ce qu'il avait le trouille, ce Tribolet aux affarentes grimaces dont les yeux de bête traquée cherchaient sans arrêt au plafond du studio un invisible refuge. Vous lui avez quand même servi cette citation (et je me demande, comme Gingras lui-même, de qui

Lettre à Denise Bombardier, le 24 mars 1983

peut-être ce "merveilleux" mot") qui mériterait d'être gravé au Panthéon de Lilliput où se retrouveraient les gnomes de son espèce : "On a dit de vous que vous étiez un mal non nécessaire." Ça l'a piqué au vif, et ça ! c'était drôle !

Et quand vous lui avez demandé comment il concevait son métier de critique musical, il m'est paru totalement inarticulé et incapable de faire autre chose que de bredouiller en battant des bras comme une corneille qui a du plomb dans les ailes. Je suis vos émissions avec le plus vif intérêt.

Claude Lagacé
organiste titulaire
à la Basilique de Québec

Lettre à Denise Bombardier, le 24 mars 1983

Canadian Broadcasting Corporation   Société Radio-Canada

Montréal le 13 avril 1983

Monsieur Claude Jagacé
Université Laval

Cher Monsieur

Je vous remercie de votre si agréable lettre. Vous écriviez que j'ai ménagé monsieur Gingras. Il s'accablait suffisamment lui-même sans que j'en ajoute, ne trouvez-vous pas ? Comme disait Françoise Giroux en mai 68 "il ne faut pas tirer sur une ambulance".

Je vous prie, d'agréer cher Monsieur l'expression de mes sentiments amicaux.

Denise Bombardier.

Réponse de Denise Bombardier, le 13 avril 1983

313

«Féroces écrivains, l'art de la vengeance dans l'écriture» titrait récemment Jacques Folch-Ribas dans *La Presse*, en parlant de l'écrivain américain Truman Capote. Les lecteurs qui s'intéressent au théâtre auraient bien pu penser qu'il s'agissait là de Robert Lévesque, si tant est qu'un critique de théâtre puisse être appelé écrivain, passant à tabac «Le Déversoir des larmes», dernière pièce du réputé dramaturge André Ricard (*Le Devoir*, vendredi 16 septembre 1988). M. Lévesque donnait à son article ce titre ~~journalisant~~ *(journalisant)* d'une intolérable insolence: «Plus platte que ça, et tu meurs». Ce critique devenu entrepreneur en démolition fonce d'abord à coups de bélier, puis il donne du pic et de la pelle pour abattre ce qui pourrait être resté debout. C'est, en un mot, l'éreintement dans l'apothéose de la brutalité, la sauvagerie qui investit les lettres. On croirait pourtant que la littérature étant un fruit de l'esprit et un produit de civilisation, commande un minimum de bienséance et d'éthique professionnelle.

Il est temps que ces pontifes de la critique, qu'elle soit dramatique, poétique ou musicale, s'interrogent sur la nature de leur métier, et sur les limites au-delà desquelles ils ne peuvent aller dans les jugements de valeur qu'ils se croient obligés de porter. Il nous paraît que le rôle essentiel du critique est d'instruire le public en lui donnant des critères objectifs permettant d'apprécier les points forts d'une oeuvre et d'en reconnaître les faiblesses. Comme la subjectivité est de l'essence même de l'oeuvre d'art, aucun critique, si averti soit-il, n'a le droit de condamner sans appel, pas plus d'ailleurs que de crier au grand chef-d'oeuvre pour le temps et l'éternité.

La violence verbale de Robert Lévesque est une transposition psychologique de l'estrapade, du chevalet et autres traitements de choix que réservait la Sainte Inquisition à ceux qui dérogeaient à son orthodoxie.

Jules Renard a dit quelque part que l'esprit le plus obtus arrivera toujours à comprendre n'importe quoi s'il reçoit une solide beigne en pleine poire. Quel Robin Hood voudra bien faire justice et rééquilibrer ainsi les plateaux de la balance? C'est ce que méritent les Robert Lévesque et consorts qui attaquent bassement des écrivains de valeur dont le seul tort est d'exercer leur métier.

Il est tout à fait déplorable que *Le Devoir* cautionne, en les publiant dans ses colonnes, de tels propos.

Claude Lagacé

« Brutalité et critique littéraire », le 5 octobre 1988

St. Pierre, Île d'Orléans
le Samedi 23 août 97

CLAUDE LAGACÉ à la retraite
Organiste titulaire
Cathédrale Notre-Dame de Québec

M. Pierre Foglia ✳ ✳ ✳ , journaliste de grand reportage
La Presse   à un journal très connu
7 rue Saint-Jacques   Montréal.
Montréal

Cher monsieur,

J'ai trois petites anecdotes à vous raconter. Hier, à une piscine publique, j'ai eu un désaccord avec une préposée qui m'a tout à coup lancé à la figure que j'étais "ben beveux", moi (Beveux, moi) un homme âgé, et pas du tout le genre!

Dans la même journée, je m'avançais en voiture dans une rue principale quand, à une intersection, j'aperçus un cycliste qui allait me couper le chemin, sortant d'une rue transversale. Par pur souci de sécurité, j'ai klaxonné. Le cycliste s'est arrêté, un garçon dans la vingtaine, et m'a crié à tue-tête "Dans l'cul", geste obscène à l'appui.

Il y a quelques jours, je me présente au comptoir d'une pompe à essence pour régler mon achat. Un grand jeune homme lance à travers le magasin devant cinq ou six clients : "Germaine, ramène ton cul icitte, y a un client".

Vous vous demandez peut-être en quoi cela vous concerne? Attendez, j'y viens à l'instant. Dans votre article du 14 août Retour,

2541, chemin royal
Saint-Pierre. Ile d'Orléans
(Québec) G0A 4E0 Canada

Téléphone : (418)828-9976
Messages : (418)828-2113
Télécopie : (418)828-1250

Lettre à Pierre Foglia, le 23 août 1997

vous racontez, vous aussi, une petite conte où vous mettez en scène un ogre qui a un problème. Moi, j'ai surtout connu les ogres des contes de Perrault. Ils étaient gloutons comme il se doit, et dévoraient à belles dents les petits enfants, mais ils ne tenaient pas de propos grossiers. Votre ogre à vous, dit ceci à ses personnages : "Mes petits crisses, vous commencez à me faire chier." Et voilà !

C'est bien sûr un ogre du Québec, et pour éviter toute méprise, vous lui mettez dans la bouche un propos scatologique que, pour la couleur locale, vous agrémentez d'un juron. Reconnaissez que pour le Québécois moyen, ce n'est pas une promotion.

Pour l'écriture, vous êtes un champion, c'est hors de doute. Mais le problème naît lorsque sans avis, au beau milieu d'un paragraphe correctement écrit, vous introduisez des phrases débraillées où l'anglicisme côtoie une syntaxe tordue, en ce dedans des mots et des images grossières. Vous rétrécissez ainsi la langue et le ravalez de plusieurs coudées. Le malheur dans tout ceci, c'est que les jeunes et moins jeunes qui vous lisent admirent votre talent, et voudront vous imiter. Ils n'imiteront hélas, pas votre talent mais la défroque stylistique bigarrée dont vous habillez souvent vos idées. Vous savez comme moi que l'enseignement de la langue maternelle dans nos écoles du Québec laisse beaucoup à désirer ; qu'il me soit permis de vous dire que le vent qui souffle de vos colonnes vient compléter la déconfiture.

On parle beaucoup aujourd'hui de pollution de l'air, de nos cours d'eau, des substances alimentaires. Vous et vos émules en ajoutent une autre : la pollution de la langue. Vous faites de la corruption linguistique avec esprit et talent, ce qui la rend d'autant plus insidieuse. Vous banalisez ainsi le mauvais

Lettre à Pierre Foglia, le 23 août 1997

français en lui conférant une sorte de statut officiel

Si vous laissez à votre ogre mal léché le soin d'accuser réception de cette lettre, il me dira sans doute de "manger de la marde".

Mais si vous, monsieur Foglia, êtes aussi intéressé par les lettres qui vous critiquent que par celles qui vous encensent, et souhaitez publier la mienne pour y apporter une réponse publique, moi j'veux bien, mais à la condition expresse que vous la publiiez dans son <u>intégralité</u>.

À vous, visière levée et très cordialement

Claude Legaré.

N. B. — Je n'ai pas eu d'accusé de réception pour cette lettre, encore moins de vraie réponse !

Lettre à Pierre Foglia, le 23 août 1997

le mercredi 18 avril 01

~~Au journal~~ Le Soleil Cher Soleil d
mon cœur.

Vous vous êtes demandé
quelle gueule pouvait avoir Jésus...

Ne vous arrêtez pas dans une aussi bonne
~~lancée~~ et posez samedi prochain la
question suivante :

Quelle trogne aurait donc Dieu le
Père ?

Avec l'assurance de
mon profond ahurissement

Claude Jasmin

« Cher Soleil de mon cœur », le 18 avril 2001

Le « ras-le-bol » de Pauline Marois

Claude Lagacé

M. Lagacé est un professeur retraité de l'université Laval.

« La présidente du Conseil du Trésor, Mme Pauline Marois, ne cache pas qu'elle en a « ras-le-bol » des tenants de la « pensée magique » qui veulent que le Québec imite l'Alberta et sabre allègrement dans ses dépenses pour juguler la crise des finances publiques » (*LE SOLEIL*, 21 avril).

Cette vertueuse indignation exprimée avec force par Mme Marois, et dans un langage que tout le monde peut comprendre, ne laisse pas d'étonner à un moment où tous les gouvernements crient famine, et plus fort que toutes les autres provinces, le Québec qui se place au deuxième rang des provinces canadiennes les plus endettées. Vraiment, on croit rêver en entendant de tels propos.

Mais le rêve se transforme vite en cauchemar si l'on regarde d'un peu plus près les questions de fond que cette explosion « maroissienne » (on dit bien « maurassien », non ?) ramène à la surface. Je n'ose croire que Mme Marois a vu *Le Point* du 18 avril à Radio-Canada et qu'elle ait pu par la suite se livrer à une aussi violente sortie. On y attaquait le dossier des finances publiques au Canada : quatre provinces de l'Ouest canadien auront ramené à zéro leur déficit d'ici à deux ans, et l'une d'elles peut se targuer d'un surplus de 120 millions $ pour le budget de l'année courante.

Ces provinces, très attachées au fédéralisme canadien, sentent quand même un pressant besoin de couper dans leur train de vie à cause de la somme énorme des endettements provinciaux qui, ajoutés à la dette fédérale, frappent chacun des citoyens canadiens d'une hypothèque énorme.

Que fait le Québec dans ce contexte ? Pour sa part, Mme Marois nous annonce la bouche en cœur que des mesures très énergétiques vont être prises pour assainir nos propres finances : un gel des dépenses gouvernementales pour les trois ans à venir.

Rapprochons-nous des deux camps. Nous avons d'un côté les provinces anglophones qui veulent vivre selon leurs moyens, même si elles peuvent compter sur le grand frère fédéral qui a quand même les reins plus solides. De l'autre, le Québec, criblé de dettes, qui ne se soucie pas de sa crédibilité financière extérieure, même si les grandes agences comme Moody's ne tarderont pas à nous marquer au fer rouge d'une décote.

Et oyez ! Braves gens ! Croyez-le ou non ! C'est le Québec qui veut se séparer du Canada pour devenir un État souverain. Ce sont les « quêteux à cheval » qui sont prêts à foncer dans l'espace planétaire.

Et alors ! On la fait avec quoi, l'indépendance ? Vraiment, on vogue en plein surréalisme et les vagues de fond s'entrecoupant en toutes directions, battent sauvagement la coque du navire en péril. Quelqu'un a dit que les Québécois ne feront jamais l'indépendance, parce qu'ils sont gâtés et ne sont prêts à aucun sacrifice. Cette critique me paraît sévère mais juste.

Les Québécois ont des femmes et des hommes qui s'imposent dans les affaires et depuis toujours dans les professions libérales. Nos écrivains sont légion, et les musiciens et gens de théâtre brillent d'un vif éclat au firmament des arts.

Mais nos chefs politiques n'ont même pas le courage de proposer une discipline indispensable à notre petit peuple qui rêve d'un grand destin. Leur fibre morale est trop faible, leur vision politique trop courte, et les ratés de la nouvelle équipe trop nombreux.

L'attitude du premier ministre lors de l'incident Malavoy en dit long sur la mentalité : « une infraction, une simple erreur de parcours ». Ce langage de juriste ne suffisait pas. Comme homme politique, M. Parizeau doit bien savoir que la loi morale déborde largement les articles du Code civil. Il s'agissait là de tricherie, de mensonge, de fausseté, si l'on veut bien appeler les choses par leur nom...

Non, il n'est pas nécessaire d'être fédéraliste pour s'opposer à l'indépendance politique vers laquelle nous pousse le parti au pouvoir. Il n'y a malheureusement qu'à ouvrir les yeux.

« Le ras-le-bol de Pauline Marois », *Le Soleil*, le 1er mai 1995

La pudeur des fédéralistes

Claude Lagacé

Musicien et professeur de l'université Laval à la retraite

À l'heure où tous les séparatistes de toutes couleurs proclament leurs allégeances politiques avec fierté, on voit les fédéralistes ne sortir qu'à la brunante en rasant les murs et ruminant leurs convictions au tréfonds du silence. J'ai rencontré récemment à une réception un Québécois qui portait sur l'un des revers de son veston le drapeau canadien et l'emblème de notre beau et grand pays, la feuille d'érable. « En voici un qui ne cache pas ses couleurs », me suis-je dit avec admiration.

Et la question s'est tout de suite posée à moi : pourquoi les fédéralistes, avec quelques nobles exceptions, sont-ils si peu enclins à se déclarer pour ce qu'ils sont ? Plusieurs réponses ont surgi sans que j'aie à en chercher bien longtemps.

1) Parce que l'État fédéral, c'est un fait, et depuis pas mal longtemps, mais l'indépendance du Québec, c'est le rêve d'une forte minorité de nos gens. Pourquoi alors ne pas rêver en grand ?

2) Parce que l'État fédéral est un pouvoir en exercice dont tous les actes engagent et sont payés comptant, tandis que l'opposition séparatiste marche à la carte de crédit et peut ainsi promettre mer et monde.

3) Parce que l'indépendance, pour le gouvernement du Québec, c'est devenu l'essence même du politiquement correct. Pour ces gens, le fédéralisme, ce sont des rames qui pendent d'une barque dans le reflux de l'histoire.

Mais, sérieusement (mais pas trop !), le fédéralisme a tant écopé « d'oeils au beurre noir » qu'il ne voit plus bien clair dans ses affaires avec ses deux yeux qui ont souvent tendance à se retrouver dans le même trou. La troupe fédéraliste, abîmée comme elle l'est, est peu encline à grimper sur ses ergots pour crier : « Nous sommes fédéralistes et fiers de l'être ! »

Et je citerai, mais très sérieusement cette fois, saint Thomas d'Aquin, grand philosophe, pour qui la démocratie est « la forme la moins imparfaite de gouvernement ». Il ne dit pas « la plus parfaite » mais « la moins imparfaite ». Transposez maintenant cette idée sur la crise que traverse en ce moment l'unité canadienne : « Le fédéralisme est pour la survie du Canada la moins imparfaite des formes de gouvernement », et vous aurez tout compris ! Aux indépendantistes de prouver que leur option est préférable à la nôtre pour la conservation du Canada ! C'est un défi qu'ils ne voudront peut-être pas relever. Le fédéralisme est imparfait mais capable de progrès comme l'ont prouvé mieux que tout autre l'ex-premier ministre Jean Lesage et son équipe du tonnerre.

Que conclure ? Que si l'on aime son pays dans son entier, il faut le dire, le crier sur les toits, sur les collines, sur les monts, dans les vallées... et partout ailleurs. Il faut dire son amour pour le Canada tel que fondé par nos pères, et son opposition à toute fragmentation du pays. Il faut sortir fédéraux et fédéralistes de leur léthargie, réveiller Daniel Johnson et lui faire comprendre qu'il incombe au chef de l'aile provinciale du fédéralisme de galvaniser la troupe qui fera mordre la poussière aux indépendantistes lors du prochain référendum.

Il faut qu'à la phrase si souvent répétée « séparatiste et fier de l'être » réponde un écho sonore : « Fédéraliste et fier de l'être ». Que sonnent les clairons, et aux remparts la coalition des forces pro-Canada !

> ### Les fédéralistes ne sortent qu'à la brunante, en rasant les murs

« La pudeur des fédéralistes », *Le Soleil*, le 28 mai 1997

L'Esmeralda dans le port de Québec: un symbole de tyrannie

J'étais sur le quai près de ce superbe voilier, dimanche après-midi, et j'ai été témoin de la manifestation d'Amnistie internationale qui dénonçait avec force la présence à Québec de ce navire où Pinochet a fait torturer et assassiner des Chiliens opposés à son pouvoir.

Sur ce quai, des Chiliens, résidant aujourd'hui au Québec, nous disent les membres de leurs familles qui sont disparus pour toujours à la suite de brutales arrestations.

Par la suite, une citoyenne du Québec laissait éclater son indignation aux nouvelles télévisées de Radio-Canada: «Je ne comprends pas qu'avec tout ce que l'on sait sur ce navire de Pinochet, notre gouvernement québécois en ait autorisé la présence à Québec. C'est une honte et c'est un grave manque de conscience sociale.»

Les victimes demandent justice. Les politologues qui se sont penchés sur le génocide rwandais en 1994 ont uni leurs voix pour dire que, tant que l'impunité régnerait pour les dictateurs coupables de crimes collectifs, on pouvait s'attendre à ce que rien ne les arrête dans leur trajectoire de crime et de sang.

Il faut à tout prix traduire ces criminels devant les tribunaux et aller jusqu'au bout.

Pour une démocratie telle que la nôtre, recevoir parmi nous un tel symbole de tyrannie c'est, d'une façon indécente, lui conférer la légitimité par la caution qu'on lui apporte.

Claude Lagacé
Île d'Orléans

« L'Esmeralda dans le port de Québec : un symbole de tyrannie », *Le Soleil*, le 3 août 2000

Correspondance diverse

[Lettre manuscrite]

Cher Claude,

Je vous prie d'accepter ce disque en témoignage de gratitude pour m'avoir cédé pour un moment et de façon si généreuse les claviers que vous faites sonner de façon si convaincante.

J'y ajoute, pour vous deux, des souhaits ardents pour Noël et l'an neuf en vous renouvelant l'expression de ma profonde amitié

Antoine Bouchard

déc 91

Lettre d'Antoine Bouchard, décembre 1991

Montréal, le 9 juin 1997

à Monsieur Claude Lagacé

Cher confrère et ami,

......J'allais dire cher cousin !.... ce qui est très plausible, mais cette parenté serait plus en rapport avec les Blondin qu'avec les Jutras. Le père de mon père, M. Adolphe Daveluy, était marié à Antonia Blondin, de Bécancour, et la mère de celle-ci était une cousine de ma grand-mère maternelle, elle-même nommée Aline Beaudet et fille d'Esther Le Prince de St.-Grégoire (Nicolet). Je ne sais pas où se situe le cousinage, mais peut-être saisirez-vous un lien dans cet enchevêtrement généalogique.

Je vous remercie des bonnes choses que vous me dites sur mon concerto. J'ai eu le plaisir de voir les Amis de l'Orgue s'y intéresser ce que je trouve très encourageant.

Lettre de Raymond Daveluy, le 9 juin 1997

Il était exécuté pour la sixième fois; ce n'est pas énorme, mais quand même assez remarquable si l'on considère l'état de la création musicale dans notre monde.

J'ai raffolé de votre texte sur la musique d'avant-garde. En effet, vous avez raison de vous plaindre qu'il ait été publié dans une version tronquée, quoique plusieurs l'aient trouvé, malgré tout, fort impressionnant.

J'espère me rendre à Québec avant long-temps, sans autre but que de renouer avec vous et d'autres amis, pendant qu'il est encore temps et que nous puissions profiter un peu mieux les uns des autres.

Si vous venez à Montréal faites-moi signe !

Présentez à Mme Lagacé mes hommages les mieux choisis, et quant à vous, recevez mes salutations très amicales,

Raymond Daveluy
pied-à-terre - studio :
4940 rue Coronet app. 6
Montréal
TÉL: 342-8443   H3V 1E1

Lettre de Raymond Daveluy, le 9 juin 1997

Montréal, 26 janvier 1998

Bien cher confrère et ami,

Quel plaisir de recevoir votre carte et de lire vos commentaires si gentils sur mes arrangements de cantiques de Noël. Composés en 1962, ils ont connu une popularité grandissante et même si j'y vois aujourd'hui quelques faiblesses, je puis dire que j'en suis content.

Mon projet d'aller à Québec l'automne dernier pour y revoir quelques amis, et surtout vous même, a été anéanti, mais c'est partie remise.

Il n'est pas trop tard pour vous présenter mes vœux de bonne et heureuse année 1998, et pour vous redire, en même temps, toute mon amitié.

Toujours cordialement à vous,

Raymond Daveluy

Lettre de Raymond Daveluy, le 26 janvier 1998

UNIVERSITÉ
LAVAL

ÉCOLE DE MUSIQUE
Cité universitaire
Québec, Canada G1K 7P4

Sillery le jeudi 14 mars 02

Cher maître,

Un mot pour vous féliciter du concert de mardi soir. Vous avez dirigé cette formation de 122 membres avec une maîtrise et une passion qui vous font honneur, mais qui ne surprennent en aucune façon les auditeurs habituels de l'orchestre symphonique.

L'ouverture Roméo et Juliette se prêtait admirablement à une formation aussi considérable. Le son qui a rempli à cette occasion le grand théâtre m'a littéralement soulevé de mon fauteuil. — La précision d'autant de cordes dans les passages d'une rapidité folle m'ont quand même étonné.

J'adore ce chef-d'œuvre. La forme en est admirable, les développements d'une parfaite proportion, la richesse

Lettre à Yoav Talmi, chef de l'Orchestre symphonique de Québec, le 14 mars 2002

orchestrale d'une grande prodigalité.
Vous étiez, au bâton, le grand coryphée
qui a pu susciter toute cette magie!
Je vous dis bravo, bravissimo.

Et si vous croyez que je ne
parle de moto, vous croiriez à ma
sincérité si je vous dis que je suis
retourné le mercredi soir pour réentendre ce que j'avais entendu la veille.
Et j'ai amené des amis avec
moi.

Refélicitations, cher maître!

Claude Legaci
organiste et prof. à la retraite.

Diplômes

Diplôme GIA (Choirmasters)

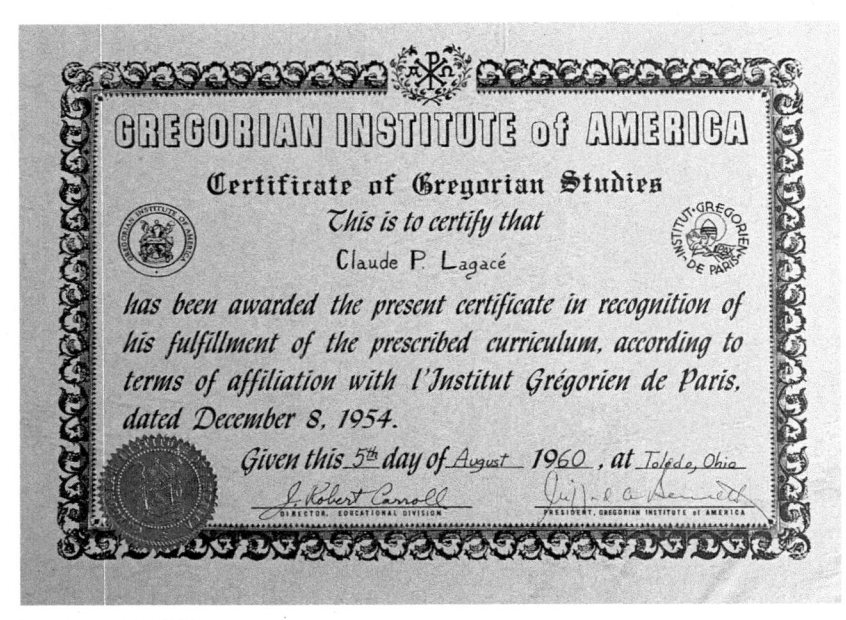

Diplôme GIA/IGP

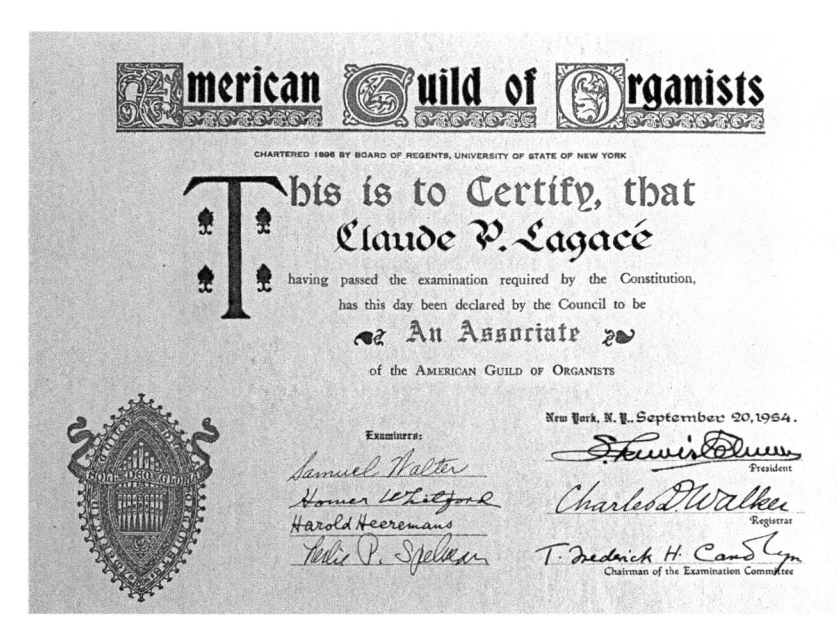

Diplôme Université Laval/GIA

Diplôme AGO

Achevé d'imprimer
au Québec (Canada), en septembre 2022,
sur les presses de Marquis Imprimeur.